정책에세이
진고자금
陳 古 刺 今

심의린
沈誼燐

박영사

정권의지혜

진고자금
陳古刺今

이상적인 옛 진리를 펼쳐,
당대 현실을 풍자하다.

Essays on Public Policy:

Unfold the Old Truths,
and Satirize the Present with them.

진陳: 늘어놓다, 펴다
고古: 옛날
자刺: 찌르다
금今: 현재

For A·S, Kyusou Kenneth SIM, and K·H

어딘가에서 항상,
세상의 시끄러움 속에 홀로 있어도,
정신의 총명함이 함께 할 것을 믿는다...

[알림]
이 글은 저자가 국립세종도서관이 월간 발행하는 「정책과 도서관」에 2021년
1년간 연재하였던 내용을 대폭 수정하여 증편한 묶음입니다.

책의 구성(Contents)

작가의 서문과 감사의 편지 그리고...
Author's Preface, Acknowledgements, and...

<글을 쓴 이유와 의미>: 학창시절 제도적 공간에서 겉모습만을 확인하였던 동양과 서양의 고전문학들(classics), 그리고 언어의 힘으로나마 간신히 접했던 존경하는 거장들의 과학적 이론과 규범이 담긴 난해한 교과서들(textbooks)! 그 모두는 과거로부터 저에게 이미 보내져 있었던 '편지들(letters)'이었습니다. 저는 그것을 몰랐습니다. 그분들이 먼 과거의 공간에서 또박또박 적어 보내놓으셨던 편지들을 저는 방치해 두었습니다. 편지를 받은 사람은 그것을 읽지 않거나 답을 하지 않을 수도 있습니다. 그러나 이제야 읽게 된 편지의 내용들은 제가 알고 있던 모든 것을 칠흑 같은 어둠으로 덮어버렸습니다. 그리고 별안간 저의 이성(reason)을 솟구치게 합니다. 엉뚱한 곳으로 몰고 갔던 모든 것을 지우고 저 멀리 파닥이는 겸허한 이성의 물고기를 따라가고자 합니다. 이 글은 그분들에게 보내는 답신입니다.

추리소설 작가로 알려진 일본의 히가시노 게이고(東野ゲーゴ; Higashino Keigo, 1958-현재)가 2012년에 발표한 소설 『나미야 잡화점의 기적(Namiya Zakkaten no Kiseki)』은 쇼타, 고헤이, 아쓰야 세 사람이 어느 날 밤, 폐가가 된 옛날식 목조건물의 점포에 숨어들게 되면서 시작됩니다. 그곳은 예전에 주인인 한 노인(다카유키 나미야의 아버지)이 가게를 찾아오는 사람들의 고민을 해결해주던 '나미야 잡화

점'이었습니다. 그날 밤 잡화점 뒷문에 달린 작은 나무상자에 편지
가 툭 하고 배달됩니다. 놀랍게도 그것은 과거로부터 도착되는 편지
였습니다. '달 토끼'라는 여성 운동선수, '생선가게 뮤지션'이라는 가
쓰로, 그리고 에미코에 이르기까지 과거의 사람들이 보낸 편지들을
읽어 본 세 사람은 그 옛날의 할아버지 대신 답장편지를 적어 나무
상자에 다시 툭 던져둡니다. 순식간에 답장은 과거로 가고, 또한 순
식간에 현재로 답신이 도착하면서 과거에서 현재로 연결되어 있던
고민과 문제가 해결됩니다. 가게 문을 열어버리면 과거와의 연결이
끊기며, 문을 닫으면 시간이 멈추는 곳입니다. "우리가 과거의 사람
하고 편지를 주고받는다는 얘기잖아." 쇼타는 눈을 반짝였습니다(게
이고, 2012: 50).

한 나라의 정책결정자들(policy-makers)과 정부 관료제(bureaucracy)
가 국민을 위해 해야 할 일들은 김시습(金時習), 죠지 프레드릭슨(H.
George Frederickson), 프랜시스 루크(Francis Rourke), 찰스 린드블
롬(Charles Lindblom), 존 킹던(John Kingdon), 크리스토퍼 폴릿
(Christopher Pollitt), 허버트 간스(Herbert Gans), 라스 질렌스텐
(Lars Gyllensten), 존 롤스(John Rawls) 등이 과거에 이미 남긴 편지
들에 고스란히 적혀있습니다. 그분들의 책은 나미야 잡화점처럼 과
거와 현재의 시간(time)을 연결시켜주는 해결의 공간(space)입니다.
그 공간 속에 들어와 그분들의 편지를 읽을 것인가 아닌 가는 의사
결정자(decision-maker)의 자유입니다.

〈'A204'에게 드리는 글〉: 어린왕자의 별을 천문학자가 'B612'라고
명명했던 것처럼, 저도 그러한 상징으로서 'A204'라고 부르고자 하
는 대상이 있습니다. (A)는 Asteroid, 즉 '소행성'을 말하는 것으로
이것은 "항상 변화하여 썩지 않는다는 것"을 의미합니다. (204)는

우습지만 "이 공부하는 사람"을 표식합니다. 언젠가부터 저의 제자였고 이제는 동료학자가 된 '이철주 박사'는 바로 'A204'를 상징하는 사람입니다. 세상에 대한 고민 속에 뜬금없이 던지는 불협화음 같은 제 생각들에 대해서도, 그리고 진고자금을 쓰다 이 글이 무슨 의미가 있을까 의구심을 던질라치면 여지없이 의견과 비판을 바르게 던져 줍니다. 의견과 비판을 정리해서 그것들을 야기한 사람이 이해하게 다시 타당하게 전달할 수 있는 것은 쉬운 일이 절대 아닙니다. "이 공부하는 사람"은 우리나라에서 몇 사람이나 있을까요? 이런 분들에게 감사해야 하고 아낌없이 지원해야 합니다. 그것만이 나라를 약함에서 완전에 가깝게 하는 힘이 되기 때문입니다.

〈100년 뒤 그 한 분께 이글을 바칩니다.〉: 제가 이글을 쓰고 싶었던 실제 이유는 100년 뒤의 그 한 분 때문입니다. 당대의 그분들은 이 글이 읽혀지지 않습니다. 이 글을 미래 그분께 남깁니다. 진고자금의 본질적 내용을 이 나라에 실제 구현할 사람이기 때문입니다.

〈박영사와의 인연〉: 제가 대학시절 법학, 정치학, 행정학 등 사회과학 분야에서 부동(不動)의 명성을 이끈 기본서들을 간직하게 된 계기는 바로 박영사를 통해서였습니다. 진고자금, 이 글은 기존의 기본서 형식이나 내용도 아니어서 권위 있는 박영사의 출판 허가를 받을 수 있을까 걱정이 많이 되었습니다. 그런데 정연환 과장님과의 만남에서 박영사가 벌써 새로운 세상에 들어가 있음을 확인하게 되었고, 선뜻 출판을 허락해주신 박영사와 정연환 과장님께 감사의 말씀을 이곳에 새깁니다. 출판의 정통적 권위와 시대의 변화를 이끌고 있는 박영사와의 출판계약으로 저는 이성(reason)의 참회(懺悔)적 고백(告白)으로 '글을 쓰는 자'의 새로운 시작을 합니다.

그리고 저는 무엇보다 감사의 말씀을 드려야 할 분이 있습니다. 이 에세이를 실제 출판하는 마지막 순간까지 책의 세부 구성과 디자인의 모든 것을 신경 써주시고, 필자가 쓴 지저분한 원고들의 보이지 않는 단어들과 표식들에까지 놀라울 정도의 수정의견을 주시고 고치고 또 고쳐주신 사윤지 에디터(editor)님이십니다. 완벽한 편집과 테그니컬 라이팅(technical writing)의 진면목을 보여주신 것에 깊은 감사의 말씀을 드립니다.

박영사와 정연환 과장님 그리고 사윤지 에디터님께 다음의 짧은 글을 남깁니다.

"고집스런 의견을 용인해주시고
 부족한 글 화려하게 내주심에
 그간 하지 못한 감사를 이곳에 남깁니다.
 돌아보면 모든 게 거짓이지만
 그것에 빠지지 않으려고
 이곳저곳 빈자리를 찾아
 간신히 이곳 한구석을 빌렸던 것 같습니다."

— 심의린(沈誼潾) 드림 —

프롤로그

나는 북극에 홀로 서 있다.

Standing at the Northern Pole

북극권 겨울 추위, 영하 40도의 극한의 장소에 나는 서있다. 왜 그런지는
모른 채 나는 거기에 줄곧 서 있었다. 나의 생존과 관계되는 요소들이 있
다. 그곳은 처음부터 완전히 아무것도 없었던 장소는 아니었다. 그곳에서
누가 쓰다 버린 자작나무(birch tree) 안식처(shelter)를 발견했다. 그대로
쓸 수는 없다. 더 추워지기 전에 에너지원(energy supplier)을 미리 마련해
둬야 한다. 도구를 사용하여 필요한 저 큰 나무를 어렵게 쓰러뜨린다. 내
가 가지고 온 도구가 있었다. 전기톱이다. 그것은 내가 만든 것이 아니고
내가 거절한 제도적 현대문명이 제공해 준 것이다. 마지막 호의를 인정한
다. 가보지 않은 곳(space)을 탐험한다. 한곳에서는 모든 것이 고갈될 수
있기 때문이다. 걱정이다. 나는 고독하다. 나는 부조리의 소용돌이로부터
스스로 퇴출되었다(being evicted). 그래야 홀로 설 수 있기 때문이다. 시
간(time)이 필요하다. 그리고 다시 배워야(learning) 한다. 육체가 없다면
정신이 없다는 것을 고독한 이곳에 떨어진 후에야 비로소 알게 된다. 인
간생명체로서의 자존감(self-esteem)을 유지하기 위한 새로운 지식
(knowledge)과 경험(experience)을 확보해야 한다. 그것들을 위해선 삶의
열정(passion)과 현상에 대한 회의론적(skeptical) 이성(reason)이 우선이
다. 저 멀리 눈보라 속에 떨어진 조그만 씨앗(tiny seed)을 본다. 어제 쓰

러뜨린 큰 눈잣나무(Pinus pumila)의 지나온 예전 모습이다. 그 씨앗은 시간의 흐름 속에서 그 큰 나무로 전환될 모든 미스터리를 간직하고 있다. 저 조그만 것은 바로 저 눈잣나무로 전환되는 것이지, 다른 나무로 전환되는 것이 아니다. 놀랍다. 그렇게 전환될 동력(momentum)을 원래부터 자체적으로 가지고 있었다.

- 심의린(沈誼潾) -

1강

본질은 보이지 않는다 (Essence is invisible):

평가(Evaluation), 그리고 어린왕자(The Little Prince)

1강

본질은 보이지 않는다(Essence is invisible): 평가(Evaluation), 그리고 어린왕자(The Little Prince)

"어떤 사물의 본질(essence)에 대한 '증거(evidence)'는 무엇인가? 어떻게 하면 그러한 증거가 정책의 형성에 반영될 수 있는가? 어떻게 의사결정자들이 인정하고 확신할 수 있는 증거들을 수집하고 그것들을 어떤 방식으로 제시하여야 하는가? 등과 같은 질문들은 연구에서 널리 다루어져 왔습니다. 그러나 "어떻게 하면 평가(evaluation)를 통해 얻은 과학적 증거를 '민주주의(democracy)'와 양립하게 할 수 있는가?" 하는 핵심질문은 여전히 다루어지지 않고 있습니다. 이미 린드블롬(Lindblom 1959), 하버마스(Habermas 1968), 윌다브스키(Wildavsky 1979)와 같은 영향력 있는 사상가들이 민주주의와 '기술관료주의(technocracy)'의 긴장관계(tension)를 언급했었고, 과학(science)과 정치(politics)의 갈라진 틈(gap)과 결함(defect)을 극복하는 방법을 알려주었는데도 말입니다."

– 프리츠 사거(Fritz Sager)의 "정책평가와 민주주의:
그 둘은 서로 어울리는가?"(2018)[1] 중에서 –

---

1) ●Sager, Fritz. 2018. "Policy Evaluation and Democracy: Do They Fit?" *Evaluation and Program Planning* 69: 125-129. ●Lindblom, Charles E. 1959. "The Science of "Muddling Through"." *Public Administration Review* 19(2): 79-88. ●Habermas, Jürgen. 1968. *Technik und Wissenschaft als "Ideologie"*. [Technology and Science as "Ideology"]. Frankfurt am Main, Germany: Suhrkamp Verlag. ●Wildavsky, Aaron B. 1979. *Speaking Truth*

1.

1993년 가을 어느 날, 싸우스 케찌(South Kedzie) 건물 311호 강의실에서 필자는 미국 대학의 박사과정 학생으로 정책평가론(policy evaluation)의 첫 시간을 기다리며 앉아있었고, 문을 열고 들어온 흑인 여성 교수님과의 만남으로 인해 어린시절부터 공부해왔던 모든 것들을 다시 돌아보는 전환기를 맞이하게 됩니다. 그분은 들어오자마자 과목에 대한 아무 소개도 없이 갑자기 동양 사람으로 제가 눈에 들어왔는지 저에게 무슨 책을 좋아하느냐고 물었습니다. 잠시 머뭇했던 저는 그동안 공부했던 행정학의 주요 거물들이 세상에 발표하신 책들이 생각이 나지 않아 당황하던 순간, 학기 시작 전에 캠퍼스 서점 중고책 섹션에서 반갑게 구입했던 2달러짜리 책이 떠올라 말씀드렸습니다. 『어린왕자(The Little Prince)』입니다. 와우! 미국교수님은 그 책의 언급을 환영하면서 일주일 뒤 어린왕자라는 책에서 정책평가의 모든 것을 수업시간에 소개하면서 토론을 주도해달라는 부탁을, 아니 숙제를 제게 주셨습니다. 일주일은 고통의 시간들이었고 그

---

to Power: The Art and Craft of Policy Analysis. Boston, MA: Little Brown & Company.

프리츠 사거(Fritz Sager)는 스위스(Switzerland)의 수도에 있는 베른대학교 (University of Bern)의 '공공관리를 위한 역량센터(KPM Center for Public Management)'의 정치학 교수이며, 행정이론, 정책평가, 조직분석, 스위스 정치를 연구하고 있습니다. 그가 언급하고 있는 '기술관료주의(technocracy)'란 과학적(scientific) 및 기술적(technological) 지식(knowledge)을 가진 자에게 정치, 사회, 경제 등의 책임을 맡기는 정부(government)의 형태로, 국민에 의해 선출된 대표자들이 정부의 주요 의사결정자들(decision-makers)이 되어야 한다는 '대의민주주의(representative democracy)'의 논조와는 매우 대조적인 체계입니다. 테크노크러시는 사회문제들을 풀기 위해서는 '과학적 방법들(*평가와 분석 포함)'을 적용해야 한다는 신념체계이기도 합니다. 가장 극단적인 형태의 기술관료주의로는 정부전체를 하나의 기술적이고 공학적인 문제로서 가정하고 운영하는 형태이며, 실제적인 모습은 정부 관료제(bureaucracy)의 일부를 기술자들(technologists)에게 운영하게 하는 형태입니다.

토론의 일부를 이제 다시 여러분과 함께하고자 합니다.

저는 평가(evaluation)에 익숙해 있지 않았습니다. 그리고 그것에 대해 체계적으로 가르침을 받은 적이 없었습니다. 정부가 수행하는 여러 정책에 대해 어디선가 평가를 수행한다는 말을 종종 듣습니다. 일반적으로 정부가 정책의 명칭과 내용을 선언하고 집행을 하게 되면 그때 비로소 정책들이 우리에게 보이게 되고, 많은 사람들이 그 정책의 대상자인지라 관심을 갖게 마련입니다. 하지만, 사실상 그 정책을 집행한 내용들이 실제 정책의 끝자락에 가서는 누구에게 어떠한 영향(impact)과 효과(effect)를 끼치는지에 대해서는 잘 알려지지 않으며, 따라서 그 정책을 어떻게 판단하고 평가할 것인지에 대해서는 더욱 잘 모릅니다.

정책평가(policy evaluation) 또는 사업평가(program evaluation)가 무엇인지에 대해 사람들에게 묻는다면, 그들은 서로 다른 것들을 생각합니다. 어떤 사람들에게 정책평가란 사업의 가치 및 값어치(merit or worth)를 판단하는 행위입니다. 다른 사람들에게는 사업평가가 평가대상인 사업이 달성한 목표(goal)와 목적(objective)의 정도(즉, 간단히 '목표달성도')를 결정하는 것을 의미합니다. 또 다른 사람들은 정책평가를 선출직 관료들, 지역 공동체의 영향력 있는 사람들, 행정가들과 고객들에게 정보를 제공하여 그들이 평가대상인 사업의 현재와 미래의 상태에 대한 중요한 결정을 내리는 데 도움을 줄 수 있는 것이어야 한다고 생각합니다. 한편, 사업평가라는 것은 "마지못해 하는 행위"에 불과하다는 신념을 가지고 있는 사람들도 있는데, 그 이유는 중요한 결정행위는 평가에 근거하여 이루어지는 것이 아니라, 실제는 '정치적 방편(political expedience)'에 따라 결정되기 때문이라는 것입니다. 이러한 사고는 평가에 대한 시각으로서 솔직한 면은 있으나 비겁한 면이 더 크다고 하겠습니다. 이런 신념이라면 정부가 공공정책을 체계적으로 설계할 필요도 없고, 그 정책의 내용이 어떻게 흘러가 누구에게 손실과 이익을 얼마나 끼치는지 등에 대한 판단도 할 필요가 없으며, 그 정책에 들어가는 예산과 그것을 투입한 영향(impact)과 효과(effect)를 논할 논리성도 없을 것입니다. 여하튼 위와 같은 정책평가에 대한 많은 시각들은 부분적으로 맞습니다. 그러나 정책평가의 많은 개념들 중 하나만을 우리가 취한다면, 정책평가에 대한 완전하거나 정확한 그림을 그려내지 못하게 됩니다. 정책평가라는 행위 및 속성의 '전부를 포괄하는(all-inclusive)' 정의는 없기 때문입니다.[2]

2) ●Scriven, Michael. 1991. *Evaluation Thesaurus* (4th ed.). Newbury Park, CA: Sage Publications. ●House, Ernest R. 1993. *Professional Evaluation: Social Impact and Political Consequences.* Thousand Oaks, CA: Sage Publications. ●House, Ernest R. 2001. "Unfinished Business: Causes and Values." *American Journal of Evaluation* 22(3): 309-315. ●Alkin, Marvin C., and Lewis C. Solomon (eds.). 1983. *The Cost of Evaluation.* Beverly Hills, CA: Sage Publications. ●Alkin, Marvin C. (ed.). 1990. *Debates on Evaluation.* Newbury Park, CA: Sage Publications. ●Alkin, Marvin C. 2004. *Evaluation Roots: Tracing Theorists' Views and Influences.* Thousands Oaks, CA: Sage Publications. ●McLaughlin, Milbrey W., and R. Scott Pfeifer. 1988. *Teacher Evaluation: Improvement, Accountability, and Effective Learning.* New York: Teachers College Press. ●Weiss, Carol H. 1998. "Have we learned anything new about the use of evaluation?" *American Journal of Evaluation* 19(1): 21-33. ●van de Vall, Mark. 1991. "The Clinical Approach: Triangulated Program Evaluation and Adjustment." *Knowledge and Policy* 4(3): 41-57.

평가(evaluation)란 무엇인지에 대해 그 개념을 연구한 학자들은 평가를 각기 다른 모습으로 정의합니다. 그러한 평가의 정의들을 들여다보면 평가의 목적, 평가의 주요 요소, 평가의 과정, 평가결과의 활용 등에 대해 대략적인 모습을 이해할 수 있게 됩니다.

마이클 스크라이븐(Michael Scriven, 1991)은 평가란 '무엇' 또는 '과정의 산물'에 대한 진가 및 실적(merit), 값어치(worth) 및 가치(value)를 결정하는 과정이라 하였습니다. 같은 맥락에서, 어니스트 하우스(Ernest R. House, 1993 & 2001)는 평가란 지표들(criteria)과 기준들(standards)에 근거하여 평

운명처럼 공직의 길을 잠시 걸었던 저는 2002년 여름 어느 날, 드니프로(Dnieper) 강어귀에 있는 우크라이나(Ukraine) 키이우(Kyiv)에 방문한 적이 있습니다. 러시아의 모데스트 무소륵스키(Modest Petrovich Mussorgsky)가 1874년 작곡한 피아노모음곡인 「전람회의 그림(Pictures at an Exhibition)」 중 그 장엄한 제10곡 "키이우의 대문(The Heros' Gate of Kyiv)"이 있는 바로 그곳입니다.3) 그 웅장한 키이우가 20년이 지난 2023년 이후 현재까지

가대상에게 값어치 및 가치(worth or value)를 할당 또는 부여(assignment)하는 행위이며, 이 경우 지표와 기준들은 겉으로 명료한(explicit) 것이거나 때로는 내포적이거나 함축적인(implicit) 것일 수도 있다고 합니다.

마빈 알킨(Marvin C. Alkin, 1983, 1990 & 2004)은 평가란 '체계적으로(systematically)' 정보(information)를 수집하고 분석하여 보고하는 활동이라 하면서, 여기서 정보란 공공정책 및 사업을 담당하는 사람과 조직의 자세 및 태도(attitude)를 변화(change)시키거나 또는 그 사업운영을 개선(improve)하기 위해 사용될 수 있는 것이어야 하며, '체계적'이란 말은 평가가 사전에 충분히 구상되고 계획되어져야 한다는 것으로, 특히 정부정책에 대한 평가가 사전에 치밀하게 계획되지 않는다면 그것은 평가로 볼 수 없다는 것을 강조합니다. 비슷한 맥락에서, 밀브레이 맥로플린과 스캇 파이퍼(Milbrey W. McLaughlin & R. Scott Pfeifer, 1988)는 평가란 정보를 의사결정자들(decision makers)에게 제공하는 과정이라 하면서, 이 경우 정보란 공공사업들의 운영과 효과들(effects) 또는 다른 제도적 효과들(institutional effects)에 관한 신뢰적이고(reliable), 타당하며(valid), 유용한(useful) 것이어야 한다고 하였습니다.

한편, 캐롤 와이스(Carol H. Weiss, 1998)와 마크 반 데 발(Mark van de Vall, 1991)의 평가에 대한 시각을 주목해 볼 필요가 있습니다. 그들에 따르면, 평가의 목적은 의사결정자들이 이미 가지고 있는 경험(experience)과 그들의 판단행위(judgment)를 바꾸거나 대신하려는 것이 아닙니다. 오히려 평가는 의사결정자들의 경험과 판단에 도움이 되는 체계적인 증거(systematic evidence)를 제공하는 데에 목적을 둡니다. 이 의미는 의사결정자들이 평가결과를 수용하여 그것에 따라 그들의 판단을 반드시 바꾸게 하려는 것이 아니고, 평가를 통해서 의사결정에 도움을 주는 객관적인 증거를 의사결정자들에게 제공하면 되는 것으로, 그러한 평가 증거를 수용할 것인지 또는 아닌지는 의사결정자들의 선택에 달려있다는 것입니다.

3) ●Brown, David, Gerald E. Abraham, David Lloyd-Jones, and Edward Garden. 1997. *The New Grove Russian Masters 1: Glinka, Borodin, Balakirev, Musorgsky, Tchaikovsky.* New York: W. W. Norton & Company. ●Brown,

전쟁 속에 고통을 받고 있어 안타까움이 제 숨골의 깊은 곳에서 떠나지 않습니다. 여름이지만 밤은 써늘했던지 두꺼운 검은 면 코트를 차려입은 사람들이 오랜 전통의 오페라하우스로 가던 모습이 아직도 제 눈에는 잊을 수가 없습니다. 물질만능(物質萬能)의 화려함은 느껴지지 않았고, 낡은 코트의 끝자락들이 해져 있어도 그날 밤 표트르 차이코프스키(Pyotr Ilyich Tchaikovsky)의 위대한 「백조의 호수(The Swan Lake)」[4]를 보기 위해 무대 앞에 가득 자리를 잡은 그분들의 환한 얼굴을 볼 수 있었습니다. 발레 공연

David. 2010. *Mussorgsky: His Life and Works*. Oxford: Oxford University Press.

　　모데스트 무소륵스키(Modest Petrovich Mussorgsky, 1839-1881)는 러시아의 작곡가로, 12세가 되던 1852년에 피아노곡을 처음 작곡하였습니다. 그의 음악작품에는 18세기 말에서 19세기 초에 유행하였던 낭만주의(Romanticism) 스타일과 러시아음악의 내용이 결합되어 있습니다. 그의 주요 작품으로는 1868년의 오페라 「Boris Godunov」가 있으며, 연작 가곡(song cycles)으로 「The Nursery」(1872), 「Sunless」(1874), 「Songs and Dances of Death」(1877)가 있습니다. 특히, 1874년에 작곡한 「Pictures at an Exhibition」(전람회의 그림)은 10곡의 피아노 모음곡으로, 1922년 이후에는 오케스트라를 위한 교향곡(symphony) 버전으로 편곡되어 널리 알려지게 되었습니다. 마지막 10번째 곡명은 "The Heroes' Gate of Kyiv(키이우의 대문)"로 키이우시(city)의 웅장한 대문을 표현하고자 했으며, 이 대문으로 위풍당당하게 통과하는 행렬을 표상하는 악상이 드높이 울려 퍼집니다.

4) ●Brown, David, Gerald E. Abraham, David Lloyd-Jones, and Edward Garden. 1997. *The New Grove Russian Masters 1: Glinka, Borodin, Balakirev, Musorgsky, Tchaikovsky*. New York: W. W. Norton & Company. ●Brown, David. 2007. *Tchaikovsky: The Man and His Music*. New York: Faber & Faber.

　　표트르 차이코프스키(Pyotr Ilyich Tchaikovsky, 1840-1893)는 무소륵스키와 같은 시대의 러시아 낭만주의(Romanticism) 작곡가입니다. 그는 고전적 주제에 기반을 둔 협주곡(concert) 및 연극 음악작품들의 선구자로 평가받고 있습니다. 발레곡인 「Swan Lake」(백조의 호수)(1876)와 「The Nutcracker」(호두까기 인형)(1892), 협주곡 서곡인 「1812 Overture」(1880), 「Piano Concerto No. 1」(1875), 「Violin Concerto in D major」(1878), 「Romeo and Juliet-Overture Fantasy」(1869) 등이 우리나라에도 알려져 있습니다.

은 감동의 순간들로 가득 찰 정도로 매우 뛰어났었는데, 국가대표급 1진과
2진이 러시아와 팀을 구성하여 세계 공연을 하고 있던 터라 당시 3진 발레
팀이 공연을 하였다는 후문을 들었습니다. 그런데 저를 더 감동시킨 것은
그 발레보다도 우크라이나 사람들이 예술을 사랑하는 모습이었습니다. 입
장료는 비싸지 않은 액수여서 자주 이러한 공연을 보기 위해 우크라이나
주민들이 모인다는 이야기를 전해 들었습니다. 동양에서 온 저 자신은 초
라하였습니다. 자본주의의 경제 강국으로 치달았던 대한민국이 제게 심어
준 것은 제가 사회적 생명체로서의 생존을 위해 필요로 하는 물질적 수단
체들이었습니다. 낡았지만 고풍스런 오래된 작은 음악당 천장의 명화를 쳐
다보며 제가 오랫동안 동유럽의 나라들과 그 사람들을 잘못 평가했었다는
깨달음과 미안함이 급습해왔습니다. 미국에서 정책평가란 속세의 학문을
전공했던 저는 그 평가라는 것 자체를 잘못 이해하고 있었다는 것을 또다
시 인식한 순간이었습니다. 한국을 물리적으로 떠나 어딜 가는 것을 좋아
하지 않는 저이지만, 그때 그곳에 절 데려다준 그 운명적 시간(time)의 선
택에 감사했습니다.

　1943년 앙투안 드 생텍쥐페리(Antoine de Saint-Exupéry)는 『어린왕자
(The Little Prince)』를 통해,5) 먼저 '형식(form)'과 '내용(content)'의 중요성

---

5) ●Saint-Exupéry, Antoine de. 1943. *Le Petit Prince*. New York: Reynal &
Hitchcock. ●Saint-Exupéry, Antoine de. 1943. *The Little Prince*. New York:
Reynal & Hitchcock. ●Saint-Exupéry, Antoine de. 1945. *Le Petit Prince*.
Paris: Gallimard. ●Saint-Exupéry, Antoine de. 1943. *The Little Prince*. New
York: Harcourt, Brace & World, Inc. ●Schiff, Stacy. 2006. *Saint-Exupéry: a
biography*. New York: Henry Holt.
　앙투안 드 생텍쥐페리(Antoine de Saint-Exupéry, 1900-1944)가 쓴 『Le
Petit Prince』[The Little Prince; 어린왕자]는 1943년 미국 뉴욕의 Reynal &
Hitchcock 출판사에서 처음 프랑스어와 영어로 동시 출판되었으며, 1945년에
프랑스에서 출판됩니다. 영어 번역을 담당한 최초 번역가는 캐서린 우즈

과 그 관계를 튀르키예(Türkiye) 천문학자의 일화를 통해 전개합니다. 튀르키예 천문학자는 자신이 발견한 객관적 사실인 새로운 별들에 대해 국제천문연맹이 자신의 겉모습과 외모를 이유로 그 발견 자체를 수용하지 않자, 다시 세련된 유럽식 복장으로 갈아입고 발표함으로써 그 발견 사실을 승인받게 됩니다. 여기서 외형적 형식에 치중하는 우리들에 대해 작가는 한탄합니다. 맞습니다. 겉모습(appearance)보다는 단연코 본질적인 내용(content)이 중요합니다. 이때 미국교수님이 끼어들었습니다. 우리는 왜 결혼식에 매일 신고 다니던 낡은 운동화와 집에서 입던 옷을 그대로 착용하고 가지 않지요? 축하하는 마음만 있으면 되는 거 아닌가요? 그런데 그

(Katherine Woods, 1886-1968)였습니다. 특히 저도 이 책("정책에세이-진고자금") <1강>에서, 그녀가 영역하여 뉴욕의 Harcourt, Brace & World, Inc.가 1943년도에 출판한 어린왕자 책(총 113페이지)을 중심으로 사용하였습니다. 당초 생텍쥐페리가 쓴 프랑스 원고의 분량은 140페이지 정도였으며, 책 안에 담긴 어린왕자의 모습 등 우아한 삽화 및 그림들은 모두 생텍쥐페리가 그린 것입니다. 어린왕자는 성경(the Bible) 다음으로 가장 많이 다른 언어들로 번역되었습니다.

이 작품과 관련하여 흥미로운 것은, 어린왕자의 별을 발견한 튀르키예 천문학자가 그 별을 'Asteroid(소행성) B612'로 글 속에서 명명한 것처럼, 실제 현실에서 러시아 천문학자인 스미르노바(Tamara Mikhaylovna Smirnova)가 1975년 11월 2일에 발견한 작은 소행성에 '소행성 2578 생텍쥐페리'라는 이름을 붙였습니다. 또한, 글에서 어린왕자의 장미(rose)는 생텍쥐페리의 부인인 "콘수엘로 드 생텍쥐페리(Consuelo de Saint-Exupéry)"를 상징하는 것으로 알려져 있습니다. 그리고 생텍쥐페리는 소설가, 공군 비행사, 극작가 등으로 알려져 있는데, 그는 프랑스 리옹(Lyon) 출신으로, 제2차 세계대전에서 1940년 나치(Nazi 또는 the Nazis) 독일이 프랑스 북부를 침공하자 미국으로 망명하였고, 1944년 프랑스 공군장교로 참전 중 행방불명되었습니다.

그의 소설 작품들로는, 『Le Petit Prince』[The Little Prince; 어린왕자](1943) 이외에, 『L'Aviateur』[The Aviator; 조종사](1926), 『Courrier Sud』[Southern Mail; 남방 우편](1929), 『Vol de Nuit』[Night Flight; 야간비행](1931), 『Terre des Hommes』[Wind, Sand and Stars](1939), 『Pilote de guerre』[Flight to Arras](1942) 등이 알려져 있는데, 대부분 자신의 직접적 경험을 중심으로 쓴 작품들입니다.

렇지가 않은 경우가 있습니다. 결혼식을 위해 우리가 갖춘 아름다운 형식
은 결혼의 본질적 내용을 더욱 아름답게 할 수도 있습니다. 당연히 모든
것에서 내용이 우선입니다. 그러나 형식도 중요할 때가 있습니다. 평가에
서는 바로 이 형식이란 것에 대해 다른 생각도 해봅니다. 치밀한 발견과
기술적이고 과학적인 분석을 통해 평가한 내용들(contents)이 쉽게 분간이
가지 않거나 이해할 수 없거나 해석상 모순적이라면 평가결과의 활용은
되지 못하며, 평가자체는 무용지물(無用之物; good-for-nothing)이 됩니다.
공공정책에 대한 평가자는 발견과 분석을 객관적이고 체계적으로 깊게 하
는 것이 우선적으로 중요합니다. 하지만, 자신이 평가하여 발견한 내용들
을 어떤 때에는 그 겉모습을 화려하게도, 어떤 때에는 요약하여 단순하게,
어떤 때에는 복잡한 과학적 수식으로 표현할 필요가 있습니다. 다양한 형
식(form)은 내용만큼이나 평가자가 인식하고 고려할 부문으로 그 이유는
평가 결과에 관심을 갖는 독자들과 그것을 사용해야 하는 고객들은 항상
나와 같지 않으며 다양하다는 것입니다.[6]

6) ●Hatry, Harry P., Richard E. Winnie, and Donald M. Fisk. 1981. *Practical Program Evaluation for State and Local Government* (2nd ed.). Washington, D.C.: The Urban Institute Press. ●Davidson, E. Jane. 2004. *Evaluation Methodology Basics: The Nuts and Bolts of Sound Evaluation*. Thousand Oak, CA: Sage Publications. ●Wholey, Joseph S., Harry P. Hatry, and Kathryn E. Newcomer (eds.). 2010. *Handbook of Practical Program Evaluation* (3rd ed.). San Francisco, CA: Jossey-Bass. ●Fitzpatrick, Jody L, James R. Sanders, and Blaine R. Worthen. 2011. *Program Evaluation: Alternative Approaches and Practical Guidelines* (4th ed.). Boston, MA: Pearson Education.
  위와 같은 주요 평가 교과서에서도 평가에 있어서 '형식(form; appearance)'
의 의미를 전달하고 있습니다. 그것을 요약하면 다음과 같습니다. 평가의 '내용
(content)'면에서 평가자로서 여러분이 제한된 자원하에서 그나마 타당하고
(valid) 신뢰적인(reliable) 증거(evidence)를 수집하기를 원한다면, 평가에서
찾아낸 것들(findings)과 그것들을 분석한 결과들(results)을 나중에 어떻게 사
용할 것인가를 미리 평가의 시작점에서부터 생각해야 합니다. 때때로 우리는

어린왕자는 처음부터 오랫동안 자신만의 영역(space)인 조그만 별에서 혼자 살아온, 그래서 순수하고 편견이 없다고 스스로 생각하는 존재입니다. 그 작은 '별(star)'은 아무도 찾아오지 않았기에 편안하고 익숙한 나의 영역이고, 나의 나라이고, 나의 학문세계이고, 나만의 가치관의 영역이기에 어느 누구로부터 방해받은 적이 없습니다. 그러나 어느 날 우연히 날아 온 한 송이 '꽃(flower)'과의 만남에서 그 꽃이 어떠한 존재인지에 대한 개념화(conceptualization)를 할 수 없었고, 꽃과의 관계설정도 하지 못하게 된 어린왕자는 비로소 자신도 편협적이며 객관적이지 못한 존재라는 것을 처음으로 인식하게 되었습니다. 그리하여 어린왕자는 꽃 자체는 물론 그 꽃과의 관계를 평가의 대상으로 규정하고 자신의 영역을 벗어나 다른 영역으로 탐색(search)의 여정을 떠납니다. 여기서 미국교수님은 그러한 어린왕자의 행태야말로 문제의 정의와 원인 해소를 위해 타당하고 (valid) 신뢰적인(reliable)[7] 정보(information)와 증거(evidence)를 찾기 위

우리 자신이 그 결과를 사용하기 위해서 평가를 수행합니다. 여러분이 음악작품이나 미술작품을 평가하거나, 교사가 학생을 평가하거나, 부모가 아이들을 평가하거나, 정부의 관료가 직원들을 평가하는 경우들입니다. 그러나 공공정책의 영역에 있어서는 우리가 수행하는 평가로부터 얻어지는 정보-통계-데이터-증거들을 사용해야 하거나 사용할 수 있는 다수의 사람들과 조직들이 존재합니다. 그러한 평가결과의 다양한 고객들을 열거하면 다음과 같습니다: ▷공공정책으로부터 어떠한 방식으로든 직접적으로 영향을 받는 사람들; ▷지역의 주민들, 리더들 및 관련 위원회의 위원들; ▷동료, 협력자, 지지자들; ▷대통령 및 장관 등 고위 관료들과 현장 관료들; ▷시장 및 군수 등 선출직 관료들; ▷정부 부처 및 공공기관들; ▷의회 의원과 의회 위원회들; ▷시장의 회사들과 이익집단들; ▷방송 및 언론 매체들; ▷그 외 평가결과의 가능한 사용자들. 평가자는 이러한 사람들과 조직들 중에서 누가 나의 고객이 될 수 있는지를 평가의 시작점에서부터 균형 잡힌 시각에서 객관적으로 인지하여 규명하고, 가능하다면 그들이 평가를 통해 알고 싶어 하는 것들이 무엇인지를 알아내고, 또한 그들이 그러한 나의 평가내용을 어떻게 사용하게 될 것인지를 고민하고 정리해야 합니다.

7) ●Manheim, Jarol B., Richard C. Rich, and Lars Willnat. 2001. *Empirical Political Analysis: Research Methods in Political Science* (5th ed). New

해 자신의 좁고 편협한 영역을 과감하게 벗어나는 정책평가자의 기본 태
도라고 언급합니다. 그리고 그러한 정책평가자라는 존재는 어딘가에 근엄
하게 따로 있는 것이 아니라, 바로 사회라는 제도 속에서 일상을 살아가
는 우리 모두라는 것을 인식해야 한다고 하십니다.

   그리하여 답을 찾아 떠난 여정에서 어린왕자는 6개의 별들에 잠시 머
무르게 되는데, 그 별들은 넓은 우주의 공간적 영역에 존재하는 무수한
별들 중에서 그가 선호하는 곳을 의도적으로 선택한 것이 아닙니다.[8] '일

York: Longman. ●O'Sullivan, Elizabethann, Gary Rassel, Maureen
Berner, and Jocelyn D. Taliaferro. 2017. *Research Methods for Public
Administrators* (6th ed.). New York: Routledge.
   평가와 연구에서 사용하게 되는 개념들(concepts)을 '직접적으로' 측정할 수
있는 지표들(indicators) 및 그것들의 척도들(measures)을 얻기는 좀처럼 어
렵습니다. 권력(power), 민주주의(democracy), 교육의 질(quality)과 같은 개
념들은 계량화하기도 어렵고 직접적으로 측정할 수 없기에, 평가자 및 연구자
들은 그것들을 '간접적으로나마' 가늠할 수 있는 지표들을 사용해야 합니다. 그
런데 그러한 지표들이 갖추어야 할 자격 또는 요건이 있습니다. 바로 지표의
타당성(validity)과 신뢰성(reliability)입니다.
   지표들이 타당하다는 것은 평가 및 연구가 측정하려는 대상 개념을 제대로 또는
정확히 측정해준다는 것을 의미합니다. 예를 들어, 학생의 수학 실력(mathematical
proficiency)이란 개념을 측정하고자 할 경우 측정 지표들로서 확률과 적분만을
사용하여 측정한다고 하면, 수학 실력이란 개념을 제대로 측정했다고 볼 수 없을
겁니다. 그래서 타당성이란 지표들이 생산한 측정치들이 개념(또는 변수)의 실제
가치(또는 실제값)에 일치하는 정도를 말합니다. 한편, 지표가 신뢰적이라는 것은
그것이 생산하는 가치 또는 값이 얼마나 안정적(stable)이라는 것을 의미합니다.
다시 말해, 특정 지표를 사용하여 대상을 시기를 달리하여 여러 번 측정하였을 때
동일한 값들을 얻을 경우, 그 지표는 신뢰적(reliable)이라 합니다.
   평가과정에 얻게 되는 많은 정보와 증거에는 많은 개념들이 있고 그것들을
간접적으로 측정하기 위해 사용되는 많은 지표들이 있습니다. 따라서 그러한
지표들이 이러한 타당성과 신뢰성이 확보될 경우 그 지표들의 자격은 물론 동
시에 그것들이 측정하는 개념의 경험적 자격이 확보될 수 있는 것입니다.
8) 어린왕자가 자신의 별(Asteroid B-612)을 떠나 방문했던 별들은 모두 7개입니
다. 탐색의 여정에서 들른 6번째 별에서 지리학자로부터 마지막 방문지가 된

반화(generalization)'를 추구하는 연구자가 연구대상인 표본집단을 구성하면서 자신이 원하는 특정 표본(sample)만을 넣어 분석하지 않는 것처럼, 어린왕자는 자신이 방문하게 되는 별들의 묶음인 표본집단 안에 각 별들이 뽑힐 확률을 같게 하는 '무작위 추출(random sampling)' 방식을 따릅니다.9) 그리고 미지의 별에서 만난 사람들은 모두 어린왕자에게 필요한 정

지구라는 별을 추천받아 자신의 평가 샘플에 넣게 됩니다. 실제 정책평가의 과정에서 증거를 찾고 얻는 방식이 종종 이와 같습니다. 어린왕자는 왕(King), 잘난체하는 사람(boastful or conceited man), 술주정뱅이(a tippler), 기업인(businessman), 가스 등불을 켜는 아저씨(lamp lighter), 머리가 흰 노신사 지리학자(geographer)를 6개의 별 각각에서 만난 후, 마지막 종착점인 지구(The Earth)에서 답을 얻고 자신의 별에 돌아가는 여정을 거칩니다.

9) ●Manheim, Jarol B., Richard C. Rich, and Lars Willnut. 2001. *Empirical Political Analysis: Research Methods in Political Science* (5th ed.). New York: Longman. ●Fitzpatrick, Jody L, James R. Sanders, and Blaine R. Worthen. 2011. *Program Evaluation: Alternative Approaches and Practical Guidelines* (4th ed.). Boston, MA: Pearson Education.

과학적 연구 및 정책평가를 대상 전체에 대해 수행할 경우에 우리는 필요한 시간(time)과 비용(cost)의 양을 사전에 따져 보아야 합니다. 그런데 만약 사용가능한 비용과 시간이 제한적일 경우, 우리는 '모집단(population)'이라 불리는 대상집단 전체로부터 일부를 선택하여 '표본집단(sample)'을 구성하고 그 표본들에 대한 평가를 수행하게 됩니다. 실제 대상 전체에 대한 평가 및 분석이 불가능할 경우도 있고, 그럴 필요가 없을 수도 있기 때문입니다. 어린왕자가 탐색의 여정에서 우주의 모든 별들을 방문한다는 것은 불가능한 일이며, 그렇지 않고서도 그는 일부의 별들을 방문하여 평가의 목적을 달성합니다.

이러한 표본을 모집단으로부터 추출하기 위해서는 '확률 표집(probability sampling)'과 '비확률 표집(nonprobability sampling)'이라는 두 가지 표준화된 방식을 사용합니다. 평가의 목적이 모집단 전체에 적용되도록 하는 것(즉, 일반화)이라면, 그 표본집단은 전체를 대표하는(representative) 속성을 가져야 하기 때문에 확률 표집에 의한 것이 적합합니다. 이 확률 표집은 바로 '무작위 선택(random selection)' 행위를 내포하고 있는데, 무작위 선택이란 모집단의 각 구성단위가 표본으로 "선택될 가능성을 동일하게 갖게 하는 것(equal chance or probability of being selected)"을 의미합니다. 이렇게 해야 일부를 조사한 결과가 전체를 대표할 수 있기 때문입니다.

그런데 표본이란 것은 항상 필요한 것은 아닙니다. 모집단이 작을 때는 모집

보를 제공하는 존재이자 증거의 원천들(sources)로서 어린왕자는 그들에게 당면한 문제의 중요한 본질이 무엇인지를 '묻고 답하는(ask & reply)' 과정, 즉 정책평가의 핵심적 과정을 거칩니다.

  어린왕자가 도착한 별들에서는 많은 잘못된 정의(false definition)와 모순(contradiction)과 부조리(absurdity)의 현상들이 확인됩니다. 어린왕자는 잘난 체하는 사람(conceited man)에게 묻습니다. "찬양받는다(admired)는 것은 무엇인가요?" 그가 정의를 합니다. "찬양받는다는 것은 이 공간의 모든 사람들이 나를 잘난 사람으로, 옷을 잘 입는 사람으로, 잘사는 사람으로, 가장 똑똑한 사람으로 간주하는 것이란다." 어린왕자가 의문을 제기합니다. "그런데 이 별에 살고 있는 사람은 당신이 혼자인데요?" 다음 별에서 어린왕자는 매일 술에 취해있는 사람(tippler)에게 질문을 합니다. "왜 술을 마시세요?" 그가 답을 합니다. "수치스러운 것을 잊으려고 술을 마신단다." 다시 어린왕자가 묻습니다. "무엇이 수치스러우세요?" 그가 답합니다. "술 마시는 게 수치스럽단다." 사람과 정부는 평가라는 행위 및 인식작용을 하면서 이러한 모순과 역설을 통해 지적인 병폐를 제공하고 있는 사람들은 물론 문서, 자료, 기록들을 만나게 됩니다. 어린왕자처럼 무엇이 의미 없는 것인지를 평가자는 판단할 수 있어야 하며, 잘못된 정의와 모순과 부조리가 존재하는 영역에서 가차 없이 벗어나야 합니다. 알베르 카뮈(Albert Camus, 1913-1960)는 『Le Mythe de Sisyphe』[The

---

단의 모든 구성요소들에 대한 접근이 가능하기에 모집단 전체에 대한 평가를 할 수 있을 것입니다. 결론적으로 모집단 전체에 대해 평가할 것인지 또는 표본을 선택하여 평가할 것인지는 평가대상인 모집단의 크기가 얼마인지, 평가를 통해 알기를 원하는 것이 무엇인지, 그리고 쓸 수 있는 자원이 어느 정도인가에 달려있습니다. 그리고 더 근본적인 것은 일반화라는 것이 과학과 연구와 평가의 목적만은 아니라는 것입니다. 평가는 모집단에 대한 일반화를 시도하는 것이 아닐 경우도 많기 때문입니다.

Myth of Sisyphus; 시지프스의 신화](1942)에서, 사람들은 자신들의 현존
(being) 및 존재(existence)의 이유를 주는 어떤 사고(thought)와 이념
(ideology)을 추구하면서, 역설적으로 바로 자신들이 가진 사고와 이념 때
문에 사람들은 스스로를 죽음으로 몰고 가기도 한다고 합니다. 카뮈는 '아
니오(No)'라고 분명히 말해 놓고도, 자신은 마치 '그래(Yes)'라는 의미였다
는 식으로 행동을 하는 사람들을 주변에서 너무 많이 목격하면서, 이러한
부조리(The Absurd) 현상은 모순(contradiction)과 역설(paradox)과 아이러
니(irony)라는 다른 이름들로 끊임없이 우리 주위에서 되풀이되고 있으며,
그것은 한마디로 "지적인 병폐(Intellectual Malady)"라고 했습니다.10)

---

10) ●Camus, Albert. 1942. *Le Mythe de Sisyphe*. Paris: Gallimard. ●
O'Brien, Justin (trans.). 1955. *Albert Camus: The Myth of Sisyphus and
Other Essays*. New York: Alfred A. Knopf. ●O'Brien, Justin (trans.).
2013. *Albert Camus: The Myth of Sisyphus*. London: Penguin Classic. ●
Todd, Oliver. 1998. *Albert Camus: A Life*. New York: Vintage Books. ●
Zaretsky, Robert D. 2013. *A Life Worth Living: Albert Camus and the
Quest for Meaning*. Cambridge, MA: Harvard University Press.
　　알베르 카뮈(Albert Camus, 1913-1960)는 인간 실존(existence)의 문제를
탐구하는 철학 사상인 실존주의(existentialism)의 한 사람으로 분류되는데, 사
실상 그는 실존주의자(existentialist)로 불리는 것을 거부하였습니다. 그는 일
생을 통해 고대 그리스 철학, 그리고 특히 독일 철학자 프리드리히 니체
(Friedrich Nietzsche, 1844-1900)로부터 깊은 감명을 받았다고 전해집니다.
그는 29세 나이에 발표한 철학적 에세이인 『*Le Mythe de Sisyphe*』[The Myth
of Sisyphus; 시지프스의 신화](1942)에서 '부조리(the absurd; absurdity)'라
는 개념과 현상에 대한 깊은 접근을 하고 있습니다.

2.

평가과정에서 우리는 새로운 사고와 개념도 확인하게 됩니다. 새로운 별에서 만난 기업인(business man)이 말합니다. "별은 내가 소유하며 나의 것입니다. 왜냐하면 아무도 하늘에 떠 있는 별을 '소유한다는 것(ownership)'을 생각하거나 주장한 사람이 없기 때문입니다." 이러한 별의 소유라는 논리는 어린왕자에게는 놀라운 것이었습니다. 이러한 새로운 논리와 사고로 인해 어린왕자는 꽃과의 관계설정과 문제해결을 위한 자극과 실마리를 얻게됩니다.

다음 별에서는 하루 종일 거리의 가스등을 켜고 끄는 아저씨(lamp lighter)를 만납니다. 어린왕자는 힘들게 왜 그런 행위를 하는지를 물었습니다. "내가 거리의 램프를 켜고 끄는 것은 매우 의미가 있고 유용한 일입니다. 그 이유는 그 램프들이 바로 나의 옆에 존재하고 있는 것들이기 때문입니다." 우리가 정책평가를 하는 중요한 이유는 그 정책이 내 나라에서 내 옆에서 일어나 나에게 영향을 미치기 때문입니다. 얼핏 보아 지구 반대편의 먼 곳에 있는 나라의 일들은 물론이고, 조금 먼 나라에 있는 작은 동네의 일들은 나와는 상관이 없는 일입니다. 그런데 어느 날 갑자기 먼 나라 대통령의 한마디 말이 대한민국의 우리에게 날아 들어와 우리와 관계를 맺게 되면 그것은 바로 내 옆의 일이 되며, 그 일과 관련하여 우리가 답하고 행위하는 것이 우리에게 중요하고 의미 있는 일이 됩니다. 정책평가를 왜 해야 하는 것인지요? 그 정책이 바로 내 옆에 있기 때문입니다.

또 다른 별에서 어린왕자는 머리가 희끗희끗하신 노신사 지리학자(geographer)와의 묻고 답하기 과정에서 자신의 별에 날아 들어온 그 꽃이 영속적이지 않은 존재이며 빠르게 소멸하는 존재임을 처음 알게 됩니다. 대상에 대한 개념화의 실마리를 찾고, 부족한 개념정의를 한 걸음 더 진행하게 되는 평가자처럼 말입니다. 지리학자는 또 다른 중요한 이야기를 합니다. "나는 내게 정보를 제공해주는 다양한 탐험가들의 이야기를 듣고 많은 것을 기록합니다. 그런데 만약에 탐험가들이 거짓(lie)을 이야기한다면 내가 기록한 책은 재앙이 될 것입니다." 그는 이러한 경고를 주면서, 어린왕자가 원하는 답을 찾을 수도 있는 지구(The Earth)라는 장소를 알려줍니다. 미국교수님은 다시 첨언을 하십니다. 여러분은 평가과정에서 정보를 제공하는 사람, 책, 문서, 자료 등을 만납니다. 그것이 거짓이라면 여러분의 평가는 어떻게 되겠습니까? 평가자는 그러한 사람과 문서들이 거짓인지 아닌지를 식별할 수 있어야 하며, 앞에서 언급한 타당성(validity)과 신뢰성(reliability)에 대한 확인을 끊임없이 해야 합니다. 그러한 확인과정을 통해 살아남은 자료들, 통계들, 증거들만을 나의 배에 싣고 돌아와야 합니다.

탐색의 여행에서 마지막에 도착한 별에서, 어린왕자는 지리학자의 경고를 상기하여 '뱀(snake)'을 '잘못된 정보제공자(bad information provider)'로 규정하고, 뱀이 말한 황량하고 불모지라는 편협된 지구의 개념을 다행히 받아들이지 않습니다. 그리하여 평가자인 어린왕자는 사막 주위에 있는 높은 산에 올라 자신이 직접 관찰(observation)하기로 합니다. 그럼에도 불구하고 어린왕자 역시 정책평가자가 쉽게 범하는 같은 오류(error)를 범하게 됩니다. 어린왕자가 지구를 파악하기 위해 직접 선택한 '산(mountain)'은 정책평가자가 일반적으로 선택하는 평가기준(indicator)입니다. 그러나 어린왕자가 선택한 산은 불운하게도 지구의 아주 작은 단면만을 확인할 수 있게 해주는 평가기준이었습니다.

평가의 탐색과정에서 만난 지구 같은 존재에서는 많은 중요한 사고와 의미를 학습하게 됩니다. 그곳에서 어린왕자는 '시간(time)'을 우리가 충분히 들이지 않는다면 아무것으로 이해할 수 없다는 것을 깨닫게 됩니다. 그리고 사람들은 자신들에게 필요한 것들을 시간을 깊게 들여 직접 만들려 하지 않은 채, 남이 만들어 상점에 진열된 것들을 돈을 주고 구매하는 행위를 한다고 한탄하였습니다. 그런데 내가 못 만드는 것을 적정한 가격으로 가게에서 구매하는 것은 경제인인 우리들의 당연한 행위가 아닌가요? 그러나 정책평가에서는 이러한 행태가 절대로 당연하지 않습니다. 특정 정책의 실제와 문제점을 파악하기 위해 남이 이미 만들어 놓은 화려한 평가문서를 손쉽게 구입해서 그것을 그대로 평가자가 사용한다면 어떻게 될까요? 남의 것을 빌려 도출한 평가결과는 사악하거나 재앙이 될 수 있습니다.

미국교수님이 제게 질문을 하셨습니다. "평가는 왜 하는 것인가요?" 어린왕자가 찾아간 별에 음식을 만드는 '요리사(Cook)'가 있었으면 좋았는데, 생텍쥐페리(Saint-Exupéry)는 그런 별을 설정하지 않았습니다. 그래서 저는 미국 일리노이대학교(University of Illinois at Urbana-Champaign)의 교육학 교수인 로버트 스테이크(Robert E. Stake, 1927-현재)가 언급한 다음과 같은 비유를 전개했습니다.[11] 맛있는 수프(Soup)를 판매하는 레스토랑에 제가 방문을 합니다. 그 레스토랑에는 2명의 행위자가 있습니다. 한 명은 수프를 주문하여 먹는 '손님(Guest)'이고, 또 다른 한 명은 그 음식을 만들어 제공하는 '요리사(Cook)'입니다. 요리사는 수프를 만드는 요

---

11) ●Scriven, Michael. 1991. Evaluation Thesaurus (4th ed.). Newbury Park, CA: Sage Publications, 169. ●Miller, Robin Lin, Jean A. King, Melvin M. Mark, and Valerie Caracelli. 2016. "The Oral History of Evaluation: The Professional Development of Robert Stake." *American Journal of Evaluation* 37(2): 287-294.

리과정(Cooking Process) 중에 그 음식의 맛을 봅니다. 손님은 접시에 담아 나온 수프의 맛을 봅니다. 여기서 두 사람이 하는 음식의 맛을 보는 행위는 모두 '평가(evaluation)'이며, 두 사람은 모두 '평가자(evaluator)'입니다. 여기서 요리사의 맛보는 행위는 '형성적 평가(formative evaluation)'로서, 그 음식의 맛이 원하는 수준이 아닐 경우 첨가물을 넣거나 빼서 음식의 품질을 개선(improvement)하려고 합니다. 이에 비해 손님이 맛을 보는 행위는 '총괄적 평가(summative evaluation)'로서, 그 수프가 원하는 맛이었는지의 효과성(effectiveness)을 판단합니다.

여기서 우리는 손님-요리사의 관계를 국민-정부의 관계로 유추할 수 있습니다. 손님이 방문한 레스토랑은 국민에게 '공공정책(public policy)'을 제공해주는 공급자로서 바로 국가 및 정부(government)에 해당하며, 손님인 국민이 주문하는 음식은 특정 '공공정책'입니다. 그리고 손님이 레스토랑에서 음식을 주문할 때 음식값을 지불하는 것과 마찬가지로, 국민은 국가 및 정부에게 특정 정책을 주문하고 그것을 위해 세금(tax)을 지불합니다. 그 후 정부는 국민에게 내놓는 정책의 내용을 확인하고 그 품질이 부족할 경우 그것이 유지될 수 있도록 정책에 어떠한 변화(change)를 시도하게 되는데, 이것이 바로 정책을 개선(improvement)하기 위한 '형성적 평가' 행위의 결과에 해당합니다. 그리고 그 정책은 손님인 국민도 평가하게 되는데, 국민은 그 정책이 유용한지(useful), 그리고 비용을 들인 만큼 효과적인지(cost-effective)를 판단(judgment)하는 '총괄적 평가'를 하게 됩니다. 특히, 레스토랑에서 제공한 음식이 기대만큼 맛이 있다면 손님은 그 음식점의 그 음식을 계속해서 찾을 것이며, 만약 반대로 맛이 없다면 지불한 음식값을 돌려받을 수도 있고, 또는 그 레스토랑을 다시는 가지 않음으로써 그 음식의 선택을 중단할 겁니다. 국민과 정부의 정책 간의 관계는 어떻습니까? 정부가 내놓은 정책의 품질이 기대만큼 유지될 경우 국민은 그 정책의 지속을 요구하고 정부는 그 정책을 계속(continuation)할 수 있는 동력을 얻게 될 것입니다. 그러나 반대로 정책의 품질이 떨어질 경우, 국민은 그 정책의 종결(termination)을 요구할 수 있고 정부는 그 정책을 중단(stop)해야 할 것입니다. 그런데 여기서 쉽지 않은 문제가 있습니다. 손님은 레스토랑에서 제공하는 그 음식의 맛을 자신의 주관적인 판단에서 쉽게 확인할 수 있는 반면, 정부가 내놓은 정책의 맛, 즉 그 품질을 판단하기 위한 기준과 지표는 쉽게 결정할 수 없으며, 그러한 평가지표들에 대한 다양한 고객들인 국민들의 합의도 도출하기 어렵다는 것입니다. 또한, 손님은 우리가 음식 맛이 없는 레스토랑을 더 이상 방문하지 않고 다른 대안을 택할 수 있는 반면에, 정부가 내놓은 공공정책이 맛이 없다고 그 정책을 포기하여 다른 정부와 다른 정책을 찾아갈 수 없다는 것입니다. 이 점에서 바로, 음식을 만드는 레스토랑의 요리사보다도 훨씬 더 정부는 공공정책을 만드는 데 치밀한 설계와 준비를 해야 하고, 문제가 발생할 수 있는 개연성을 사전에 확인하여 그 개선 대안도 마련해두어야 하는 어려운 과제를 안고 있음을 잊지 말아야 합니다.

이제 우리는 평가를 하는 이유와 관련 문제를 알게 되었습니다. 그렇다면 "평가는 무엇을 찾는 행위입니까?" 교수님은 어린왕자가 이미 답을 내놓은 것이 있다고 하시면서 제게 다시 토론을 부탁하셨습니다. 사막(desert)은 얼핏 보아 우리에게 아무 소용이 없는 것 같습니다만 그렇지 않다는 것을 어린왕자는 발견합니다. 정책평가자처럼 말이지요. 우리는 인생의 과정에서 그리고 정부는 정책과정(즉, 정책의 설계/기획-집행-결과-환류의 과정)에서 보이지 않는 사막의 길을 걷게 됩니다. 그런데 그 황량하다고 보이는 사막을 아름답게 하는 것이 있습니다. 그것은 바로 사막 어딘가에 존재하고 있는 생명의 샘, 즉 '오아시스(oasis)'입니다. 그런데 문제는 그 생명의 우물이 쉽게 보이지도 않으며 그래서 찾기가 불가능할 수도 있다는 것입니다. 그것이 쉽게 보인다면 우리는 전문가도, 공부도, 학교도, 정부도 필요 없을 수 있습니다. 역설적으로 우리가 사는 집, 하늘의 별과 바람, 사막, 그리고 우리가 만나는 정책들이 의미가 있는 이유는 그것들이 모두 보이지 않는 무엇인가를 가지고 있기 때문입니다. 평가는 바로 그 보이지 않는(invisible) 그 무엇, 즉 본질(essence)을 찾는 행위입니다.

그런데 그 본질이란 것은 무엇입니까? 지구상에서 맺은 여우와 어린왕자의 관계는 여우가 먹지 않는 빵의 원료인 밀밭과 어린왕자의 금발머리가 갖는 동일한 상징을 통해 시간이 흐른 뒤에도 재생산될 수 있는 것입니다. 많은 것은 상징과 표상을 통해 '상관관계(relationships)'를 형성합니다. 그런데 모든 상관관계가 '인과성(causality)'이 있는 것은 아닙니다. 처음에는 아무 관계가 없는 것처럼 생각되던 것이 나중에서는 관계가 있을 수 있으며, 그러한 많은 상관관계들 중에서도 상징과 지표로 다시 남게 되는 인과관계가 있게 됩니다. 평가는 바로 그러한 인과관계를 찾는 인간의 행위이기도 하며, 바로 그러한 인과관계가 평가대상의 본질을 일부 구성하고 있기도 합니다. 그러나 그러한 인과관계들은 과학적 자료와 증거로 지탱되는 인과관계만이 있는 것이 아니며, 더구나 인과관계 자체는 원래부터 존재하지 않을 수도 있음을 우리는 인식해야 합니다. (*다음 <2강>에서 여러분은 이에 대해 이해하실 수 있을 겁니다.)

어른과 어린이의 차이는 무엇일까요? 어린이는 더 '자연(nature)'에 가깝습니다. 자연이란 편견, 아집, 극단의 가치관으로 가공되지 않은 순수한 실존체입니다. 어린왕자는 바로 자연에 가까운 평가자입니다. 정부의 정책은 나와 상관이 있습니다. 내 옆에 있기 때문입니다. 그것에 대한 열의, 시간, 열린 눈과 열린 마음을 가지고 정책의 본질을 찾는 행위는 그 정책과 관련하여 우리에게 중요한 것이 무엇인지에 대한 깊은 이해를 제공할 것입니다. 생텍쥐페리가 저술했던 세계적인 그 저서는 바로 정책평가의 기본서(textbook)였습니다. 학창시절 필자에게는 그것이 보이지 않았습니다.

마침내 어린왕자는 "본질이란 쉽게 보이지 않는다(Essence is invisible)."는 것을 깨닫습니다. 그는 처음에 발생한 정책문제, 즉 꽃과의 관계에 대한 타당하고 신뢰적인 그래서 살아 있고 재생산될 수 있는 답을 얻어 정책평가자로서의 여행을 마무리하고 자신의 영역으로 돌아갑니다. 더 성숙하고, 이제는 편견에 치우치지 않은, 그리고 좁고 닫힌 마음을 활짝 연, 그래서 보이지 않는 본질을 볼 수 있게 된 평가자로서 말입니다.

1강과 관련된 글을 더 읽어보기
(FOR FURTHER READING)

정책평가란 무엇인지, 평가는 왜 필요하며 평가의 목적은 무엇인지, 평가의 사용자와 관련자는 누구인지, 평가에 있어서 가치(value)와 사실(fact)의 논의와 그 관계는 무엇인지, 그리고 평가의 설계는 어떻게 해야 하는 것인지 등에 대해서는 앞에서 언급한 Fitzpatrick 외(2004)의 저서는 물론, ● Alkin, Marvin C. (ed.). 1990. *Debates on Evaluation*. Newbury Park, CA: Sage Publications. ●House, Ernest R. 1993. *Professional Evaluation: Social Impact and Political Consequences*. Thousand Oaks, CA: Sage Publications. ●Royse, David. 1992. *Program Evaluation*. Chicago: Nelson-Hall Publishers. ●Scriven, Michael. 1991. *Evaluation Thesaurus*. (4th ed.). Newbury Park: Sage Publications.의 글들에서 확인할 수 있습니다.

'일반화(generalization)'에 대한 논거와 의미는 앞에서 다룬 Manheim & Rich(1995)의 저서 이외에 다음의 방법론(methodology) 저서들에서도 언급되어 있습니다. ●Welch, Susan, and John C. Comer. 1983. *Quantitative Methods for Public Administration: Techniques and Applications*. Homewood, IL: The Dorsey Press. ●Ragin, Charles C. 1987. *The Comparative Method: Moving Beyond Qualitative and Quantitative Strategies*. CA: University of California Press. ● O'Sullivan, Elizabethann, Gary Rassel, Maureen Berner, and Jocelyn D. Taliaferro. 2017. *Research Methods for Public Administrators* (6th ed.). New York: Routledge.

스위스(Switzerland) 베른대학교(University of Bern)의 프리츠 사거
(Fritz Sager) 교수가 언급한 찰스 린드블롬(Lindblom 1959), 위르겐 하머
마스(Habermas 1968), 아론 윌다브스키(Wildavsky 1979)는 다음의 저술
들에서 '과학(science)'과 '정치(politics)' 간에 근본적으로 노정되어 있는 긴
장관계와 불안정을 강조하였으며, 그에 대한 해결 방향들을 제시하고 있습니
다. ●Lindblom, Charles E. 1959. "The Science of "Muddling Through"."
Public Administration Review 19(2): 79-88. ●Lindblom, Charles E.
1979. "Still Muddling, not yet through." *Public Administration Review*
39: 517-526. ●Habermas, Jürgen. 1968. *Technik und Wissenschaft als
"Ideologie"*. [Technology and Science as "Ideology"]. Frankfurt am
Main: Suhrkamp Verlag. ●Wildavsky, Aaron B. 1979. *Speaking Truth
to Power: The Art and Craft of Policy Analysis*. Boston, MA: Little
Brown & Company.

2강

장돌뱅이 허 생원과 요제프 K:

세상과 정책을 보는
열린 모델(open model)을 제시한
이효석과 프란츠 카프카

2강

장돌뱅이 허 생원과 요제프 K:
세상과 정책을 보는 열린 모델(open model)을 제시한 이효석과 프란츠 카프카

"길은 지금 긴 산허리에 걸려 있다. 밤중을 지난 무렵인지. 죽은 듯이 고요한 속에서 짐승 같은 달의 숨소리가 손에 잡힐 듯이 들리며. 콩포기와 옥수수 잎새가 한층 달에 푸르게 젖었다. 산허리는 왼통 메밀밭이어서 피기 시작한 꽃이 소금을 뿌린 듯이 흐뭇한 달빛에 숨이 막힐 지경이다."

— 이효석, 『메밀꽃 필 무렵』(1936) 중에서 —

1.

이 글에서 공감각적 표현이 가장 진한 곳은 어딘가요? 고등학교 국어시간
에 선생님께서 '검정 교과서'[1])의 한 군데를 보라 하신 후 갑작스레 이러

---

1) 우리나라에서 초·중·고등학교 학생들이 사용하는 교과서는 어떻게 만들어져
학교에 배포되는 것일까요? 먼저 공교육의 이념 및 제도를 규율하기 위한 법제
를 알아볼 필요가 있습니다. 한국은 1949년에 제정·시행되어 오던 교육법을
폐지하고 1997년에 「교육기본법」(법률 제18456호)을 새롭게 제정·공표하여
교육을 통한 인간상의 정립과 학교교육제도의 기본적 사항을 규율하고 있습니
다(개정 후 시행 2022.3.25.). 또한 동시에 같은 법 제9조에 의거하여 초등교육
(초등학교가 담당)과 중등교육(중학교와 고등학교가 담당)을 규율하는 「초·중
등교육법」과 고등교육(각종 대학이 담당)을 규율하는 「고등교육법」을 제정하였
습니다. 그리하여 한국의 공교육은 교육기본법, 초·중등교육법, 고등교육법의
3가지 교육관련 법적 체제 내에서 분할되어 작동되고 있습니다.
　여기서 교과서와 관련된 논의의 근거는 「초·중등교육법」(법률 제19096호, 개
정 후 시행 2023.6.28.)으로, 제29조 제1항에서 "학교에서는 국가가 저작권을 가
지고 있거나 교육부장관이 검정하거나 인정한 교과용도서를 사용하여야 한다."고
규정하고 있으며, 제2항에서는 "교과용도서의 범위·저작·검정·인정·발행·공
급·선정 및 가격 사정(査定) 등에 필요한 사항은 대통령령으로 정한다."고 규정
하고 있고, 제2항의 위임에 따른 「교과용도서에 관한 규정」제2조에서는 "교과용
도서"를 '교과서' 및 '지도서'를 포함하는 것으로 정의하면서, 교육부가 저작권을
가진 교과용도서를 "국정도서"로, 교육부장관의 검정을 받은 교과용도서를 "검정
도서"로, 교육부장관의 인정을 받은 교과용도서를 "인정도서"로 정의하여 종류를
구분하고 있는데, 이는 특히 교과서의 저작이나 사용에서 국가의 관여 정도가 차
이가 있음을 알 수 있습니다.
　법적 근거에서 볼 때, 우리나라 학생들이 사용하는 교과서는 국정 교과서,
검정 교과서, 인정 교과서 중 하나이거나 그 조합일 수 있습니다. 다시 정리하
면, 국정 교과서는 국가가 교과서 저작에 직접 관여하는 것으로 국가가 저작권
을 갖는 것입니다. 검정 교과서는 민간이 교과서를 집필하되 국가가 정한 검정
기준을 통과하여야 교과서로 지위를 부여받게 됩니다. 인정 교과서는 국정 및
검정 교과서가 없거나 보충적으로 사용하는 것으로, 집필자나 출판사가 자유롭
게 발행하더라도 일정한 심사기준을 충족하여야 교과서로 지위를 부여받을 수
있으며, 혹은 발행자가 자체적으로 검증하게 하는 것도 있습니다.
　이러한 교과용도서 검정절차는 교육부장관이 검정기본계획을 수립한 후, 교과
용도서의 검정을 직접 시행하지 않고 한국교육과정평가원과 한국과학창의재단

한 질문을 하신 기억이 납니다. 필자는 '공감각적 표현(共感覺的 表現; synesthetic expression)'이라는 말이 청각-시각-촉각 등이 모두 동원된 표현이라는 개념이란 것을 알지 못했고, 따라서 어데에 그런 곳이 있는지 분간도 할 수 없었기에 고개를 슬쩍 숙였습니다. 소설로 분류되었으나 수

에 의뢰하고 있습니다. 특히, '한국교육과정평가원'은 대학수학능력시험(*1991년부터 시행) 문제를 출제하는 곳으로 국무조정실 산하 정부출연연구기관(*1998년 설립, 충북 진천 소재)입니다. 2023년 현재, 한국교육과정평가원에서는 검정심사관리위원회와 교과용도서(검정)심의회를 거쳐 초등학교 49책(사회, 체육, 예술, 영어 등), 중학교 17책(국어, 사회/도덕, 영어 등), 고등학교 20책(국어, 영어, 사회 등)의 교과서를 검정하고 있습니다. 또한 한국과학창의재단은 과학기술정보통신부 소관 위탁형 준정부기관(*1971년 설립, 2008년 개편)으로 수학과 과학 교과용도서의 검정을 시행하고 있습니다(*참조: 한국교육과정평가원 교과성검정 사이트 https://tbh.kice.re.kr/main/main_tbh.do).

그런데 여기서 주목할 점이 하나 있습니다. 그럼 학교는 「초·중등교육법」 제29조 제1항이 규정한 대로 국정교과서나 교육부장관이 검·인정한 교과용도서만을 사용해야 한다는 의미일까요? 이에 대해 우리나라 법제처는 민원인의 요청에 따라 2021년 4월 19일 법령해석을 공표하였는데, 그 회답은 "「초·중등교육법」 제29조 제1항은 학교의 교육과정에서 교과용도서만을 사용해야 한다는 의미는 아니다."라고 하였습니다. 그 이유로 법제처는 「초·중등교육법」 제29조에서는 학교에서 사용하는 교과용도서를 국정도서, 검정도서 및 인정도서로 제한하면서(제1항), 학교에서 사용하는 "교과용도서"와 관련하여 필요한 사항을 정할 수 있는 위임의 근거를 규정(제2항)하고 있을 뿐, 그밖에 보조교재나 보충교재 등 "교과용도서 외의 도서"를 교육 자료로 사용하는 것을 제한하고 있지 않다는 것입니다. 그리고 「초·중등교육법」 제31조 제1항에서는 학교운영의 자율성을 높이고 지역의 실정과 특성에 맞는 다양하고 창의적인 교육을 할 수 있도록 초등학교·중학교·고등학교 및 특수학교에 "학교운영위원회"를 구성·운영해야 한다고 하면서, 같은 법 제32조 제1항에서는 국립 및 공립학교에 두는 학교운영위원회의 심의 사항 중 하나로 교과용도서와 교육 자료의 선정(제4호)을 규정하고 있는바, 이는 단위 학교의 자율성 확대를 위해 교원 대표, 학부모 대표 및 지역사회 인사로 구성된 학교운영위원회의 심의를 거쳐 교과용도서와 교과용도서 외의 교육 자료를 함께 선정하여 학교에서 사용할 수 있도록 한 것으로, 학교의 교육과정에서 교과용도서 외의 교육 자료도 사용할 수 있다는 것이 전제된 규정으로 보아야 한다고 하였습니다(법제처 안건번호 21-0004, 2021.04.19.).

필처럼 뛰어난 표현들에 대한 경이로운 느낌이 마음속에 깊게 다가왔었
기에 그러한 표현력 자체가 이효석(1907-1942)이 1936년 문학잡지 조광
(朝光)에 실은 『메밀꽃 필 무렵』의 전부인 줄만 알고 지내왔습니다.[2]

    사회 속의 우리는 이 세상을 보는 모델(model)을 자신의 머릿속에 디
자인하고, 정부의 공직자는 정책을 설계하는 모델을 기획단계에 그립니
다. 인간은 종종 자연과학이건 사회과학이건 과학(science)이라는 이름하
에 습득된 합리적인 논리 구조를 가지고 있는데, 그것은 바로 모든 사건

---

2) ●한국학중앙연구원. 2022. *한국민족문화대백과사전*. ●류종호. 1985. *이효석*.
서울: 지학사. ●이재선. 1979. *한국현대소설사*. 서울: 홍성사. ●정한모. 1959.
현대작가연구. 서울: 범조사.
    이효석(李孝石, 1907-1942)이 29세 때 문학잡지 조광(朝光)에 발표한 단편
소설 『메밀꽃 필 무렵』의 주요 인물들은 허생원, 조선달, 동이이며, 무대는 강
원도 평창군 봉평에서 열리는 장과 대화 장 그리고 충북 제천입니다. 이 책은
2004년에 『When the Buckwheat Flowers Bloom』과 『The Buckwheat
Season』이라는 영어책으로 번역되기도 하였습니다.
    이효석은 일제강점기의 소설가, 수필가, 시인, 교수, 언론인 등으로 알려져
있는데, 100편에 가까운 단편소설과 110편이 넘는 수필을 발표하였습니다. 그
는 강원도 평창(平昌)에서 출생하여, 1930년에 경성제국대학교 법문학부 영문
학과를 졸업하였고, 단편소설 『도시와 유령』(1928)이 조선지광(朝鮮之光)에
발표됨으로써 작가활동을 정식으로 시작하게 됩니다. 가난했던 이효석은 생활
이 비교적 안정되기 시작한 1932년경부터 순수문학을 추구하였는데, 『오리온
과 능금』(1932), 『돈(豚)』(1933), 『수탉』(1933), 『화분(花粉)』(1939), 『벽공무
한(碧空無限)』(1940) 등의 장편소설들도 발표하였습니다. 1936년에는 조광(朝
光) 등에 『메밀꽃 필 무렵』, 『산』, 『들』, 『석류(柘榴)』 등을 발표하였고, 『성찬
(聖餐)』(1937), 『개살구』(1937), 『장미 병들다』(1938), 『해바라기』(1938), 『황
제』(1939), 『여수(旅愁)』(1939) 등의 단편소설을 잇달아 발표합니다. 그의 작
품들은 표현이나 구성의 기법면에서는 러시아의 작가 안톤 체호프(Anton
Pavlovich Chekhov, 1860-1904), 뉴질랜드의 소설가 캐서린 맨스필드(Katherine
Mansfield, 1888-1923) 등의 영향을 찾아볼 수 있습니다. 1940년에 상처(喪
妻)를 하고, 1942년 뇌막염으로 36세의 젊은 나이에 생을 마감합니다. 강원도
평창군 봉평면에는 이효석의 생가, 이효석 문학관, 효석문화마을이 조성되었고,
창동리와 원길리 일대에 '이효석길'이 있습니다.

(event)과 결과(result)에는 그것을 야기시킨 이유라는 것들(causes)이 반드시 있으며, 더욱이 사건을 일으킨 결정적인 원인(ultimate cause)이 최소한 하나는 있다는 인과적 사고모델입니다. 원인이 없다면 내가 접한 사건 및 상황이 이해가 되지 않으며, 어떠한 결과에는 반드시 그것을 발생시킨 원인이 존재하고 있다고 믿게 됩니다. 과학의 기능은 우리에게 수많은 복잡성(complexity)과 카오스(chaos)에 대해 단순화(simplification)의 이점을 제공해주고, 인간의 삶과 정책의 흐름에서 평온을 찾게 해줍니다. 단순화를 이끄는 사고구조는 바로 "결정론적 사고모델(determinism)"입니다. 즉, "발생하는 특정 사건은 하나 또는 몇 개의 명료한 원인들을 반드시 가지고 있으며, 그 원인들이 어떤 식으로 변하지 않은 한 그 사건의 양태도 절대로 다른 모습으로 발현될 수 없다." 다시 말해, 이는 특정 패러다임(paradigm) 내에서 모든 사건들은 인과성(causality)에 의해 구속된다는 철학적 관점으로, 한 개체(object)의 특정 상태들은 그전에 존재하는 상태들에 의해 절대적으로 결정된다고 생각하는 것입니다. 이러한 사고를 갖게 되면, 우리는 발생한 사건을 야기시킨 불가피한 원인들이 있음을 철석같이 믿어버리면서 생각의 틀을 닫아버리게(closed) 됩니다. 저도 그런 사고모델을 갖고 살았고, 학문이란 것을 조금 더 안다고 인식하게 되고 나서는 더욱이 원인이 없는 결과를 상상한다는 것은 인식모델에서 허용되지 않았으며 이해하려고 조차 하지 않았습니다.

지식이라는 잘난 실체를 보유하고 있는 것으로 추정되는 학자들은 학문적 연구에서, 과학 정부를 표방하는 공공관료들은 공공정책에서 종종 특정 결과가 일어난 이유는 바로 이것과 저것이라 하면서, 하나 또는 두세 개의 원인들을 정답으로 제시한 후, 다른 가능한 원인들의 존재를 완전히 배제시켜 버립니다. 그래야 연구대상 및 정책적 상황은 단순화되며 당면한 문제가 해결될 수 있기 때문입니다. 부모님들은 성적이 떨어진 자녀에게 성적하락의 원인은 밤마다 하는 인터넷 게임이며 공부에 대한 의지 부족이라고 확신하고 아이들을 다그치게 되고, 다른 원인들을 언급하는 자녀의 반박 논거는 전혀 받아들이지 않은 채 자신의 사고모델을 닫아 버립니다. 사회의 곳곳에서 그리고 관료제적 조직들에서 실질적 영향력을 가진 다른 원인들이 상정되거나 토론조차 되지 않고 사라져 버리곤 합니다. 지식과 과학의 이름하에 저도 어떤 상황과 정책문제에 대한 해답을 요구받은 자리에서 결정론적 사고구조를 재빨리 가동하여 후보 원인들을 상정하고, 그것들의 통계적 유의미성(significance)을 찾은 후, 그 원인들의 상대적 중요성에 따라 그것들을 계층화하여 후보 순위를 정합니다. 그리고 이러한 행태는 이성을 가진 인간이 사건을 해석하고 정책을 설계하는 데 있어서 마땅하고 핵심적인 것이며, 그래서 인간은 합리적인(rational) 존재로서 찬양받아 왔습니다. 체코 프라하의 프란츠 카프카(Franz Kafka, 1883-1924)를 만나기 전까지는 말입니다.[3]

---

3) ●Neider, Charles. 1948. *The Frozen Sea: A Study of Franz Kafka*. New York: Oxford University Press. ●Brod, Max. 1995. *Franz Kafka: A Biography*. Cambridge, MA: Da Capo Press. ●Gray, Richard T., Ruth V. Gross, Rolf J. Goebel, and Clayton Koeleb. 2005. *A Franz Kafka Encyclopedia*. Westport, Connecticut: Greenwood Press. ●Crumb, R., David Zane Mairowitz, and Richard Appignanesi. 2007. *Kafka*. Seattle, Washington: Fantagraphics. ●Goethe, Johann Wolfgang von. 1790. *Versuch die Metamorphose der Pflanzen zu erklären*. [The Metamorphosis of Plants; 식물의 변태를 설명하려는 시도]. Gotha, Germany: Ettingersche Buchhandlung. ●Goethe, Johann Wolfgang von. 1808. *Faust. Eine Tragödie (Faust I)*. [Faust: A Tragedy]. Leipzig, Germany: Digitalisat und Volltext. ●Goethe, Johann Wolfgang von. 1832. Faust. *Der Tragödie zweiter Teil (Faust II)*. [Faust: The Second Part of the Tragedy]. Leipzig, Germany: Digitalisat und Volltext. ● Greenberg, Martin, and W. Daniel Wilson (trans.). 2014. *Johann Wolfgang von Goethe, Faust: A Tragedy, Parts One and Two*. New

저는 고등학교 시절 프란츠 카프카의 작품들을 접한 후 그를 미친 사람
으로 생각했습니다. 그 내용들은 앞뒤가 도무지 맞지 않고, 현실과는 동떨
어진 채 괴기스러웠으며, 끝까지 읽기도 어려웠습니다. 논리도 과학도 지
식도 전달해주지 못하는 그런 글들은 제게 불쾌했고 받아들이기 어려웠습
니다. 그나마 필자가 접한 문학해설서들에서는 그의 글들은 당시의 자본
주의 문화와 제도, 종교적 및 사회적 관습, 가부장적인 전통적 사회구조의
의식적 및 무의식적 속박과 폐해에서 탈피하지 못하거나 그것들로부터 소
외된 채 괴로워하는 상실된 인간상을 그린 것이라고 논평되어 있었습니
다. 그러나 이러한 화려한 해설서의 내용들도 저에게는 다가오지 않았습
니다. 카프카가 우리에게 남긴 4개의 작품들을 잠시 만나보겠습니다.[4]

Haven, CT: Yale University Press. ●Atkins, Stuart, and David E.
Wellbery. (trans.). 2014. *Johann Wolfgang von Goethe, Faust I & II,
Volume 2: Goethe's Collected Works*. Princeton, NJ: Princeton University
Press.
　　프란츠 카프카(Franz Kafka, 1883-1924)는 20세기 문학을 대표하는 인물로
평론되고 있습니다. 그는 체코공화국(Czech Republic)의 전신인 보헤미아 왕
국(Kingdom of Bohemia)의 수도 프라하(Prague)에 살고 있던 유대인 가정에
서 태어났습니다. 프라하대학교(University of Prague)에서 법학을 공부하면서
체코의 문학과 독일이라는 나라와 미술사에도 관심을 가졌고, 특히 독일의 시
인·소설가·과학자·철학자로 알려진 요한 볼프강 괴테(Johann Wolfgang
von Goethe, 1749-1832)의 작품들인 『Versuch die Metamorphose der
Pflanzen zu erklären』[The Metamorphosis of Plants](1790), 『Faust. Eine
Tragödie』[Faust: A Tragedy](1808), 『Faust. Der Tragödie zweiter Teil』
[Faust: The Second Part of the Tragedy](1832) 등을 좋아한 것으로 알려져
있습니다. 그는 1906년 프라하대학교에서 법학박사학위를 받습니다. 그리고
1907년부터는 산업재해 보상과 관련된 공공보험회사 직원으로 일하면서, 퇴근
후의 모든 시간을 글을 쓰는 데 전념했다고 전해집니다. 정식결혼을 하지 않았
던 카프카는 1924년 40세의 나이에 음식을 삼킬 수 없는 병과 결핵으로 생을
마감합니다.
　4)　●Kafka, Franz. 1913. *Das Urteil*. Eine Geschichte von Franz Kafka. In Brod,
Max, and Kurt Wolff (eds.). *Arkadia. Ein Jahrbuch für Dichtkunst*. Leipzig,
Germany: Kurt Wolff Verag. ●Kafka, Franz. 1915. *Die Verwandlung*. Leipzig,

Germany: Kurt Wolff Verag. ●Kafka, Franz. 1925. *Der Prozess*. Berlin, Germany: Verlag Die Schmiede. ●Kafka, Franz. 1926. *Das Schloss*. Leipzig, Germany: Kurt Wolff Verag. ●Johnston, Ian (trans.). 2009. *Franz Kafka, The Judgment*. Nanaimo, British Columbia, Canada: Vancouver Island University. ●Corngold, Stanley (trans.). 1972. *Franz Kafka, The Metamorphosis*. New York: Bantam Books. ●Wyllie, David (trans.). 2015. *Franz Kafka, The Trial*. South Carolina: CreateSpace. ● Muir, Willa, and Edwin Muir (trans.). 1961. *Franz Kafka, Metamorphosis and Other Stories*. Harmondsworth, UK: Penguin Books. ●Muir, Willa (trans.). 1957. *Franz Kafka, The Trial*. London: Martin Secker. ●Muir, Willa (trans.). 1930. *Franz Kafka, The Castle*. London: Martin Secker.

　　프란츠 카프카를 대표하는 작품들로는, 『Das Urteil』[The Judgment; 판결] (1912), 『Die Verwandlung』[The Metamorphosis; 변신](1915), 『Der Prozess』 [The Trial; 재판 또는 심판](1925), 『Das Schloss』[The Castle; 성(城)](1922) 이 있으며, 그 밖의 주요 작품으로는 『Contemplation』(1912), 『Amerika』 (1914), 『A Country Doctor』(1917) 등이 있습니다. 죽음을 앞둔 카프카는 체코 프라하대학 법대 시절부터 친구가 된 막스 브로드(Max Brod, 1884-1968)에게 자신이 남기는 모든 형태의 글들(일기, 원고, 편지, 스케치)을 "사람들이 읽지 못하게 태워달라는(*to be burned unread*)" 편지를 보냈습니다. 그러나 브로드 는 그의 부탁을 무시하고 카프카가 죽은 직후 1925-1935년 동안 카프카의 글 들을 수집하여 그의 많은 작품들을 출판하기에 이릅니다. 그리고 특히, 스코틀 랜드 작가인 윌라 뮤어(Willa Muir, 1890-1970)와 그녀의 남편 에드윈 뮤어 (Edwin Muir, 1887-1959)는 독일어로 쓰여진 카프카의 모든 작품을 영어로 번역하였습니다.

　　카프카가 1912년에 쓴 (출판은 1913년) 『Das Urteil』은 『The Judgment』 [판결]과 『The Verdict』[평결]로 영역되었습니다. 1915년에 쓴 (출판은 1925 년) 『Die Verwandlung』[Metamorphosis; 변신]은 괴테(Johann Wolfgang von Goethe, 1749-1832)의 『The Metamorphosis of Plants』(1790)에 의해 영향을 받았을 것으로 보입니다. 1915년에 쓴 (출판은 1925년) 『Der Process』 [The Trial; 재판 또는 심판]은 러시아의 대문호(大文豪) 표도르 도스토옙스키 (Fyodor Dostoevsky, 1821-1881)의 『Crime and Punishment』[죄와 벌] (1866)과 『The Brothers Karamazov』[카라마조프가의 형제들](1880)에 의해 영향을 받은 것으로 알려져 있습니다. 1922년에 쓴 (출판은 1926년) 『Das Schloss』는 『The Castle』 또는 『The Palace』[성(城)]으로 영역되었는데, 성 (城)은 궁극적으로 관료제를 묘사하고 있습니다. 성은 끊임없는 문서들을 양산 하고 있으며, 그 문서들은 결점투성이로 가득하고 심지어 거짓들이며, 관리들

카프카가 29세(1912년)에 쓴 『Das Urteil』[The Judgment; 판결]은, 젊은 상인 게오로그 벤데만(George Bendeman)이 러시아에 있는 친구에게 자신이 부유한 가정출신의 프리다 브란덴펠트(Frieda Brandenfeld)와 결혼하기 위해 약혼한 사실을 알리는 장면으로 이야기가 시작됩니다. 그리고 거역할 수 없는 거대한 실체인 늙은 아버지와의 관계 속으로 이야기는 전개되며, 결국에는 아버지의 명령에 대해 그 이유를 따지지도 않은 채 강물에 떨어져 자살을 합니다.

1915년에 쓴 『Die Verwandlung』[The Metamorphosis; 변신]에서는, 여행사 판매사원이자 의류상인인 그레고르 잠자(Gregor Samsa)가 어느 날 아침 기괴한 해충(ungeheuren Ungeziefer; monstrous vermin)[5]으로 변해버린 자신을 발견하고, 설명할 수 없는 현상 앞에서 수치심과 절망감을 느끼며, 가족의 무시 속에서 자기 방에 감금되어집니다. 여전히 인간이기에 그는 변해버린 자신에 적응해야 하고, 새로운 아이덴터티(identity)를 수용하고자 하는 과정이 전개됩니다. 결국

은 누가 수신자인지를 결정할 수도 없는 존재들로서 작품의 주인공 "K"를 혼동으로 몰아놓고 있습니다.

5) 카프카의 대표작 『Die Verwandlung』[The Metamorphosis; 변신]에서 그레고르 잠자(Gregor Samsa)가 변한 '기괴한 해충(ungeheuren Ungeziefer)'은 많은 번역가들에 의해 다음과 같은 여러 가지 용어들로 표현되고 있습니다. 그 것들은 'gigantic insect'(Muir 1948), 'monstrous vermin'(Corngold 1972, Neugroschel 1993 & 1995, Freed 1996), 'giant bug'(Underwood 1981), 'monstrous insect'(Pasley 1992), 'enormous bug'(Appelbaum 1996), 'gargantuan pest'(Roberts 2005), 'monstrous cockroach'(Hofmann 2007), 'horrible vermin'(Wyllie 2009), 'large verminous insect'(Williams 2011), 'some sort of monstrous insect'(Bernofsky 2014), 'monstrous verminous bug'(Johnston 2015) 등으로 다양합니다. 저는 이 '기괴한 해충(ungeheuren Ungeziefer)'이 인간과 사회에 의미하는 바가 무엇인지에 대한 연구를 진행하여 다른 저서에서 다시 소개하고자 합니다.

죽어버린 흉측한 벌레를 치우고, 부모와 누이동생 그레테(Grete)는 새로운 곳으로 이사를 갑니다.

1915년의 작품 『Der Prozess』[The Trial; 재판 또는 심판]에서는, 독신으로 능력있고 양심적인 은행원인 요제프(Josef) K는 30세의 생일날 아침에 알려지지도 않은 기관에서 나타난, 알지도 못하는 관리인들로부터, 그리고 명시화되지도 않은 범죄의 이유로 체포되어 치안판사의 법정 심문을 받게 됩니다. 재판이 진행되는 내내 그가 체포된 이유는 물론 실제 저지르지도 않은 그 범죄가 무엇인지에 대해서 자신은 물론 배석한 사람들 누구에게도 알려지지도 않은 채 그 심판은 일종의 광대극으로 흘러갑니다. 요제프는 알지도 못하는 죄명으로부터 무죄석방을 받기 위해 전념하였으나, 결백을 주장하는 것 자체가 죄의 표지라는 교도소 성당 신부의 말에 아무런 논리적 반박도 하지 못했으며, 결국에는 아무것도 밝혀지지 않은 채, 1년 뒤 다시 찾아온 생일날 밤에 모르는 자들에게 끌려가 죽임을 당하게 됩니다.

마지막으로, 카프카가 죽기 2년 전인 1922년에 작가이자 극작가로 알려진 친구 막스 브로트(Max Brod, 1884-1968)에게 읽어 준 『Das Schloss』[The Castle; 성(城)](1922)에서는, 성 당국으로부터 측량기사로 임명된 주인공 K는 성의 지배를 받고 있는 조그마한 촌락에 도착하여 마을을 측량하려 하였으나, 마을 사람들은 K의 자격과 성의 명령을 인정하지 않고 관련 증명을 그에게 요구하게 됩니다. K는 성의 누구로부터 자신이 임명받았는지를 파악하여 성 당국과 마을사람들로부터 자신의 존재를 인정받기 위해 노력하였으나, 알지도 못하는 성의 권한자에게 접근도 하지 못한 채 딜레마와 절망에 빠져들게 됩니다.

그의 글들에는 사실과 환상이 결합되어 있으며, 초현실주의적인 인간의 곤경, 소외, 존재론적 불안, 그리고 훗날 알베르 카뮈(Albert Camus, 1913-1960)에게 영향을 준 것으로 보이는 부조리(absurdity)의 현상을 다루고 있습니다. 이러한 카프카의 글들은 문학작품들일까요? 아닙니다. 특히, 마지막 작품 『Das Schloss』[The Castle; 성(城)]에는 제가 연구하는 관료제(bureaucracy)의 상징들, 예를 들어, 경직되거나 지나친 규정들과 절차들에 얽매여 정책결정과 정책집행과정에서 무기력과 병리와 비효율을 낳는다고 알려진 '레드테이프(red tape)' 행태, 그리고 계층제 내부에서 종종 발견되는 높은 '권력거리(power distance)'로 인해 불평등이 발생하는 현상 등이 묘사되고 있습니다. 카프카의 이 글은 행정학 교과서입니다. 기술정책(technology policy)과 공공관리 분야의 행정학자인 미국 애리조나주립대학교 명예교수님이신 배리 보즈먼(Barry Bozeman, 1947-현재)의 연구(1993)에 따르면, "레드테이프(red tape)"란 관료제 조직에서 발생하는 지나치거나 의미 없는 문서작업으로, 이는 높은 수준의 형식화(formalization)와 제약(constraint)을 지칭하기도 하고, 또한 불필요한 규칙(rules)·절차(procedures)·규제(regulations)를 의미하며, 이런 것들로 인하여 비능률(inefficiency), 좌절(frustration), 짜증(vexation) 등을 발생시킨다고 하였습니다.[6]

6) ●Bozeman, Barry. 1993. "A Theory of Government Red Tape." *Journal of Public Administration Research and Theory* 3(3): 273-304. ●George, Bert, Sanjay K. Pandey, Bram Steijn, Adelien Decramer, and Mieke Audenaert. 2021. "Red Tape, Organizational Performance and Employee Outcomes: Meta-Analysis, Meta-Regression and Research Agenda." *Public Administration Review* 81(4): 638-651. ●Campbell, Jesse W., Sanjay K. Pandey, and Lars Arnesen. 2022. "The Ontology, Origin, and Impact of Divisive Public Sector Rules: A Meta-Narrative Review of the Red Tape and Administrative Burden Literatures." *Public Administration Review* 83(2): 296-315.

  그리고 네덜란드 마스트리히트대학교(Masstricht University)의 사회심리학자이자 조직인류학인 제라드 홉스테드(Gerard Hendrik Hofstede, 1928-2020) 명예교수는 그의 연구(1980)에서, '권력거리지수(Power Distance Index)'를 조직과 기관에서 "낮은 권력 수준을 가진 일원들이 '권력(power)이 불평등하게 분배되어 있다'는 사실을 수용하고 기대하는 정도"로 정의합니다. 그에 따르면, 어떤 이유에서든 계층제 조직의 하층부가 높은 수준의 권력을 가진 상층부에 쉽게 접근할 수 있는 정도가 어려울수록 권력거리가 멀다고 합니다. 권력거리지수가 높은 문화에서는 계층제가 명확히 정립되어 불평등이 당연한 것으로 받아들여지며, 상층부의 권력자에게 의존과 충성하려는 행태가 만연하여 독재적 리더십이 발생되고, 파벌(faction) 및 정실(favoritism)을 기반으로 한 의사결정과 인사가 이루어지는 등 부패(corruption)가 초래됩니다. 이에 반해, 권력거리지수가 낮은 문화에서는 사람들이 권위(authority)에 의문을 갖고 권력을 분배하려는 시도를 중요하게 여긴다고 하였습니다.[7] 카프카의 『Das Schloss』[The Castle; 성(城)]에서

  특히, 이러한 레드테이프(red tape) 현상과 관련하여 흥미로운 연구결과가 있는데, 죠지(George) 외(2021)의 연구에서는 메타분석 및 메타회귀분석을 통해, 조직 자체에 의해 부과된 레드테이프가 외적 관계자들에 의해 부과된 레드테이프보다 조직의 성과(performance) 및 조직인의 결과(outcomes)에 훨씬 더 해롭다는 것을 발견하였습니다. 그리고 캠벨(Campbell) 외(2022)의 연구에서는, 레트테이프는 일종의 "분열을 일으키는 규칙들(divisive rules)"로서 조직의 소중한 자원들을 소비하면서도 결국에는 조직의 목표들(goals)을 진전시키는 데 실패하게 된다는 것을 경험적으로 분석하고 있습니다.
[7] Hofstede, Gerard Hendrik. 1980. *Culture's Consequences: International Differences in Work-Related Values*. Thousand Oaks, CA: Sage Publications.
  이 글에서 사회심리학자이자 조직인류학인 네덜란드 마스트리히트대학교(Masstricht University)의 명예교수인 제라드 홉스테드(Gerard Hendrik Hofstede, 1928-2020)는 왜 어떠한 사고와 생각 그리고 실제가 어떤 국가들에서는 더 잘 작동되는 반면, 다른 나라들에서는 그러하지 못하는지 등 문화에 대한 국가별 차이분석을 시도하였습니다. 이를 위해 한 나라가 가지고 있는 문화의 가치 및 특성을 4가지 차원에서 분류하여 계량화를 시도하였는데, 그 4가

측량기사 K는 성 당국(관료제)의 권력 상층부에 절대 접근하지 못함으로써 '권력거리지수'는 최대한의 높은 수치를 나타냅니다. 그는 공공관료제 내부에서 노정되는 권력의 분배적 불평등을 확인하게 된 것은 물론, 삶의 흐름에서 발견되는 사회적 인간의 존재적 상실을 경험합니다.

아직도 여러분께서는 카프카를 문학의 세계에 그대로 두시겠습니까? 여러분이 인식하셨는지 모르겠지만, 앞에서 소개한 프란츠의 작품들은 모두 1906년이라는 특정 연도 이후에 완성되었습니다. 1906년은 바로 23세인 카프카가 체코 프라하대학교에서 법학박사를 받은 해입니다. 이것이 뜻하는 바가 무엇일까요? 카프카는 법학을 전공한 사람입니다. 법학은 제가 공부하는 행정학보다 현상과 사건에 대한 개념화(conceptualization)에 있어서 매우 치밀하며, 단어 사용과 논리가 훨씬 더 명백한 학문입니다. 그런데 그의 글은 논리적으로 편안하게 다가오지 않습니다. 그렇게 끝나면 안 되는데 하는 안타까움과 절망감이 남습니다. 그의 글들에는 무언가 잃어버린 공간들이 존재합니다. 극도로 논리적인 세계에서 공부했던 카프카가 왜 이런 글들을 썼을까요? 그간 알려진 해석과 평론들이 이성(reason)과 경험(experience)을 동원해서 인식하지 못한 것이 있습니다. 인간의 삶(life) 자체, 그리고 모든 존재(being)의 실제적 현상은 바로 원인과 결과가 연결되어 있는 구조가 아님을 카프카는 분명히 알고 있었습니다. 그렇게 카프카가 충분히 오래전에 여러 곳에서 누누이 알려주었음에도, 저는 지금보다도 맑았던 학창시절과 겉으로만 깊은 학문을 했던 미국 땅에서도 그리고 돌아온 자본주의의 겉치레만 남은 이곳에서도 원인과 결과의 고리를 무수히 찾아 헤매이다가 잠이 들고, 그것을 찾지 못한 저 자신의 실존적 부족함을 걱정했었습니다. 쓸데없이 말입니다.

지는 개인주의(Individualism), 권력거리(Power Distance), 불확실성 회피(Uncertainty Avoidance), 남성주의(Masculinity)입니다.

2.

그는 다른 사고모델이 필요하다는 것을 인지하고 있었습니다. 제가 공부하는 행정학은 물론 그가 공부한 법학에서는 모든 것이 명료한 원인들을 가지고 발생되어야 합니다. 그러나 그러한 결정론적 사고의 닫힌 모델의 틀 내에서 공부를 하면 할수록, 오히려 세상은 합리적인 명백한 이유들로 설명될 수 없는 것들로 가득 차 있습니다. 그리고 명백한 결과들은 어두운 밤하늘에 떠있는 별들처럼 무수히 많지만, 그것들을 야기한 명백한 이유들은 없습니다. 명백한 이유나 원인이 없다는 것은 사실상 다음 세 가지 양태 및 유형들 중 하나로 저는 판단하고 있습니다.

첫째, 원인들은 분명 존재하고 있는데, 우리의 능력부족으로 인해 그 원인들을 현재의 주어진 방식으로 정확하게 제대로 파악하지 못하게 됨으로써 "원인은 없다고 잘 못 인식하거나 판단하는 경우"입니다.

둘째, 영국의 작가 코난 도일 경(Sir Arthur Conan Doyle)이 1887년 그의 소설시리즈에서 탄생시킨 셜록 홈즈(Sherlock Holmes)처럼,[8] 후보 원인들을 완전히 파헤쳐 알아내었다 하더라도, "그 원

8) ●Lycett, Andrew. 2008. *The Man Who Created Sherlock Holmes: The Life and Times of Sir Arthur Conan Doyle*. Florence, MA: Free Press. ● Klinger, Leslie S. (ed.). 2004. *The New Annotated Sherlock Holmes: The Complete Short Stories*. New York: W. W. Norton & Company. ● Klinger, Leslie (ed.). 2004. *The New Annotated Sherlock Holmes Vol. I & 2*. New York: W. W. Norton. ●Klinger, Leslie (ed.). 2005. *The New Annotated Sherlock Holmes Vol. 3*. New York: W. W. Norton.
코난 도일 경(Sir Arthur Conan Doyle, 1859-1930)은 영국의 작가이자 물리학자이며, 스코틀랜드의 에든버러대학교(University of Edinburgh)에서 1885년 의학박사학위를 받았습니다. 그 직후인 1887년에 그는 『A Study in Scarlet』라

인들을 겉으로 명확하게 표현할 수 없거나", 또는 표명된 원인들
이 있다 하더라도 "그 원인들을 사용해서 실제 문제를 해결할 수
없는 경우"가 있는데, 그 2가지 모두 원인이 없는 경우나 마찬가
지입니다.

셋째, 아마도 영원히 "원인이라는 것들이 우리에게는 주어지지 않는 경
우"입니다.

사회 및 국가가 제공하는 교육제도, 특히 공교육(public education)이라
는 틀에서 습득한-아니 습득한 것으로 착각하는-'지식(knowledge)'이
라는 실체 및 형식이 있습니다. 지식이 있다는 것은 무엇인가를 알고 있
거나 자각(perception)하고 있다는 것을 의미하며, 또한 사물들과 상황들
에 대해 친밀하게 잘 알고 있다는 것(familiarity)을 의미합니다. 인간이 구
성하는 사회와 학교 같은 사회제도는 우리에게 가치(value)와 논리(logic)
와 정보(information)를 제공해주고 그것들을 축적하게 해주는데, 그 세
가지 요소들이 바로 지식이라는 것을 구성하게 됩니다.[9] 물론 그런 지식

는 책에서 사설탐정 셜록 홈즈(Sherlock Holmes)와 그의 동료 왓슨 박사(Dr.
John H. Watson)를 탄생시켰고, 그 뒤 4개의 소설과 56개의 단편 소설시리즈
에서 이들의 범죄 구성에 대한 해석과 재해석, 해결 및 반전의 흥미진진한 이야
기들을 끌고 갔으며, 이는 1927년의 마지막 단편 소설 『The Adventure of
Shoscombe Old Place』까지 이어졌습니다.

9) Mannheim, Karl. 1952. *Essays on the Sociology of Knowledge*. London:
Routledge & K. Paul.
　　이러한 지식(knowledge)과 관련하여 칼 만하임(Karl Mannheim, 1893-
1947)의 입장을 잠시 소개하고자 합니다. 그는 헝가리(Austria-Hungary)의
부다페스트(Budapest)가 낳은 20세기 고전사회학의 거장이며, '지식사회학
(Sociology of Knowledge)'의 창시자들 중의 한 분입니다. 지식사회학은 인
간의 사상(thought)과 사회적 맥락(context)의 관계를 핵심으로 보며, 인간의
사상은 사회적 맥락에서 발현된다는 입장은 물론, 우세한 사고들(ideas)이 사
회에 미치는 영향에 대해 연구합니다. 만하임은 그의 저서(1952)에서, 인간이

을 구성하는 요소들인 가치, 논리, 정보는 누구에게는 좋고 이로운 것일 수 있으나, 다른 사람들에게는 해가 될 수도 있음을 우리는 인지해야 할 것입니다. 즉, 지식이라는 것은 모두 좋은 것만은 아닙니다. 어쨌든 사회적으로 구성된 지식은 우리가 실제(reality)를 "정의할 수 있는 힘(power of conceptualization)"을 주고, 그러한 정의를 하는 데에 기반이 되는 "사고모델의 구성 능력(power of modeling)"도 제공해줍니다. 그리고 이러한 지식을 생산하거나 활용하기 위해서는 연구·분석의 방법(methods of analysis and research)과 그러한 방법을 정당화해주는 분석 규범 및 표준(canons)이 있어야 합니다. 그러한 방법(methods)과 규준(canons)을 합쳐 '방법론(methodology)'이라 지칭하는데, 그러한 연구방법론을 포괄적으로 의미하는 것이 바로 과학(science)입니다. 또한, 과학(즉, 자연과학과 사회과학)은 특정한 역사문화적 상황 속에서 자연현상과 사회현상을 이해하기 위해 적용되는 분석 '논리(logic)'이기도 합니다.[10]

'사회적 과정에 참여하는 것' 자체가 바로 인간의 관점을 부분적이고 편견적으로 만들게 되지만, 또한 그러한 참여는 인간 존재의 함의(import)에 대한 깊은 진실을 발견할 수 있게 해준다고 합니다. 즉, 지식의 원천은 사회적 참여이며, 그것의 중요한 역할을 언급합니다. 또한 그는 지식의 또 다른 결정요인으로 '정치적 흐름 및 추세(trends)'를 강조하면서, 모든 정치적 문제들을 행정의 문제들로 돌려버리는 '보수적 관료주의(Conservative Bureaucratism)'를 경계하였습니다. 저는 이러한 지식사회학이 정치와 행정 및 정책과 어떻게 연계되는지에 대한 논거와 그 실제를 분석하여 또 다른 저서에서 전개하고자 합니다.

10) McGaw. D., and G. Watson. 1976. *Political and Social Inquiry*. New York: Wiley.

과학(science)은 지식 자체가 아니며, 과학의 궁극적 목적이 지식(knowledge)입니다. 기초과학(basic science)은 현상(phenomena)과 사실(facts)에 대해 우리가 더 잘 이해하게끔 도와주는 "새로운(new)" 지식을 생산하고자 하며, 응용과학(applied science)은 그러한 지식을 사용하여 사물들이 좀 더 좋게 그리고 좀 더 능률적으로(efficiently) 작동하게 돕는 역할을 합니다.

그래서 지식(knowledge)을 가진 인간은 세상의 문제 및 특정 정책이슈를 보는 순간, 자신만의 인과성(causality) 모델을 구성할 수 있게 됩니다. 그런데 우리가 대상들에 대한 인식을 할 때 '이성론 및 합리주의(rationalism)'적 시각이나, 또는 '경험론(empiricism) 및 실증주의(positivism)'적 견해를 취하게 됩니다.[11] 그런데 어떠한 방식을 취하건 상관없이 인식을 통해 우리는

---

11) ●Charmers, A. F. 1999. *What is This Thing Called Science?* (3rd ed.). Indianapolis, IN: Hackett Publishing Co. ●Stevenson, Leslie, David L. Haberman, and Peter Matthews Wright. 2013. *Twelve Theories of Human Nature* (6th ed.). New York: Oxford University Press. ●Cunning, David. 2014. *The Cambridge Companion to Descartes' Meditations.* Cambridge, UK: Cambridge University Press. ●Rohlf, Michael. 2020. "Immanuel Kant." In Edward N. Zalta (ed.). *The Stanford Encyclopedia of Philosophy.* Stanford, CA: Metaphysics Research Lab, Stanford University. ●Knott, Jack H., and Gary J. Miller. 1987. *Reforming Bureaucracy: The Politics of Institutional Choice.* Englewood Cliffs, NJ: Prentice-Hall.
　인간은 외부 대상 및 사물의 현상을 어떻게 인식(cognition)하여 그와 관련된 지식(knowledge)을 습득하게 되는 것일까요? '인식론(epistemology)'은 지식에 대한 제반사항(즉, 지식의 기원, 본질, 방법, 한계 등)을 다루는 철학의 분야로, 고대 그리스 시대의 플라톤(Plato, 428-347 B.C.)이 외부 대상에 대한 인식 문제를 다루기 시작한 것으로 알려져 있습니다. 이러한 인식론은 지식을 인식하는 기원 및 원천이 무엇인가에 대해서 크게 두 가지로 나누어지는데, 그것은 '이성론(또는 합리주의)'과 '경험론(또는 실증주의)'입니다. 이성론 및 합리주의(rationalism)는 '이성(reason)'을 지식의 원천으로 보는 견해로, 근본적으로 참인 이성적인 원칙들이 존재하고, 감각적인 경험으로부터 진리를 얻는 것은 불필요한 것이며, 오로지 이성과 연역(deduction)으로부터 지식을 얻는 것이 근본적 방식이라고 봅니다. 이러한 합리주의는 그리스 철학자 피타고라스(Pythagoras, 570-495 B.C.)에서 시작하여 프랑스의 르네 데카르트(René Descartes, 1596-1650)로 이어져 갔습니다. 특히, 데카르트는 모든 인간은 신(God)의 높은 권능을 통해 지식(knowledge)을 가지고 태어났다고 하는 '선천적 지식(innate knowledge)' 이론을 주장하였으며, 내 마음에 들어오는 모든 것은 거짓일 수 있으며, 이처럼 거짓으로 생각하는 나의 존재야말로 절대적으로 의심할 수 없다는 논거를 제시하였습니다(즉, "나는 의심한다(*dubito*). 그러므로 나는 생각한다(*ergo cogito*). 그러므로 나는 존재한다(*ergo sum*)."). 이러한 '데카르트식 회의(Cartesian skepticism)'는 경험주의자(empiricist)인

대상 및 현상을 개념화하고, 그 개념들 중에서 어떤 것들을 결과개념으로 어떤 것들은 원인개념으로 분류하여, 그 개념들의 관계를 모색하고자 하는 분석적 지향이 생겨납니다. 특히, 원인들을 끊임없이 추적하려는 성향을 보입니다. 정치적 원인들이 만족스러운 설명을 하지 못하면, 경제적 원인들을 동원합니다. 행정학 전체가 현상을 설명하는 데 부적합한 것으로 보인다면, 사회학이나 심리학을 물론 생물학적 원인들로 옮겨가기도 합니다. 그러나 곧 우리의 인식 능력은 바닥을 드러내게 됩니다. 그리고 모든 원인들을 남김없이 찾아내어 나의 모델 속에 집어넣는 것은 경험의 한계상 불가능하다는 것도 깨닫게 되며, 기존에 가진 세상을 보는 나의 시각에 따라 그리고 동시에 과학적으로 취급될 수 있는 몇 조각의 파편적 요인들을 선택하게 되고, 선택된 일부의 그것들이 특권적 지위를 가진 것으로 신격화하게 됩니다.

존 로크(John Locke, 1632-1704)에 의해 도전받았습니다. 로크는 모든 지식은 경험으로부터 얻어진다고 보았기 때문입니다. 경험론(empiricism) 및 실증주의(positivism)는 '감각 기관(sensory organ)'에 일어난 자극을 지각(perception)함으로써 얻어지는 경험과 증거들에 의해 지식이 인식되는 것으로 봅니다. 경험론은 인간의 감각 경험과 과학적 방법을 통한 실증적 검증에 기반을 둔 것만이 확실한 지식이라는 입장을 취합니다. 즉, 사실적 현상의 뒤편 어딘가에 있는 신의 섭리 같은 형이상학적인 것들을 배격하며, 사실들의 관계들을 있는 그대로 관찰하거나 실험함으로써 검증된 경험적 지식만을 인정합니다.

본 강에서 언급하고 있는 과학적 인과성(causality)은 특히 이러한 경험론 및 실증주의에 바탕을 두고 있으며, 또한 '과학적 관리론(scientific management)'에서 유래한 '과학주의(scientism)'와 '기술관료주의(technocracy)'의 등장과 관련됩니다. 과학주의(scientism)는 자연과학의 방법이 모든 영역에 적용될 수 있다는 견해를 가지고 있으며, 기술관료(technocrat)는 과학기술을 통한 사회진보가 필연적이라는 믿는 입장을 견지합니다. 참고로 과학적 관리론은 하버드대학교를 우등으로 합격하고서도 입학을 하지 않고 기계공학기사의 길을 살았던 프레드릭 테일러(Frederick Winslow Taylor, 1856-1915)가 주창하였는데, 이는 전문가의 기술을 바탕으로 관리(management)를 과학화하고, 조직의 구조적 개혁을 통해 더 큰 능률성(efficiency)(즉, 같은 비용을 들여 더 큰 산출 및 이익을 얻는 것)을 이끌 수 있다는 하나의 조직관리 사조로서, 19세기 말 미국의 행정관료제의 개혁 흐름에 큰 영향을 주게 됩니다(Knott & Miller, 1987: 55-62).

바로 그 순간 나의 모델은 닫히게(closed) 됩니다. 그리고 그 잘난 닫힌 모델을 세상과 정책에 들이대면서 내가 선택한 그 원인들이야 말로 현재 노정되고 있는 결과를 반드시 초래하는 것들이고, 그 원인들을 임의로 변경할 경우에 그 결과의 변화양태도 항상 나의 모델이 예측한 대로 나타난다고 주장하게 됩니다.

다행히 과학(science)은 여기에 개입하여 나의 닫힌 모델에서 누락된 요인들의 잠정적 영향력을 인정하여 '오류 또는 오차'라는 말로 취급해버린 채, 나의 지식의 한계에서 선택한 원인들과 그것들에 의한 결과의 변화 양태를 예측하게 함으로써 마치 그 닫힌 모델을 열어(open) 놓는 것처럼 보이게 합니다. 그러나 그러한 경험과학적 방법은 겉모습만 번지르르한 위장이고 기만에 해당합니다. 그 이유를 잠시 확인해 보겠습니다. 행정학 등 제반 사회과학에서는 물론 정부의 과학화를 주장했던 필자와 같은 사람들이 자신이 설정한 인과모형을 통계적으로 검증하기 위하여 종종 "회귀분석(regression analysis)"이라는 분석방법을 사용합니다.[12] 그런

---

12) ●Lapin, Lawrence L. 1993. *Statistics for Modern Business Decisions* (6th ed.). Orland, FL: Harcourt Brace Jovanovich Publishers. ●Manheim, Jarol B., Richard C. Rich, and Lars Willnut. 2001. *Empirical Political Analysis: Research Methods in Political Science* (5th ed.). New York: Longman. ●O'Sullivan, Elizabethann, Gary Rassel, Maureen Berner, and Jocelyn D. Taliaferro. 2017. *Research Methods for Public Administrators* (6th ed.). New York: Routledge.

오늘날 우리가 가설적으로 구상한 인과모형을 계량적으로 검증하는 데 널리 사용되는 경험과학적 연구방법이 회귀분석(regression analysis)입니다. 이는 독립변수들과 종속변수의 정량척도들의 평균(mean) 수치들을 측정하고, 그 둘 사이의 선형적(linear) 및 비선형적(nonlinear) 공변(covariance)관계(즉, 독립변수의 정도가 변하면 종속변수의 정도가 변하는 관계)를 추정하기 위한 계량분석기법입니다. 선형적(linear) 공변관계란 독립변수(X)와 종속변수(Y) 간의 관계의 크기가 독립변수의 크기에 비례하여 일정하게 변화함을 의미하며, 그러하지 못할 경우 비선형적이라 합니다.

데 이러한 회귀분석 같은 과학적 방법은 추상적인(abstract) 세상의 현상
을 인간의 감각이 경험할 수 있는 양적 개념(quantitative concept)으로 낮
춰버리면서 그것을 종종 무리하게 측정하기 위해 숫자(number)를 사용하
게 됩니다. 그런데 수라는 것은 상대적으로 '상수(constant)' 아니면 '변수
(variable)'이며 개념이기도 합니다. 하나의 값 또는 수치(numerical value)
가 정해져 있어 고정된 것이면 상수이고, 두 개 이상의 값을 가질 가능성
이 있는 것은 변수입니다. 지방의회에서 심의·의결한 2023년도 서울시

　이러한 회귀분석의 유형으로는 종속변수에 대한 독립변수를 하나로 상정하는
단순회귀분석 모형(simple regression model)과 독립변수를 2개 이상으로 상정
하는 다중회귀분석(multiple regression) 모형이 일반적입니다. 또한 로짓 회귀
분석(logit 또는 logistic regression)과 프로빗 회귀분석(probit regression) 모형
도 사용되는데, 이 둘은 종속변수가 이진변수(binary variable), 즉 0 또는 1의
값을 가지는 경우에 독립변수와 종속변수 간의 인과관계를 확률적 또는 개연적인
(probabilistic) 것으로 상정하는 적용하는 확률모델(probability model)에 해당
합니다. 다시 말해, 로짓 및 프로빗 회귀분석모형에서는 독립변수(X)의 값이 커
지면 종속변수(Y)의 값은 1에 가까워지며, 독립변수(X)의 값이 작아지면 종속변
수(Y)의 값은 0에 가까워지는 등 독립변수값의 변화에 따라 종속변수의 수치는
확률 값인 0~1 사이에서 나타나게 됩니다.
　인과관계를 선형적으로 볼 것인가 아닌가 그리고 어떠한 회귀분석 방법을
선택할 것인가는 우리가 세상을 이해하는 가치관과 지식 그리고 보유한 방법
론에 달려있습니다. 그리고 어떠한 유형을 상정하더라도 회귀분석의 모형이 적
합하여 수용하기 타당하기 위해서는 우리가 이성의 작용에 의해 선정한 독립
변수들(Xs)이 종속변수의 변동을 얼마나 설명하고 있는지의 비율인 '결정계수
(Coefficient of Determinations: R^2)'의 값(즉, 이 값은 0~1 사이로 나타나는
데, 1에 가까울수록 독립변수 전체가 종속변수를 설명하는 힘이 매우 높음을
의미함), 전체 회귀모형 자체의 통계적 유의미성을 보여주는 F값, 표준화된 회
귀계수(BETA)의 값 등의 수치들을 고려함으로써 제3의 변수들의 영향력이 무
시할 정도로 약하다는 것이 확인되어야 합니다. 그러한 조건하에서 인과모델에
포함시킨 원인요소들인 독립변수들이 결과양태인 종속변수를 설명하는 힘이
어느 정도로 강한가를 파악하게 됩니다. 다시 말해, 독립변수들의 종속변수에
대한 설명력이 강한 것으로 나타난다면, 알 수 없는 "제3의 변수들에 의한 포
괄적 영향력"은 사실상 통제 및 제어된 것으로 가정하는 것에 불과합니다.

예산은 47조 1,905억 원인데,[13] 이는 1년 동안 고정된 수치이기에 '상수'에 해당하며, 특정 조직 인력의 법정 정원도 1년 동안은 특별히 바꿀 수 없는 '상수'로 가정됩니다. (*그런데 이러한 상수도 연도를 길게 하여 보았을 때는 변수가 될 수 있음도 인지할 필요가 있습니다.) 이에 비해, 특정 영화 및 박물관의 관람객 수, 특정 주식의 가격은 1년 내내 고정된 것이 아니고 2개 이상의 값을 가질 가능성이 있기에 '변수'에 해당합니다. (*그런데 이러한 변수의 1년 평균치를 구할 수는 있습니다.) 이러한 수치적 개념들을 바탕으로 회귀분석 방법에서는 정책의 결과적 현상을 '종속변수(dependent variable)'라 부르고 Y로 표시합니다. 그리고 그것에 영향을 미칠 것으로 가정되는 원인적 요인을 '독립변수(independent variable)'라 부르고 X로 표시하는데, 원인은 하나가 아닐 수 있기에 X_1, X_2, X_3로 표시하기로 합니다. 그리고 이러한 Y와 X들 말고도 내가 구상한 모델 밖에서 생존하긴 하나 내가 알 수 없는 제3의 변수들이 있고 역시 그것들에 의한 영향력이 있을 것으로 판단되기에, 이것을 '오차항(error term)'으로 취급하고 ε로 표시합니다. 회귀분석을 적용할 수 있는 단순한 형태의 인과관계 방정식은 다음과 같이 표현됩니다.[14]

---

13) 서울특별시의 『2023년도 예산서』에 따르면, 2023년도 서울시의 법정 예산은 47,190,512,274,000원이며, 이 중에서 서울시감사위원회의 예산은 2,336,000,000원입니다. 이러한 국가 또는 지방자치단체의 예산은 관련 법률 등(국가재정법, 지방재정법)에서 정하는 바에 따라 중앙정부(기획재정부)와 각 지방자치단체가 일정한 형식에 의거하여 편성하고, 국회와 각 지방의회의 심의·의결을 거쳐 확정되는 1회계연도(1월 1일-12월 31일)의 재정계획을 말합니다. 그리고 2018년 3월에 개정된 「지방재정법」 제39조는 서울특별시 등 전국의 모든 지방자치단체가 '주민참여예산제도'를 운영하도록 규정하고 있는데, 이는 지방자치단체의 장은 지방예산 편성 등 예산과정에 주민이 참여할 수 있는 제도를 마련하여 시행하여야 한다는 것을 말합니다.

14) Sim, Kwang-ho. 1999. *The Dynamics of Institutional Control over U.S. Federal Telecommunications Policy Decisions: The Case of "Adjudicative Rule-Making Decisions" Regarding AT&T Activities in the Arena of*

Long−Distance Service Regulation. Doctoral Dissertation. Department of Political Science. US: Michigan State University.

이러한 회귀분석을 적용한 인과모형의 실제적 예로는 Sim(1999)의 연구, 「미국 연방통신정책결정들에 대한 제도적 통제의 역동성: 장거리통신서비스규제 영역에서 AT&T의 행위들에 대한 "판결적 규칙제정 결정들"의 사례분석」에서 소개해봅니다. 이 연구에서는 31년(1965-1995) 동안, 미국의 장거리전화회사였던 AT&T의 각종 시장행위들에 대항해서 다른 전화회사들, 개인 및 단체, 정부기관들이 그것들이 독점적이고 불공정하다는 논거로 제기한 청원들에 대해 미국 연방통신위원회(Federal Communications Commission: FCC)[*한국의 경우는 2008년에 설립된 방송통신위원회(Korea Communications Commission: KCC)에 해당]가 심의·결정한 방대한 통신정책결정 내용들을 분석하였습니다. 그 결과, FCC의 정책결정은 개별적 청원 건들(cases)을 판결하면서 동시에 미래 지향적이고 일반적인 통신정책을 정립하는 "판결적 규칙제정 결정(adjudicative rule-making decisions)"의 형식을 취하고 있음을 규명하여 이를 개념화하였고, 이러한 통신정책은 그동안 미국정부가 표명해온 '경쟁지향(pro-competitive)'이라는 정책기조와는 달리 실제로는 거대독점기업인 AT&T에 우호적인 결정을 내리고 있었으며, 그 결과 '소비자 보호(consumer protection)'라는 통신정책의 근본적 가치가 구현되고 있지 못함을 밝혀내었습니다. 그리고 그러한 거대기업의 이익에 포획(capture)되어 가는 통신정책결정에 영향을 미치는 정치경제적 요인들의 역동성을 규명하기 위하여 다음과 같은 '로짓 시계열 회귀분석(Logistic Time-series Regression Analysis)' 모델을 정립하고 관련 연구가설들을 설정하여 분석하였습니다.

$$Li^\wedge = a + b_1X_1 + b_2X_2 + b_3X_3 + b_4X_4 + b_5X_5 + b_6X_6 + b_7X_7 + b_8X_8 + b_9X_9 + \varepsilon$$

$Li^\wedge$: FCC의 판결적 규칙제정결정 (측정: AT&T에 유리한 결정인 경우 1, 그렇지 않은 경우 0으로 코딩)*

    *로짓회귀분석 방정식의 좌측항은 "예측된 로그 확률(log odds)"인 $Li^\wedge = \ln\{Pi/(1-Pi)\}$이 되는데, 결과적으로 종속변수는 $P^\wedge(Y=1)$으로 이는 FCC가 AT&T에 유리한 결정을 내릴 확률(probability)을 의미함.

X_1: AT&T의 시장력(측정: 시장점유율)

X_2: 타통신화사들이 제기한 청원의 정도(측정: 청원이 강한 경우 1, 그렇지 않을 경우 0으로 코딩)

X_3: 불공정행위에 대항하는 공익의 힘(측정: FCC의 불공정 규제 조치에 관한 뉴욕타임즈 기사의 수)

X_4: 전년도 FCC의 결정내용(측정: AT&T에게 유리하게 내린 결정의 비율)

$$Y = a + b_1X_1 + b_2X_2 + b_3X_3 + \varepsilon$$

위 인과관계모델에서 주목할 것은 "제3의 변수들에 의한 포괄적 영향력
(ε)"을 상정하고 있는 경험과학자의 불편한 의도입니다. 그것들을 모델에
들여다 놓고서는, 그것들의 영향력을 바로 통제해 버립니다. 즉, 제3의 변
수들과 독립변수들(X_1, X_2, X_3)은 아무런 상관관계가 존재하지 않는다고
가정을 하고, 이들 제3변수들의 영향력이 무시할 정도로 작다는 것을 기
대합니다. 그러나 과학적 방법을 통해 그러한 영향력의 통계수치가 낮게
나온다고 해서 제3요인들의 영향력은 없는 것이 아니며, 따라서 우리가
변수들을 선정해서 설계한 인과모델이 절대로 타당한 것이 아닙니다. 그
래서 여전히 그러한 나의 모델은 닫힌 모델이며, 결정론적인 인과모델의
틀 내에서 작동되고 있는 것입니다.

이러한 인과관계모델에 대해 스코틀랜드의 데이비드 흄(David Hume,
1711-1776)은 근본적인 회의를 던집니다. 그가 20대에 발표한 『A Treatise
of Human Nature』[인간본성에 관한 논문](1739-1740)에서,[15] 그는 모든

X_5: FCC 통신위원들의 보수성(측정: 공화당 소속 통신위원의 비율)

X_6: 의회의 예산 통제력(측정: 전년도 FCC 예산의 증액량)

X_7: 의회의 정치적 이념(측정: 관련 의원의 민주성 척도인 ADA 평균점수)

X_8: 대통령의 탈규제 정책이념(측정: 대통령의 통신위원 임명·재임명인 경우 1,
아닌 경우 0으로 코딩)

X_9: 사법부의 판결방향(측정: 전년도 전체 법원판결에서 AT&T의 승소비율)

ε: 오차항(즉, 제3변인의 포괄적 영향력)

15) ●Hume, David. 1739-1740. *A Treatise of Human Nature: Being An
Attempt to Introduce the Experimental Method of Reasoning into Moral
Subjects*. London: John Noon. ●Norton, David Fate, and Mary J. Norton.
2011. *David Hume: A Treatise of Human Nature, Volume 1*. Oxford,
England: Clarendon Press. ●Stevenson, Leslie, David L. Haberman, and

개념들은 '경험(experience)'으로부터 도출되며, 세상에 대한 모든 지식은
반드시 경험에 기반되어야 한다고 했습니다. 그에 따르면, 인간이 가진 '순
수한 이성(pure reason)'은 논리와 수학이라는 기제를 사용하여 단지 "사고
의 관계들(relations of ideas)"만을 증명할 수 있는 것이지, 세상에 대한 실
질적 진실(truth)을 생산해낼 수 없는 것입니다. 그리고 모든 사고와 개념들
은 인간정신에 담은 내적 인상(impression)과 반영(reflection)으로부터 도출
되는 것으로, 물질 및 대상에 대해서는 인식한 내용들의 꾸러미 이외에는
그 본질에 대해서는 아무것도 알 수 없습니다. 따라서 그가 "필요불가결한
관련성(necessary connection)"으로 불렀던 인과성(causation)에 대해서는
전혀 알 수 없으며, 단지 사건의 유형들이 규칙적인 시간적 연속성에 있다
는 것을 인식할 뿐이라고 하였습니다. 흄의 관점에서는, 현재의 특정한 관
련성(correlation)이란 것들이 내일의 새로운 경우에도 계속해서 경험될 수
있을 것으로 기대하게 하는 '합리적 이성(rational reason)'이라는 것은 없으
며, 인간이 가진 비합리적이고 직관적이며 본능적인(instinctive) 본성만이
미래가 과거를 닮을 것이라고 기대하게 할 뿐입니다.16) (*뒤 <8강>에서

Peter Matthews Wright. 2013. *Twelve Theories of Human Nature* (6th
ed.). Oxford, UK: Oxford University Press. ●Zalta, Edward N. (ed.). 2020.
The Stanford Encyclopedia of Philosophy. Stanford, CA: Metaphysics
Research Lab, Stanford University.
16) ●Kant, Immanuel. 1781. *Kritik der reinen Vernunft* [Critique of Pure
Reason]. Berlin & Libau: Verlag Lagarde und Friedrich. ●Pluhar,
Immanuel, and Werber S. (trans.). 1996. *Immanuel Kant, Critique of
Pure Reason* (unified edition). Indianapolis, IN: Hackett Publishing. ●최
재희(역). 2003. *칸트, 순수이성비판*. 서울: 박영사.
　이러한 데이비드 흄(David Hume, 1711-1776)의 경험주의를 확장하여 임마
누엘 칸트(Immanuel Kant, 1724-1804)는 이성론과 경험론을 종합한 자신만
의 '선험적(a priori) 관념론'을 제시하였습니다. 칸트는 선험적 종합판단을 통
해 객관적 지식이 성립될 수 있다고 보았는데, 그러기 위해서는 '순수이성(pure
reason)'의 형식인 '감성(sensibility)'과 '지성 또는 오성(悟性, Verstand)'이라
는 2가지 인식작업이 작동되어야 합니다. 그러나 결론적으로 그는 순수 이론적

다루는 인간과 동물의 본성과 관련하여 데이비드 흄은 일부 다른 생각을 가지고 있었다는 것을 기억해 주시기 바랍니다.)

그런데 이러한 순수이성의 능력으로 구성하고 과학적 기법의 허울 아래 분석되는 인과성 모델의 또 다른 심각성은 평균(mean)에 모여지는 수치들만을 가지고 일반화(generalization)를 시도함으로써, 특정한 사례와 사건 및 행태를 독특한 극단치(outlier) 또는 '이상한 존재(stranger)'로 취급하여 내던져버린다는 것입니다. 알베르 카뮈(Albert Camus, 1913-1960)는 『L'Étranger』[The Stranger; The Outsider; 이방인](1942)에서 소설의 주인공 뫼르소(Meursault)가 다른 사람들에게는 물론 자신에게도 '이상한 자(stranger)'로 취급받는 기이함(oddness)의 행태 및 사고를 표출하고 있습니다. 뫼르소의 마음과 행동 사이의 상이함은 하나의 역설(paradox)로서 사람들에게 긴장감(feeling of tension)을 느끼게 하고 사회적 질서의 붕괴(dislocation)를 이끌고 있는 것처럼 전개되고 있습니다. 어둠이 갑자기 찾아온 밤하늘의 아름다움은 알면서도, 주변사람이 어머니의 나이가 얼마인지 물었으나, 주인공은 어머니의 나이에 대해 정확히 알지 못합니다. 장례식에서 돌아온 다음 날 그는 여자친구 마리(Marie Cardona)와 수영을 하고 영화를 보러 갑니다.[17] 과연 뫼르소만이 이상한 자(stranger)일

이성은 억제되어야 한다고 하였는데, 그 이유는 순수이성이 그것의 적정한 영역을 벗어나 적용될 경우에는 혼동된 논쟁들을 불러일으키기 때문이라고 하였습니다. (*칸트의 이성에 대한 접근은 뒤 <8강>에서 다시 다뤄봅니다.)

17) ●Camus, Albert. 1942. *L'Étranger*. Paris: Gallimard. ●Ward, Matthew (trans.). 1989. *Albert Camus, The Stranger*. New York: Vintage. ●Smith, Sandra (trans.). 2013. *Albert Camus, The Outsider*. London: Penguin Books.
   카뮈의 소설 『L'Étranger』[The Stranger; The Outsider; 이방인](1942)에서 주인공 뫼르소(Meursault)는 알제리의 수도 알제(Algiers)에서 80km 떨어진 마랑고(Marengo)의 양로원으로부터 어머니의 죽음을 알리는 전보를 받고 장례를 치르러 급히 갑니다. 그는 어머니의 죽음에 그다지 슬픔을 느끼지도 못

까요? (*이에 대한 논의에 대해서 저는 다른 에세이에서 소개하고자 합니다.) 또한, 카뮈는 『Le mythe de Sisyphe』[The Myth of Sisyphus; 시지프 신화](1942)에서[18] 다음과 같이 말합니다. "세상은 선한 이성들뿐만 아니라 사악한 이성들(bad reasons)에 의해서도 설명될 수 있으며, 그리하여 갑작스럽게 빛을 잃어버린 세상에서 인간은 스스로를 외계인(alien)처럼 이상한 존재(stranger)로 느끼게 됩니다(O'Brien, 2013: 7)."

공공정책의 영역에서 정부는 불가피하게 또는 의도적으로 일반화를 추구하는 모델에 근거해서 정책을 설계하고 추진하면서 해당 정책은 모든 누구나에게 공평하게 적용된다고 선언합니다. "모든 누구나에게"가 아니고 "평균에 근접한 계층에게"일 겁니다. 평균 영역의 양극단에 속한 독특하고 특이하고 불규칙적인 요소, 존재, 행태들이 특정 정책에 의미 있는 영향을 끼치고, 실제 정책과정(policy cycle)(즉, 설계/기획-집행-결과도출-환류) 전체를 이끌어 가기도 합니다. 그럼에도 정부와 과학은 평균에 집착합니다. 세상은 일반화될 수 없는 우연한 원인들과 독특한 사건들로 가득합니다. 정책의 대상은 본래 개별적으로 특수하여 일반화될 수 없는 속성도 가지고 있으며, 결과를 이끄는 원인들이 반드시 존재하거나 밝혀지지 않

하며 일상적인 삶의 일과처럼 느껴진 채, 알지도 못하는 여인들이 왜 울고 있는지 의아해하며, 돌아가신 어머니의 얼굴을 마지막으로 보겠냐는 장례지도사의 권유에 '아니오(No)'라고 답합니다(Smith, 2013: 11).
　뫼르소는 자신의 눈가를 칼로 공격한 아랍 청년을 우연히 가지게 된 권총으로 죽입니다. 왜 치명적인 총상을 입은 아랍인에게 4발의 총을 더 쏜 이유를 묻는 판사에게 재판 내내 그 이유와 논리에 대한 어떤 말도 하지 않습니다. 감옥에 찾아와 신의 존재에 대한 긍정을 재판의 자비로서 기대하는 신부에게 그는 거꾸로 어떠한 자비도 베풀지 않습니다.
18) ●Camus, Albert. 1942. *Le mythe de Sisyphe*. Paris: Gallimard. ●O'Brien, Justin (trans.). 1955. *Albert Camus, The Myth of Sisyphus and Other Essays*. New York: Alfred A. Knopf. ●O'Brien, Justin (trans.). 2013. *Albert Camus, The Myth of Sisyphus*. London: Penguin Books.

을 수도 있습니다. 사회란 그러한 과학적 인과모델의 양태로 전개되지 않
는다는 것을 "사회과학자"인 카프카가 그의 작품들 곳곳에 뿌려 놓았습니
다. 그리고 그는 시간의 흐름과 공간의 전개과정에서 특정 맥락(context)
이 표출하거나 내포하는 특이성의 의미와 중요성을 놓치지 않았습니다.19)

그의 인생 후반기의 같은 시대적 범위를 공유했던 동양의 이효석에 대
해서도 저는 프란츠에게 했던 것과 같은 잘못을 저지르고 있었습니다.

> "허 생원은 경망하게도 발을 빗디디었다. 앞으로 고꾸라지가 바쁘게 몸째
> 풍덩 빠져 버렸다. 허위적거릴수록 몸을 걷잡을 수가 없어. 동이가 소리
> 를 치며 가까이 왔을 때에는 벌써 퍽이나 흘렀었다. 동이는 물속에서
> 어른을 해깝게 업을 수 있었다. 젖었다고는 하여도 여윈 몸이라 장정 등
> 에는 오히려 가벼웠다. 동이의 탐탁한 등어리가 뼈에 사무쳐 따뜻하다
> … (중략) … 나귀가 걷기 시작하였을 때. 동이의 채찍은 왼손에 있었다.
> 오랫동안 아둑시니같이 눈이 어둡던 허 생원도 요번만은 동이의 왼손잡
> 이가 눈에 띄지 않을 수 없었다. 걸음도 해깝고 방울 소리가 벌판에 한
> 층 청청하게 울렸다."

>   — 이효석, 『메밀꽃 필 무렵』(1936) 중에서 —

---

19) Goodin, Robert E., and Charles Tilly (eds.). 2006. *The Oxford Handbook
of Contextual Political Analysis*. Oxford, UK: Oxford University Press.
　　사회과학과 공공정책에서 과학주의(scientism)를 지나치게 추구하게 되면,
개별 인간과 역사적 경험, 특정 장소와 시간 등의 맥락(context)에 대한 관심
이 상실되거나 소외됩니다. 특히, 합리적 선택(rational choice)이라는 이론적
현상과 그것의 실용적 유행들은 맥락이란 것을 전혀 허용하지 않으며, 결국에
는 '탈맥락화(decontextualization)'의 현상을 가속화한다는 주장과 비판이 상
당합니다. 구딘과 틸리(Goodin & Tilly, 2006)는 많은 학자들이 다룬 이러한
탈맥락화에 대한 다양한 시각과 경험적 내용을 소개하고 있습니다.

여러분께서는 1936년 그날 메밀꽃이 흐드러지게 핀 봉평으로 가는 길목마다 이효석이 뿌려 놓은 하얀 인과관계의 흔적들이 보이시나요? 봉평에서 그 옛날 만났던 성 서방네 처녀, 제천에서 온 동이, 물에 빠진 허 생원을 업은 동이의 따뜻한 등어리, 허 생원과 동이는 같은 왼손잡이 등이 그것들입니다. 이효석은 회귀분석이라는 과학적인 인과성 분석방법에서 도출된 수치들을 명시하면서 그 수치적 근거에서 허 생원과 동이가 부자관계라는 개연성에 대한 논거를 우리에게 제시하고 있지 않습니다. 우리가 과학이라는 테두리에서 보여주는 통계적 인과분석은 절대로 이효석이 던져놓은 그 비과학적인 인과성 전개보다 수용력이 더 크거나 생존력이 더 강하지 않습니다. 봉평으로 가는 메밀꽃 길을 따라 이효석은 끝이 없이 생각했을 겁니다. 지나간 그리운 원인들과 현재의 결과를 맺고자 말이죠. 문학적이고 수필적인 글 속에서 우리는 봉평으로 가는 그 길에서 만난 과거와 현재의 원인들에 의해 동이와 허 생원의 관계적 실제의 개연성을 충분히 확인할 수 있습니다. 그리고 그 소설적 인과성은 회귀분석을 사용한 과학적 인과성보다도 더 강력하고(robust) 흔들리지 않게(steady) 80년이 흐른 지금까지도 여전히(consistently) 생존하고 있습니다.

2강과 관련된 글을 더 읽어보기
(FOR FURTHER READING)

과학이란 무엇인지에 대한 깊은 고민과 논거를 ●Charmers, Allan F. 1999. *What is This Thing Called Science?* (3rd ed.). Indianapolis, IN: Hackett Publishing Co.에서 확인하실 수 있습니다.

지식사회학(Sociology of Knowledge)에 대해서는 앞에서 소개한 칼 만하임(Karl Mannheim, 1952) 이후에 ●Werner, Stark F. 1958. *The Sociology of Knowledge: An Essay in Aid of a Deeper Understanding of the History of Ideas*. New York: Routledge. ● Merton, Robert K. 1972. "Insiders and Outsiders: A Chapter in the Sociology of Knowledge." *American Journal of Sociology* 78(1): 9-47. 의 글들에서 다양한 시각을 접하실 수 있습니다.

행정과 정치의 관계, 행정의 이론들을 명쾌하게 정리하고 있는 행정학기본서는 ●Knott, Jack H., and Gary J. Miller. 1987. *Reforming Bureaucracy: The Politics of Institutional Choice*. Englewood Cliffs, NJ: Prentice-Hall.의 저서로 학자들은 행정관료제의 개혁이라는 일관적 논거에서 독자들을 이끌어 갑니다. 또한, 정책의 이론과 그 실제를 분석적으로 담고 있는 저서 ●Weimer, David L., and Aidan R. Vining. 1992. *Policy Analysis: Concepts and Practice* (2nd ed.). Englewood Cliffs, NJ: Prentice-Hall.은 정책학기본서에 해당합니다.

특정한 문화적 및 역사적 맥락의 중요성과 그에 대한 과학적 연구에 대한 논의는 본 <2강>에서 언급한 구딘과 틸리(Goodin & Tilly, 2006)가 소개한 많은 학자들의 저서들 이외에 다음의 글들에서도 찾아보실 수 있습니다: ● Abbott, Andrew. 2001. *Time Matters: On Theory and Method*. Chicago: University of Chicago Press. ●Pierson, Paul. 2004. *Politics in Time: History, Institutions and Social Analysis*. Princeton, NJ: Princeton University Press. ●Pollitt, Christopher. 2008. *Time, Policy, Management: Governing with the Past*. Oxford, UK: Oxford University Press.

조세희의 난장이와
피터 버거의 스티그마(Stigma):

자본주의(Capitalism)의 치명적 경고

3강

조세희의 난장이와 피터 버거의 스티그마(Stigma): 자본주의(Capitalism)의 치명적 경고

"어머니는 뒷집 명희 어머니와 이야기하고 있었다.

얼마에 파셨어요?

십칠만 원 받았어요.

그럼 시에서 주겠다는 이주 보조금보다

얼마 더 받은 셈이죠?

이만 원 더 받았어요.

영희네도 어차피 아파트로 못 갈 거 아녜요?

무슨 돈이 있다구!

분양 아파트는 오십팔만 원이고 임대 아파트는

삼십만 원이래요.

거기다 어느 쪽으로 가든 매달 만오천 원씩 내야 된대요.

그래 입주권을 다들 팔고 있나요? 영희네도 서두르세요.

어머니는 괴로운 얼굴로 서 있었다."

                            - 조세희, 『난장이가 쏘아올린 작은 공』(1976) 중에서 -

1.

조세희는 1976년 「문학과 지성」지(誌)에 실은 『난장이가 쏘아 올린 작은 공』에서,[1] 난장이 김불이 가족이 살고 있는 1970년대 서울 낙원구 행복 동을 소개합니다. 가난하지만 성실히 살아가는 그들의 동네가 재개발 사 업구역으로 지정되고, 당장 살고 있는 삶의 터전이 철거될 위기에 놓이게 됩니다. 철거 후 입주권이 주어지긴 하나 당시의 형편으로는 입주권을 살 돈이 없습니다. 반백 년이 지난 2020년대 오늘날에도, 1970년대 자본주 의 산업화시대에서 소외되었던 그 행복동 사람들처럼, 도시개발이라는 화 려한 정책에서 낳은 '젠트리피케이션(gentrification)' 현상 속에서 도시인 들은 자기가 살던 곳에서 아무런 보상대책도 주어지지 않은 채 갑자기 퇴 출되어 집니다.

미국 프린스턴대학교(Princeton University)의 사회학자인 매튜 데스몬드 (Matthew Desmond) 교수는 2016년에 출간한 책 『Evicted: Poverty and Profit in the American City』[퇴출된: 미국 도시의 가난과 이익]에서,[2]

---

1) ●조세희. 1976. *난장이가 쏘아올린 작은 공*. 문학과 지성 겨울호. ●조세희. 1978. *난장이가 쏘아올린 작은 공*. 서울: 문학과지성사.
　소설가 조세희(1942-현재)는 『난장이가 쏘아올린 작은 공』(난쏘공)으로 1979년 제13회 동인문학상을 수상하였습니다. 이것은 '난쏘공'을 포함해 12편 의 단편을 모은 연작 소설집으로 그의 다른 작품들인 『뫼비우스의 띠』, 『칼날』, 『우주여행』, 『육교 위에서』, 『궤도 회전』, 『기계 도시』, 『은강 노동가족의 생 계비』, 『잘못은 신에게도 있다』, 『클라인씨의 병』, 『내 그물로 오는 가시고기』, 『에필로그』가 포함되어 있습니다.
2) Desmond, Matthew. 2016. *Evicted: Poverty and Profit in the American City*. New York: Crown.
　미국 프린스턴대학교(Princeton University)의 사회학자인 매튜 데스몬드 (Matthew Desmond, 1979-현재) 교수는 2016년에 저서 『Evicted: Poverty and Profit in the American City』[퇴출된: 미국 도시의 가난과 이익]을 발표

가난한 미국인들에게는 언제든지 집을 잃을 수 있는 위험이 존재하며, 이렇게 "퇴출된다는(evicted)" 위험 자체가 가난한 사람들에게는 불안정, 위태로움 및 낙담을 안겨준다고 하였습니다. 이러한 낙담과 불안은 조세희가 그의 작품 속에서 영희의 난장이 아버지가 벽돌 공장 굴뚝에서 자살했다는 충격적인 소리를 듣게 되는 사건으로 이미 묘사된 바 있습니다.

그런데 이러한 퇴출로 인한 인간의 몰락은 도시의 빈민층이나 블루칼라(blue-collar) 노동자들에게만 있는 현상이 아닙니다. 법학자이자 사회학자인 미국 매사추세츠 앰허스트대학교(University of Massachusetts Amherst)의 오퍼 샤론(Ofer Sharone) 교수가 2014년에 발표한 『Flawed System/Flawed Self: Job Searching and Unemployment Experiences』[결함이 있는 체계/금이 간 자아: 구직과 실업의 경험들]에 따르면,3) 넥타이를 매

함으로써, 2017년에 편지·드라마·음악에 범주에 속하지 않는 '일반논픽션(general nonfiction)' 부문의 '퓰리처상(Pulitzer Prize)'과 'Robert F. Kennedy Book Award'를 수상하는 등 의미 있는 상들을 수상하였습니다. 책의 내용은 2007-2008년 기간에 재정위기가 닥친 미국 위스콘신(Wisconsin, 주도는 Madison)주의 가장 큰 도시인 밀워키(Milwaukee)의 가장 가난한 지역들에 살고 있던 8가구가 집주인 및 땅주인들의 퇴출(eviction) 요구에 대응하여 간신히 집세 및 임차료(rent)를 내면서 버티고 있는 이야기들을 전개함으로써 화려한 자본주의의 어두운 뒤 현실을 소개하고 있습니다.
3) Sharone, Ofer. 2014. *Flawed System/Flawed Self: Job Searching and Unemployment Experiences*. Chicago: University of Chicago Press.
　미국 매사추세츠 앰허스트대학교(University of Massachusetts Amherst)의 사회학 교수로 있는 오퍼 샤론(Ofer Sharone) 교수는 하버드대학교의 법학박사와 버클리대학교의 사회학박사를 동시에 보유한 사회과학자로, 그의 연구는 경력이동, 일과 노동, 실직에 초점을 두고 있으며, 연구방법론으로는 국가 간 비교, 심층면접, 참여자 관찰을 주로 사용하고 있습니다. 이러한 방법론들을 사용하여 2014년에 발표한 책 『Flawed System/Flawed Self: Job Searching and Unemployment Experiences』[결함이 있는 체계/금이 간 자아: 구직과 실업의 경험들]에서, 그는 이스라엘과 미국에서 화이트칼라 노동자들이 겪는 구직과 실직의 경험들에 대해 비교하고 있습니다. 특히, 이스라엘과 미국의 상

고 하얀 셔츠를 입고 출근하는 도시의 화이트칼라(white-collar) 노동자들
은 들어가기 어려운 '조직'이라는 실체에 고용되고 특정 '직업'에 안착하
게 된 것을 '자아가치(self-worth)'의 반영으로 간주하며 살아갑니다. 그런
데 만약 우리가 어딘가에 고용되지 못하거나 이미 속한 조직 또는 제도에
서 거절(rejection)되거나 퇴출(eviction)된다면, 그러한 갑작스런 사실 자
체를 도저히 받아들일 수 없는 것으로 여기게 됩니다. 저도 어느 날 갑자
기 대학교수라는 직업에서 퇴출된다고 생각해보면, 자아가치의 상실로 인
한 심한 불안감 속에서 그 사실을 받아들이기 어려운 상황이 될 수도 있
겠구나 하는 생각이 급습해왔습니다.

그런데 여기에는 더 심한 사회적 현상이 내재되어 있습니다. 내 자신이
퇴출된다는 사실 자체와 그러한 퇴출 가능성으로 인한 자아의 상실보다
더 큰 문제는 바로 우리 사회 곳곳에, 우리 문화 곳곳에, 조직과 제도 곳
곳에서 발생되고 있는 "스티그마(stigma)", 즉 누군가가 다른 누군가에게
특정한 (그것도 부정적인) '낙인'을 찍는 현상입니다.

1961년 임희재 각본, 강대진 감독의 영화 "마부(馬夫)"는 베를린영화제
에서 '은곰상'을 수상하여 서구영화계에 한국영화의 존재를 알린 최초의
작품입니다. 다음은 그 영화의 내용 일부입니다.[4]

이한 구직게임(job-search game)의 유형을 흥미롭게 분류하고 있는데, 이스
라엘의 경우 이력서 기반의 "Spec Game"으로 구직자들은 직업에 딱 맞는 자
신의 기술들을 표현하는 데 초점을 두는 반면에, 미국의 구직자들은 이력서 배
후에 놓여있는 개성 및 특성에 집중하는 "Chemistry Game"의 유형을 따른다
고 하였습니다. 이 책으로 인해 2014년에 그는 미국사회학회에서 경제사회학
(Economic Sociology) 분야의 뛰어난 저서에 대해 수여하는 'Viviana A.
Zelizer Distinguished Book Award'의 대상자로 선정되었으며, 조직·직업·
일(Organizations, Occupation, Work: OCW) 분야에 탁월한 공헌을 한 학자
에게 수여하는 'Max Weber Award'를 수상하기도 하였습니다.

홀아비로 나오는 춘삼(연기자 김승호 분(扮))은 짐수레를 끌며 홀로 아이들을 키우며 시련을 겪으면서도 세 번이나 고등고시에서 떨어진 장남 수업(연기자 신영균 분(扮))의 합격소식을 기다립니다. 어느 날 어려운 한자들로 쓰인 긴급전보 한 장이 주인집 마나님에게 도착하였으나 좋은 가문의 마님은 물론, 공부 좀 했다는 집사 그 누구도 그 편지내용을 해석하여 전달하지 못하는 조급한 상황이 발생합니다. 그때 마침 짐수레를 끌고 들어오던 춘삼은 선뜻 그 편지를 해석하여 중요한 내용을 마님께 전달합니다. 그리고 그때까지 짐수레를 끄는 춘삼을 무시했던 마님은 고개를 숙여 사과를 합니다.

저도 영화에서 처음 등장하는 마부 춘삼에게 주인집 마님과 같은 '낙인'을 찍고 있었습니다.

---

4) ●이영일. 1969. *한국영화전사*. 서울: 삼애사. ●이영일. 2004. *한국영화전사*. 서울: 소도출판사. ●김화. 2003, *새로쓴 한국영화전사*. 서울: 다인미디어.
　　"마부(馬夫)"는 임희재 각본, 강대진 감독의 작품으로 화성영화사(華盛映畫社)가 제작하여 1961년에 개봉한 한국 흑백영화입니다. 영화의 배경은 50세의 홀아비인 하춘삼(김승호 분)이 마부로서, 고시공부를 하고 있는 맏아들 수업(신영균 분), 시집가게 되는 맏딸 옥례(조미령 분), 작은아들 대업(김진 분), 그리고 작은딸 옥희(엄앵란 분)와 함께 가난하게 살고 있는 데서 시작합니다. "마부"는 개봉한 해인 1961년에 개최된 제11회 베를린 국제영화제에서 심사위원 특별상으로 은곰(銀熊)상을 수상합니다. 참고로 3대 국제영화제는 '베를린 국제영화제(*Berlin International Film Festival*)', '칸 영화제(*Cannes Film Festival*)', '베네치아 국제영화제(*Mostra internazionale d'arte cinematografica*)'이며, 그중 베를린 국제영화제는 비평가 위주의 예술작품 발굴을 중시하는 영화제입니다. 베를린 국제영화제에서는 최우수작품에 황금곰상(Golden Bear)을 수여하며, 나머지 우수 작품에는 모두 은곰상(Silver Bear)을 수여하는데, 참고로 1989년 황금곰상에 미국의 '레인 맨(Rain Man)', 2002년 황금곰상에 일본의 '센과 치히로의 행방불명'이 선정되었으며, 2004년에는 김기덕 감독이 '사마리아'로 은곰상(감독상)을 수상하였고, 2005년에 임권택 감독이 명예황금곰상을 수상한 바 있습니다.

미국 사회학 연구의 상당수가 가난한 계층(the poor)과 소수 인종집단들(racial minorities)에 대한 "낙인찍기(stigmatization)"의 현상을 다루고 있습니다. 특히, 미국 콜롬비아대학교(Columbia University)의 허버트 간스(Herbert J. Gans) 교수는 1995년에 쓴 책『The War against The Poor: The Underclass and Antipoverty Policy』[가난과의 전쟁: 하층계급과 빈곤퇴치 정책]에서,[5] 가난한 사람들에 대한 "낙인찍기"는 사회 및 조직 곳곳에 깊게 뿌리박혀 조금도 흔들리지도 않으며, 이러한 낙인찍기는 영속적인 가난을 더욱 가중시킨다고 하였습니다. 그는 미국사회에서 복지수혜자, 저임금 노동자(the working poor), 십대 미혼모, 약물 중독자, 노숙인 등을 가난한 사람들로 분류하여 이들을 '하층계급(underclass)'으로 낙인을 찍고, 사회의 나머지 사람들에 의해서 비난받고 두려워하고 경멸되는 계급으로 강등시키는 잘못된 고정관념과 문화가 도처에 편재하고 있음을 신랄하게 비판합니다. 그리고 미국 사람들이 수백만의 가난한 시민들을 가치 없는 존재로 치부하고 비난하는 심리적, 사회적, 정치적 이유들이 있음을 엄밀하게 밝혀내면서, 이를 해결하는 미국의 정책적 기획과 교육계획이 마련된 적이 없었음을 지적하고, 가난한 사람들에 대한 이러한 "선전포고 없는 전쟁(undeclared war)"을 중지할 것으로 강력히 요청합니다. 그렇습니다. 가난 해소와 복지 제공이라는 국가의 정책집행 이전에 더욱 중요한 것은 그러한 낙인찍기의 현상과 행태를 어떻게 뿌리 뽑아야 하는지에

---

5) Gans, Herbert J. 1995. *The War against the Poor: The Underclass and Antipoverty Policy*. New York: BasicBooks.

　　독일의 나치(Nazi) 정권을 피해 미국으로 건너온 콜롬비아대학교의 허버트 간스(Herbert J. Gans, 1927-현재) 사회학 교수는 1995년에 쓴 책『The War against The Poor: The Underclass and Antipoverty Policy』[가난과의 전쟁: 하층계급과 빈곤퇴치 정책]에서, 가난 및 빈곤의 문화(culture of poverty)와 하층계급(underclass)과 같은 개념들이 갖는 약점들을 통렬하게 비판하고 있습니다.

대한 더 근본적인 정책설계와 사회적 인식구조의 변경입니다.

그런데 지구상의 우리 생명체에게는 나 아닌 어느 누구에게도 그러한 낙인을 찍을 권한과 자격이 전혀 없습니다. 조세희의 주인공 김불이는 난장이입니다. 저도 언젠가 그 주인공에 대해 갖고 있는 제 마음 속의 어떠한 스티그마(즉, 낙인)를 확인하게 되면서, 잘난 자본주의 금융경제와 물질문명의 호화스러운 수단체들이 저도 모르는 사이 칠흙 같은 어두운 밤에 이성적이며 의식적인 에고(Ego)와 칼 융(Carl Jung)의 무의식(unconsciousness) 영역의 뒷 언저리에 기어 올라와 저의 어딘가에 '위선(hypocrisy)'과 '자기기만(self-deception)'이라는 악마를 깊게 심어 놓고 간 사실을 발견하였습니다.

1999년 5월 어느 날, 여름 햇살이 꽤 많았던 날로 기억납니다. 싸우스 케찌(South Kedzie) 건물에서 가장 큰 101호 교실에는 그간 수업을 들었던 정치행정분야의 저명한 미국교수님들과 옵저버(observer)로 참가한 대학원생들로 가득합니다. 한국에서의 행정학박사과정을 중단하고 다시 미국 대학의 정치학박사과정으로 유학을 떠난 저는 정책평가, 성과관리, 정치경제론, 방법론을 전공하고 이제 6년 반이 넘는 긴 시간의 마지막 순간에 섰습니다. 지도교수 '밥(Bob)' 라우리(Robert Lowry) 박사는 발표를 30분 넘기면 안 된다고 했고, 그래서 359쪽이나 되는 학위논문원고를 킨코스(Kinkos)에서 OHP 투명시트 30장으로 간신히 만들고 그것을 오버헤드 프로젝트(overhead projector)에 하나씩 올리면서 발표를 시작했습니다. 10분쯤 지났을까 갑자기 중간에 지도교수와 심사교수님들이 끼어들어 질문을 던지기 시작했습니다. 준비했던 리허설의 모든 순서들은 엉망이 되고 무슨 말을 했는지 '하늘이 노랗다'는 말을 실감합니다. 결국 은하계에서 하나의 별이 내부의 에너지를 견디지 못하고 붕괴하여 초신성

(supernova) 폭발이 일어나는 대혼란처럼 발표와 토론이 끝났습니다. 건물을 나와 담장이덩굴 벽에 기대어 대기하고 있던 저는 모든 것을 다 내던지고 이제는 아무것도 가진 것 없는 태고(antiquity)의 존재가 됩니다. 잠시 고개를 들어 쳐다본 미시간(Michigan)의 하늘은 어린 시절 언젠가 한국에서 보았던 그 맑고 파란 하늘이었습니다. 그리고 주마간산(走馬看山)처럼 어린시절부터 공부했던 일들이 지나갑니다. 초등학교를 가기 위해 비오는 날 아침에 구멍이 난 파란 비닐우산을 쓰기 싫다고 투정을 부리며 집을 나섰고, 국민윤리 선생님이 발표를 부탁해 자본주의(capitalism)와 민주주의(democracy)의 관계는 무엇인지도 알지 못한 채 발표문을 준비했던 중학교 시절, 행렬(matrix)과 원소기호(symbol of element) 그리고 물리(物理; physical laws)를 제대로 이해하지 못했던 고등학교 시절, 골방에서 왔다 갔다 하며 허버트 사이먼(Herbert A. Simon)의 '제한된 합리성(bounded rationality)'[6]과 '만족화(satisficing)'[7]의 개념과 관련된 시험답안을 간신히 참고 외웠던 대학시절, 그리고 막스 베버(Max Weber, 1864-1920)의 『The Protestant Ethic and the Spirit of Capitalism』[프로테스탄트 윤리와 자본주의 정신](1904-1905)[8]에 대한 영어원서를 발표하던 대학원 시절에 이르기까지 그간 공부하며 지냈던 모든 것들이 전하(electric charge)를 띤 입자들처럼 우주의 소용돌이 속에서 플라스마

---

6) ●Simon, Herbert A. 1957. *Models of Man*. New York: John Wiley. ●
   Klaes, Matthias, and Esther-Mirjam Sent. 2005. "A Conceptual History of
   the Emergence of Bounded Rationality." *History of Political Economy*
   37(1): 27-59.
7) Simon, Herbert A. 1947. *Administrative Behavior: a Study of Decision−
   Making Processes in Administrative Organization*. New York: Macmillan.
8) ●Weber, Max. 1904-1905. *Die protestantische Ethik und der Geist des
   Kapitalismus*. Archiv für Sozialwissenschaften und Sozialpolitik, 20 & 21.
   ●Talcott Parsons. 1930. *The Protestant Ethic and the Spirit of
   Capitalism*. [프로테스탄트 윤리와 자본주의 정신]. London: George Allen &
   Unwin Ltd.

(plasma)처럼, 하나의 점으로 뭉쳐버리고 눈앞에서 무의식의 혼돈체가 되어 한 번에 휙 날아가 버립니다. 그렇게 10분이 흘렀고, 패배의 그림자가 엄습해왔습니다. 그 순간, 어두운 표정의 라우리 교수가 빼꼼히 문을 열고 들어오라 손짓합니다. 미국교수님들 앞에 섰습니다. 그 공간의 앞자락에 움츠리고 홀로 서 있던 저는 바로 그 조세희의 '난장이'였습니다. 침묵이 흐르고 라우리 교수는 들어오기 전에 다 먹지 못했던 맥도날드 햄버거 봉지를 의자 밑에서 꺼내 들고 제게 다가왔습니다. 봉지에서 꺼내 든 것은 샴페인이었습니다. "*Congratulations! You finally passed!* 내가 하버드대학교에서 박사논문을 발표했을 때 당했던 것을 그대로 너에게 해주고 싶었다. 그 이유는 앞으로 너를 완성해가고 책을 쓰는 매순간 건방지거나 자만하지 않는 '학자(student)'의 자세를 너에게 설명해주기 위함이었다. 그리고 너는 공부하는 사람이 분명하기 때문이다." 그리고 그때, 끝이 보이지 않았던 긴 어두운 터널의 미세한 끝자락까지 저를 가장 어렵게 하였던 한 미국교수님이 제 앞에 왔습니다. (*누구인지는 성함을 말씀드리지 않겠습니다.) "나는 너에 대해 사과할 것이 있다. 그것은 내가 그동안 너를 판단했던 나의 방식(way)과 기준(yardstick)에 관해서이다. 나는 책을 겉표지에 의해 판단했었다(I judged a book by its cover)."라고 제게 해주었던 말을 잊지 못하고 있습니다.

2.

20세기에 가장 영향력 있는 사회과학자로 언급되는 어빙 고프만(Erving Goffman, 1922-1982) 교수는 그의 책『Stigma: Notes on the Management of Spoiled Identity』[스티그마: 손상된 정체성의 관리에 관한 노트들]에 서,[9] '사회적 거절(social rejection)'이라는 상표(brand)가 붙은 사람들의 경험들과 그에 기반한 이론 및 개념을 다루고 있습니다. 그는 '스티그마 (stigma)', 즉 낙인(烙印) 및 오명(汚名)의 3가지 유형을 언급하고 있습니다. 첫 번째 유형은, 인간 신체의 다양한 물리적 변형들(deformities)로 인한 혐오(abomination)와 관련됩니다. 앞 <2강>에서 만나본 카프카의『Die Verwandlung』[Metamorphosis; 변신](1915)에서 그레고르 잠자(Gregor Samsa)가 변한 기괴한 해충(monstrous vermin)은 바로 이러한 스티그마를 상징합니다. 두 번째로는, 정신병으로 인한 약한 의지(weak will), 투옥의

---

9) ●Goffman, Erving. 1963. *Stigma: Notes on the Management of Spoiled Identity*. Englewood Cliffs, NJ: Prentice-Hall. ●Goffman, Erving. 2022. *Stigma: Notes on the Management of Spoiled Identity*. London: Penguin Books.

　　어빙 고프만(Erving Goffman, 1922-1982)은 캐나다 태생의 사회학자이자 사회심리학자이며, 미국 UC버클리대학교(University of California, Berkeley) 의 사회학 교수와 펜실베니아대학교(University of Pennsylvania)의 사회학 및 인류학 교수를 역임하면서 사회과학은 물론 인문학 분야에서도 영향력 있 는 저서들을 집필하였습니다. 특히 사회학 이론 중 '상징적 상호작용(symbolic interaction)'의 연구에 기여하였고, '연극론적 분석(dramaturgical analysis: Dramaturgy)'의 개념화와 방법론을 이끌었습니다. 그의 주요 저서로는, 『The Presentation of Self in Everyday Life』(1956), 『Asylums: Essays on the Social Situation of Mental Patients and Other Inmates』(1961), 『Encounters: Two Studies in the Sociology of Interaction-Fun in Games & Role Distance 』(1961), 『Behavior in Public Places: Notes on the Social Organization of Gatherings』(1963), 『Stigma: Notes on the Management of Spoiled Identity』 (1963), 『Strategic Interaction』(1969), 『Frame analysis: An essay on the organization of experience』(1974), 『Forms of Talk』(1981) 등이 있습니다.

원인이 된 잔악한 열정(passion), 약물 및 알코올 중독 및 자살시도와 관
련된 경직된 믿음들, 급진적 정치활동과 관련된 부정직(dishonesty) 등과
같은 인간성격(character)의 흠결들(blemishes)도 스티그마에 해당된다고
합니다. 세 번째는, 인종(race), 계급(class), 종교(religion), 나라(nation) 등
과 관련된 스티그마로 이는 가계를 통해 계속해서 전달되고 전체 일원에
게 동시에 악영향을 미친다고 하였습니다. 인간역사의 가장 저급한 저점
(low point)이었던 나치(Nazi)의 홀로코스트(Holocaust)와 유럽제국의 아프
리카 식민지 쟁탈전은 특정 인종, 집단 및 나라가 우수하다는 이념
(supremacist)과 동시에 그 상대는 열등하고 미개하다는 잘못된 스티그마
의 확산에서 발생한 것이며, 그것은 인간의 자존감 말살(humiliation)을 의
미합니다.

　인간사회와 정부는 무엇인가의 '범주화(categorization)'를 시도합니다.
이것이 모든 문제의 시작점입니다. 특히, 사람의 '범주(category)'를 만든다
는 것은 범주 내의 개인유형이 마땅히 가져야 하고, 해야 하는 어떤 '속성
들(attributes)'을 규정한다는 것을 말합니다. 그리고 그 속성들에 일치하는
사람들이 있습니다. 그런데 그들에 의해 바람직한 것으로 '기대되는
(anticipated)' 속성들과 다른 속성들을 가진 사람들이 존재합니다. 특정 범
주에 속하는 사람들은 자신들과 차이가 나는 속성들을 부정적인(negative)
것이고 약한(weak) 것으로 규정합니다.

　고프만은 어떠한 범주(category)의 속성들(attributes)에 부합되는 것들을
소유한 사람들을 '정상인들(The Normals)'이라 부릅니다. 그리고 그 "정상
인들이 기대하는 바람직한 것들로부터 벗어난 '다름(differentness)' 자체가
스티그마(stigma)"라고 하였습니다. 그리고 정상인들은 그러한 스티그마를

가진 개인은 전적으로 인간(human)이 아니라고 믿으며, 그러한 가정하에 다양한 차별(discrimination)을 행사하고, 심지어는 생명의 기회(life chance)까지도 상실시킨다고 하였습니다. 나아가 정상인들은 스티그마의 이론을 펼치기도 하는데, 스티그마의 속성을 가진 사람들은 다양한 범위의 '불완전성(imperfection)'을 가진 존재로 그들은 열등(inferiority)하며 그들이 표현하는 것은 위험(danger)하다고 설명하면서, 그 차이에 근거하여 정상인들의 적개심과 증오심(animosity)을 합리화하여(rationalizing) 하나의 '이데올로기(ideology)'를 구성한다고 하였습니다(Goffman, 2022: 4-5).[10]

대표적인 미국의 사회학자인 피터 버거(Peter L. Berger, 1929-2017)도 1963년에 쓴 책『Invitation to Sociology: A Humanistic Perspective』[사회학에의 초대: 인본주의적 관점]에서,[11] '스디그마(닉인)'의 존재에 대

---

10) Goffman, Erving. 2022. *Stigma: Notes on the Management of Spoiled Identity*. London: Penguin Books, 4-5.

11) Berger, Peter L. 1963. *Invitation to Sociology: A Humanistic Perspective*. New York: Anchor Books.
    오스트리아계 미국 사회학자인 피터 버거(Peter Ludwig Burger, 1929-2017) 교수는 1963년에 쓴 책『Invitation to Sociology: A Humanistic Perspective』[사회학에의 초대: 인본주의적 관점]에서, 스티그마, 자기기만, 제도 등 사회적이고 정치행정적인 요소들에 대한 명쾌한 이론적 전개는 물론 철학적 사고와의 근본적 연계로 독자로 하여금 이해의 확장과 깊이 있는 사고를 이끌어 냅니다. 특히, 4장의 '사회 속의 인간(Man in Society)', 5장의 '인간 속의 사회(Society in Man)', 그리고 6장의 '드라마로서의 사회(Society as Drama)'로 이어지는 3개의 장들은 인간의 자유, 제도의 구속 등 인간과 사회에 관한 근본적 이슈들에 논의를 명쾌하게 전개하고 있습니다. 이 책은 일반적인 사회학개론서와는 차원이 다른 사회학 기본서의 중의 으뜸이며, 사회학을 넘어, 행정학, 정책학, 정치경제학, 통계학, 철학 등 모든 사회과학 분야의 교과서이기도 합니다.
    그는 지식사회학(Sociology of Knowledge)과 종교사회학(Sociology of Religion) 분야의 탁월한 연구자이며, 사회학의 이론적 발달에 핵심적 기여를 한 분으로 알려져 있습니다. 오스트리아에서 태어나 9살 때인 1938년 독일 나치(Nazi)의 점령을 피해 팔레스타인을 거쳐 미국으로 이주하였으며, 1981년부

해 논거하고 있습니다. 그는 사회제도가 언젠가 미리 정해놓은 '정상 상
태(normality)'라는 기준이 있으며, 그러한 정상의 범위에 속하지 못해 제
도로부터 일탈자(deviant individual)로 낙인찍히고(stigmatized) 고정관념
화된(stereotyped) 사람들은 여전히 실직(unemployment)과 사회적 결속
(social tie)의 상실이라는 위협 속에 존재하게 된다고 하였습니다. 그리고
그러한 정상 울타리(pale) 안으로 선택되어 지금은 잠시 안심하고 있는
사람들조차도 언제든지 그 울타리 바깥으로 '퇴출'될지도 모르는 대상으
로 낙인찍히게 된다고 하였습니다.

저는 그 '정상(正常; normality)'이라는 기준은 자유적 생명체인 나의 의
지와는 상관없이 존재하고 있는 것으로 판단하고 있으며, 설정된 기준 및
표준에 맞추어 그 정상범위 안에 들어가야만 생존할 수 있다는 논거를 바
탕으로 끊임없이 채찍질하여 나를 정상 상태의 존재로 재정의하게 몰아
세웠던 공교육이라는 실체를 확인하게 됩니다. 그런데 그러한 정상 기준
과 표준을 충족하지 못한 일탈자들은 항상 있기 마련이고, 그 기준이 무
엇이냐에 따라 우리 모두는 일탈자로 낙인찍힐 수 있습니다.

이태리 피렌체(Florence)에는 미술 박물관인 '갤러리아 델 아카데미아
(Galleria dell' Accademia)'가 있습니다. 이곳이 유명한 이유 중 하나는 미
켈란젤로(Michelangelo)가 1501-1504년 동안 매끄러운 대리석으로 만든
5.17미터 높이의 미소년 조각상(statue) 때문입니다. 이탈리안 르네상스

터는 약 20년 동안 보스턴대학교(Boston University)에서 사회학 및 종교학
교수로 재직하였고, 대학교 내에 창립한 '문화, 종교, 국제문제에 관한 연구소
(Institute on Culture, Religion and World Affairs: CURA)'의 소장으로서
80세의 나이 때까지 사회학의 이론적 발달과 공공문제 해결을 위한 연구를 끊
임없이 지속하셨습니다. 피터 버거 교수에 대해서는 뒤 <10강>에서 다시 만
나보게 됩니다.

시대(Italian Renaissance, 15-16세기)를 대표하는 그 예술조각은 바로 한 해 150만 명 이상이 쳐다보는 '다비드(David)'상입니다. 그러나 관람자들은 그 다비드상이 바로 자기 자신일 수도 있다는 것을 모릅니다. 미켈란젤로는 왜 거인 '골리앗(Goliath)'보다 더 커다란 크기로 다비드상을 만들었을까요? 그리고 미소년 다비드가 우리에게 전달해주는 인사이트(insight)의 크기는 그 조각상의 크기보다 훨씬 큽니다. 소년 다비드는 자신 앞에 존재하여 규율해왔던 전통적인 질서(conventional order)와 방법(methods)을 전혀 바꿀 수 없는 '주어진 것(given)'으로 간주하지 않았으며, 그것들을 '당연한 것(taken-for-granted)'으로 받아들이지 않았습니다. 그것이 바로 거인을 무너뜨린 무기입니다.

그런데 여기서 다비드-골리앗의 에피소드는 오랜 역사적 과정에서 계속되고 있는 팔레스타인(Palestine)[12]의 불확실성(uncertainty)과 불안정(instability)을

---

12) Roberts, J. M. 1996. *A History of Europe*. Milton, UK: Helicon Publishing.
   팔레스타인(Palestine)의 역사는 유대인과 아랍인들 간의 관계에 시작되었고, 영국의 제국주의와 미국 자본주의의 개입으로 복잡한 노정이 지속되고 있습니다. 팔레스타인은 펠리시테인(Philistine)이라 불렸던 그리스계 해양민족으로 기원전(B.C.) 12세기경의 철기시대(Iron Age)에 가나안(Canaan) 지역의 남부해안에 살았던 사람들입니다. 그런데 이 가나안 지역에 대해 유대민족은 구약성서(창세기 12: 1-10)에서 하느님이 아브라함(Abraham)과 야곱(Jacob)의 자손인 이스라엘(또는 히브리) 민족에게 주겠다고 '약속한 땅(Promised Land of the Israelites)'이라는 종교적이고 민족적 신념을 가지고 있었으며, 그 시기에 사울(Saul)에 의해 '이스라엘연합왕국(The United Kingdom of Israel 또는 United Monarchy)'이 건설됩니다.
   1988년에 이르러 독립을 선언한 팔레스타인 국가(State of Palestine)는 PLO (Palestine Liberation Organization)에 의해 통치되었는데, 특히 PLO는 1967년 3차 '아랍-이스라엘 전쟁(Arab-Israeli War)' 때 이스라엘이 점령하고 있는 서안지구(West Bank)와 가자지구(Gaza Strip)가 포함되어 있는 레반트(Levant) 지역(*그리스와 이집트 사이의 동지중해 연안 지역)을 영토로 주장하였습니다. 그런데 1993-1995년에 이루어진 1,2차 오슬로 협정들(Oslo Accords)이 그 두 지역을 더욱 복잡하게 만듭니다. 서안지구(West Bank)를

볼 때 다르게 보여질 수도 있을 겁니다. 역사적으로 팔레스타인에 민족주의 기반의 국가(national state)를 설립하려는 유대인(Jewish)의 움직임이 있었습니다. 이 움직임의 촉매는 유럽에 있었는데, 그것은 1917년에 팔레스타인에 '유대민족의 고향' 설립을 지지한 영국 제국주의의 밸푸어 선언(Balfour Declaration)과 1933년에 민주주의 독일을 무너뜨린 나치(Nazi) 혁명이었습니다.[13] 그 뒤 영국의 정책은 갑자기 변화되었는데, 1945년에

분할하여 이 중 165곳은 팔레스타인 거주지(Palestinian enclave)로, 나머지 200곳은 이스라엘 정착촌(Israeli settlement)으로 각각이 통치하는 것으로 결정되었기 때문입니다. 그리고 가자지구(Gaza Strip)는 이슬람군사조직인 하마스(Hamas)가 통치해오고 있으며, 2007년 이후 이집트와 이스라엘에 의해 봉쇄되고 있습니다. 2012년에 유엔총회(UN General Assembly: UNGA)는 팔레스타인 국가를 '옵저버 국가(observer state)' 자격을 부여하였고, 2019년에 팔레스타인 국가는 193개의 유엔 멤버국가 중 138번째 멤버로 가입되었습니다.

13) Roberts, John Morris. 1996. *A History of Europe*. Milton, UK: Helicon Publishing, 519-520.

1차 세계대전(1914-1918) 중이었던 1917년 11월 2일 영국(United Kingdom)의 수상을 역임하였고 당시 외무장관이었던 아더 밸푸어(Arthur Balfour, 1848-1930)가 유대계 금융대부호인 로스차일드 가문(Rothschild family)이자 영국 내 유대인공동체의 시오니즘(Zionism) 리더였던 월터 로스차일드(Walter Rothschild)에게 편지를 보냅니다. 그 편지의 내용은 당시 오스만제국(Ottoman Empire, 1299-1922)의 일부 지역이었던 팔레스타인(Palestine)에 "유대 민족을 위한 고향(a national home for the Jewish people)"을 설립하는 것을 지지한다는 것이었고 이를 언론에 발표합니다. 그런데 당시 그 지역에 살고 있던 아랍인(Arab)은 60만 명이었고, 유대인은 8만 명이었습니다. 이미 아랍민족은 이러한 유대인의 숫자에 대해서 위협적인 것으로 느끼고 있었습니다. 그런데 아돌프 히틀러(Adolf Hitler, 1889-1945)는 이러한 영국의 조치를 반대하고, 대신에 나치(Nazi)의 홀로코스트(Holocaust)(*인간 역사의 가장 최악의 저급한 사건으로, 1941-1945년 동안 1천1백만 명 이상의 사람들을 몰살하였고, 그중 6백만 명 이상이 유대인이라는 이유로 조직적으로 학살됨)를 실행하는 정책을 선언하였는데, 바로 이것으로 인해 팔레스타인으로 향하는 유대인의 수는 더욱 급격이 증가하기 시작합니다.

1차 세계대전 이후 패전국 오스만제국(Ottoman Empire)이 점령하고 있던 팔레스타인 지역에 대해 영국은 위임통치권을 획득하게 되었는데, 2차 세계대전 이후 팔레스타인 지역에 대한 영국의 제국주의적 정책들은 더욱 복잡한 상황들

결성된 '아랍연맹(Arab League)'의 형성에 대해 영국은 자비로운 시각을 드러냈습니다. 그 결과는 팔레스타인에서 유대와 아랍 양쪽의 테러리즘이었으며, 6차례에 걸친 '아랍-이스라엘 전쟁(Arab-Israeli War)'[14]이었습니다. 특히, 1948-1949년에 치러진 1차 전쟁은 '다비드의 골리앗 일격'의 역사적 반복이었습니다. 이집트-요르단-이라크의 거대 아랍은 팔레스타인의 유대민족을 공격하였고, 이스라엘 정부는 예루살렘(Jerusalem)에 진격하여 새로운 민족국가의 독립을 선언합니다. 그리고 1967년 6일간 발발한 3차 전쟁에서 팔레스타인 국가(State of Palestine)의 영토로 주장되던 서안지구(West Bank)와 가자지구(Gaza Strip)를 이스라엘이 점령합니다. 홀로코스트의 비극과 이주의 고난이 있던 수 세기 동안 유대인은 희생자임이 분명합니다. 그러나 팔레스타인의 아랍인들이 유대민족에 대한 다른 시각을 가지고 있는 것도 현실입니다. 2023년 10월에 발생한 하마스(Hamas)와 이스라엘 간 전쟁은 반복을 원치 않았던 그 역사적 혼돈과 불행의 재현입니

을 유발시키게 됩니다. 갑자기 팔레스타인으로 유대인 이주를 금지하는 정책을 펼쳤다가 유대인들의 반발을 샀으며, 그 뒤 팔레스타인을 분할(partitioning)하려는 정책도 아랍인들에게 거절당합니다. 그러는 과정 중에 세계시온주의의회 (World Zionist Congress)는 1백만 명의 유대인을 한꺼번에 팔레스타인에 이주시킬 것을 허용하라고 요구하기도 하였습니다. 그런데 이전에 유대인의 고향을 지지했던 영국의 정책은 또다시 갑자기 변화되었습니다. 영국은 1945년에 결성된 '아랍연맹(Arab League)(이집트, 시리아, 레바논, 이라크, 사우디아라비아, 예멘, 요르단)'의 형성을 용인하였고, 이로 인해 팔레스타인에서 유대와 아랍 양쪽의 테러리즘과 전쟁이 지속됩니다. 그러던 혼란 속에 미국의 33대 대통령인 해리 투루만(Harry Truman, 1884-1972) 행정부(1945-1953)는 '친시오니스트(pro-Zionist)' 정책을 지향하여 영국과 갈등을 겪은 후, 1948년 '이스라엘 국가(State of Israel)'가 선포됩니다.

14) Encyclopædia Britannica. 2018. *Arab—Israeli Wars*. Palala Press. <https://www.britannica.com/event/Arab-Israeli-wars> Retrieved 8 August 2023. '아랍-이스라엘 전쟁(Arab-Israeli war)'은 1차(1948-1949: Israel's War of Independence), 2차(1956: Suez Canal Crisis), 3차(1967: Six-Day War), 4차(1973: Yom Kippur War), 5차(1982: Lebanon War), 6차(2006: Second Lebanon War)에 걸쳐 발발하였습니다.

다. '다비드'는 절대적인 고정된 역사적 유물이 아닙니다. 그것은 인간의 제도와 역사가 낳은 상대적인 '약자(underdog)'의 상징체입니다.

여기서 다비드-골리앗의 관계에 대한 다른 시각과 관련하여 영국의 저명한 역사가인 J. M. 로버츠(John Morris Roberts)가 그의 역사서인 『A History of Europe』[유럽의 역사](1996)에서[15] 언급한 역사에 대한 사고를 제가 잠시 정리하여 소개해 봅니다. "이전에 좋은 것(good)으로 생각되던 많은 것은 사실상 나쁜 것(bad)으로 나타난다. '양심(conscience)'이란 근본적으로 선한 힘(good force)으로, 그것이야말로 의식적으로 갖게 된 사악함(wickedness)과 악마적 충동(evil impulse)을 규제하고 점검할 수 있기 때문이다. 그러나 이러한 양심의 소멸이 역사의 도처에 있다. 정치적으로는 이성이 결여된 '비합리주의(irrationalism)'와 민족주의(nationalism) 같은 구식의 것들이 더욱 폭력적인(violent) 언명들로 등장한다. 20세기 이래 인간의 존재들에게서 '관용(tolerance)'과 '민주주의(democracy)' 그리고 예전의 진정한 '자유(freedom)'에 대한 열정과 흥분(excitement)을 거의 찾아볼 수 없다(Roberts, 1996: 468)."

---

15) Roberts, John Morris. 1996. *A History of Europe*. Milton, UK: Helicon Publishing.
　'J. M. Roberts'로 알려진 존 모리스 로버츠(John Morris Roberts, 1928-2003)는 영국의 옥스퍼드대학교(University of Oxford)에서 학부, 석사와 박사학위 모두를 역사학으로 취득한 세계적인 역사학자입니다. 그는 70대 중반에 죽을 때까지 다음과 같은 세계에 대한 역사와 특히 유럽의 역사와 관련된 의미 있는 역사책들을 저술합니다: 『French Revolution Documents Volume I』(1966); 『Europe: 1880-1945』(1967); 『The Mythology of the Secret Societies』(1972); 『The Paris Commune form the Right』(1973); 『History of the World』(1976); 『The Triumph of the West』(1985); 『Shorter Illustrated History of the World』(1993); 『The Age of Revolution』(2002); 『The New History of the World』(2003).

자본주의가 생산한 물질적 자원을 커다랗게 가진 자들은 기존 가치와 기존 관념을 버리지 못하는 경향이 있습니다. 영국출신 캐나다 저널리스트 및 작가인 말콤 글래드웰(Malcom Timothy Gladwell)은 그의 저서 『David and Goliath: Underdogs, Misfits, and the Art of Battling Giants』[다비드와 골리앗: 약자들, 낙오자들, 그리고 거인들에 맞서 싸우는 기술](2013)에서,16) 오랜 기간 동안 사람들은 엘리트 제도들(elite institutions)이 가지고 있는 위세(prestige), 권위(authority), 자원(resources), 소유물(belongings)을 어떻게 하면 자신에게 더 이익이 되고 유리하게 하는 방식만을 생각하고 고안해왔다고 말합니다. 그들은 이러한 물질적 이익 및 이점들(material advantages)의 확대와 소유에 인생 전체를 받치게 됨으로써, 또 다른 중요한 선택들(options)의 가능성을 자신들 스스로가 제한하고 파괴하고 있다

16) Gladwell, Malcom Timothy. 2013. *David and Goliath: Underdogs, Misfits, and the Art of Battling Giants*. Boston: Little, Brown and Company.

말콤 글래드웰(Malcom Timothy Gladwell, 1963-현재)은 영국 남부의 패어럼(Fareham) 마을 출생으로 캐나다 국적의 저널리스트이자 작가입니다. 워싱턴포스트(The Washington Post)의 기자를 거쳐, 1996년 이래로 뉴요커(The New Yorker)의 정식 집필가로 활동하면서 여러 의미 있는 책들을 쓰고 있습니다. 그는 2013년에 출간한 『David and Goliath: Underdogs, Misfits, and the Art of Battling Giants』[다비드와 골리앗: 약자들, 낙오자들 그리고 거인들에 맞서 싸우는 기술]에서, 히브루성서(Hebrew Bible) 및 구약성경/성서(Old Testament)의 사무엘기(Book of Samuel)의 기록을 근거로, 팔레스타인(Palestine)인 당시 '펠리시테인(Philistine)'의 거인 전사였던 '골리앗(Goliath)'이 훗날에 '이스라엘연합왕국(The United Kingdom of Israel 또는 United Monarchy)'[*철기시대(Iron Age: B.C. 12세기경)에 존속한 나라]의 3번째 왕이 되는 어린 양치기인 '다비드(David)'가 휘둘러 던진 돌에 맞아 죽게 되는 일화를 소개합니다. 이러한 다비드(David)의 사례를 포함하여 우리 사회의 '약자(underdog)'로서 존재하고 있던 사람들의 흥미로운 반전 이야기를 10가지 사례를 통해 전개합니다. 그것들의 공통점은 한 사람의 결과(outcome) 발생이 그 상대방(즉, underdog)에 비해 상당히 우호적인 상황 속에서, '일어날 가능성이 없는(improbable)' 사건들이 실제로 발생하게 된다는 것이며, 그러한 개연성에 대한 명쾌한 논리가 전개되고 있습니다.

는 것을 모릅니다. 인생의 본질적인 것을 찾아보려고 하지 않는 사람들은 도전적인 경제적 삶에 의해 폐허가 되어가며, 그들이 소유한 부(wealth)의 양(즉, 부의 크기)에 의해서 결국 몰락하게 됩니다. 그 이유는 사람들은 부와 물질 그리고 그 잘난 브랜드아파트 이외에는 실제 다른 야망이 없으며(아마도 야망은 상실되었으며), 궁극적으로 인간으로서의 가치를 상실하게 되기 때문입니다.

국가는 부유한 아파트 주민들이 그 단지 구석에 가난한 소수계층을 위한 영구임대주택을 건설하지 못하게 하는 식의 주거차별 행위를 법적으로 무효화(outlaw)하거나 제도적으로는 금지하고는 있습니다. 그러나 브랜드아파트 소유자와 부동산업자들은 그런 소수계층들이 고급스러운 아파트에 접하여 거주하는 것을 반대하거나 피하려고 합니다. 이는 바로 스티그마, 즉 낙인과 동시에 퇴출을 부여하는 행태에 해당합니다. 그러한 스티그마는 새롭거나 획기적인 정책적이고 제도적인 물리적 틀에 의해서 절대로 없앨 수 없으며, 하나의 의식적이고 동시에 무의식적인 실체로 그곳에 존재하고 있습니다.

선거철이 다가오면 재래시장을 방문한 정치인들이 상인들의 손을 잡으면서 이러한 낙인찍기의 폐해를 자신이야말로 반드시 없앨 것이라고 선언하곤 합니다. 일요일 날 깔끔이 차려입고 간 교회에서 낙인찍기의 도덕적 거부야말로 천상으로 들어가는 열쇠라는 말씀을 듣습니다. 저는 학생들에게 낙인찍기에 대한 제도적 해결이 여전히 새로운 정부의 근본 목표가 되어야 한다고 목소리만 높입니다. 사상, 가치, 이념 그리고 종교 등 정신적 테두리 내에서는 이러한 '낙인찍기'야말로 버려야 할 인간의 근본 자세라고 논의의 날개를 높이 펼칩니다. 그러나 그러한 기도와 시도는 실천적인 땅까지는 전혀 내려오지 않습니다.

필요(necessity)에 의해서 사회와 국가는 사람들을 범주화(categorization)를 시도합니다. 그러나 그 필요가 사익(private interest)과 사악(vice)을 위한 것이라면 그 결과는 '정상인들(The Normals)'과 '낙인찍힌 사람들(The Stigmatized)'의 범주화가 됩니다. 사익에 기반한 범주화는 권력, 계급, 자산의 높은 위치에서 정치적-사회적-재정적으로 결속된 팀들을 만들어내고 자신들에게 특별한 표식인 '정상(normality)'을 부여합니다. 사악한 필요성에 의한 범주화는 사적 영역에서는 물론 공공정책의 영역에서 자의적으로 그리고 전문성도 없이 시도됩니다. 유례가 없는 나치(Nazi)의 홀로코스트(Holocaust)는 사악한 필요에 의해 의도된 그리고 비전문적인 범주화였습니다. 미래는 과학과 슈퍼지능을 통해 완전한 범주화를 가능하게 할 수 있을까요? 만약에 가능하다 해도 그러한 범주화를 왜 해야 하는 것인지를 국가는 공공정책의 설계 이전에 고민을 해야 합니다. 그리고 범주(category)라는 용어자체가 완벽하게 '불완전(imperfection)'한 것이며, '추상(abstraction)'을 내포하고 있는 것임을 인지해야 할 것입니다.

사회공동체의 특정 구성원으로부터 우리가 왜 어떠어떠한 존재로 '낙인'찍히게 되고, 국가와 사회가 그려 둔 제도적 경계선으로부터 우리는 왜 '퇴출(eviction)'되고 '거절(rejection)'되는 것인지에 대한 해결책을 그 누구도 제시하지 못하는 상황 속에서, 제가 그러한 주제로 글을 쓰던 중에 만난 글래드웰(Gladwell)은 『뉴요커(The New Yorker)』의 주필(主筆; chief editor)이자 '뉴욕타임즈 베스트셀러' 작가가 되기 이전에 실제 여러 광고회사들로부터 퇴출된 경험을 가지고 있었습니다. 그의 작품 여러 곳에 남긴 내용을 잠시 정리해봅니다.

주(主)께서 제게 말씀하셨습니다.

"그의 높은 외모를 올려다보지 말라.

죽음을 면할 수 없는 존재들은

마음(heart)이 아니라 겉모습을 본다.

나는 그러한 존재들을 거절한다.

어떤 사람들은 부자인체 자랑하지만,

사실 아무것도 가진 게 없다.

다른 어떤 이는 가난한 것으로 보이나,

사실 커다란 파워를 가지고 있다.

나는 전자(前者)를 거절하고 퇴출할 것이다.

너는 약함(weakness)과 모욕(insults)과 고난(hardships)과

박해(persecutions)와 어려움(difficulties) 속에서 기뻐할 것이다.

너가 약할 때에 비로소 너는 강하다.

그 이유는 너의 파워는 약함 속에서 완전하게 되기 때문이다."

- (1 Samuel 16; Book of Proverbs 13: 7; 2 Corinthians 12: 7-10)[17] -

---

17) ●1 Samuel 16.; Book of Proverbs 13: 7.; 2 Corinthians 12: 7-10. In Biblica. 2011. *The Holy Bible, New International Version*. Grand Rapids, MI: Zondervan. ●Nelson, Thomas. 2014. *The Holy Bible, New King James Version*. Nashville, Tennessee: Thomas Nelson Bibles.

'사무엘기(Book of Samuel)' 상권과 하권은 구약성경/성서(Old Testament)의 일부로서, 예언자 사무엘의 일생에서 일어난 일들과 '이스라엘연합왕국(The United Kingdom of Israel 또는 United Monarchy)'의 성립과 관련된 내용을 다루고 있습니다. 역시 구약성경/성서에 있는 'Book of Proverbs'는 총 31장에 달하는 잠언(箴言) 또는 '솔로몬의 잠언'을 말하는데, 삶의 다양한 가치 중 어떠한 것이 옳은 삶의 행동이고 방식인지에 대한 가르침을 기록하고 있습니다. 그리고 'Corinthians'은 신약성경/성서(New Testament)의 일부로서, 사도 바울로(Paul the Apostle 또는 Saint Paul)가 코린토(또는 고린도) 신자들에게 보낸 편지를 말하는데, 천주교에서는 코린토 1서와 2서로 부르고, 개신교에서는 고린도 전서(총 16장)와 후서(총 13장)로 부릅니다. 그리고 위 본문에서 한글로 전개한 내용을 영어로 다음처럼 소개합니다.

The Lord said to me, "Do not look on his appearance or on the height of his stature. Mortals look on the outward appearance, but I look on the heart. I reject them. Some pretend to be rich, yet have nothing; others pretend to be poor, yet have great power. I will reject the former. You delight in weakness, in insults, in hardships, in persecutions, and in difficulties. When you are weak, then you are strong. Because your power is made perfect in weakness!" (from 1 Samuel 16; Proverbs 13: 7; 2 Corinthians 12: 7-10.)

3강과 관련된 글을 더 읽어보기
(FOR FURTHER READING)

1970년대 한국 사회가 보여 준 도시민의 삶에 대한 회고적 고민과 관련된 조세희의 주요 단편 12개('난쏘공' 포함)가 ●조세희. 1978. *난장이가 쏘아올린 작은 공*. 서울: 문학과지성사.에 실려 있습니다.

허버트 간스(Herbert J. Gans) 콜롬비아대학교 사회학 교수는 도시계획 (urban planning), 빈곤퇴치(antipoverty) 등의 공공정책을 연구하는 학자이자 옹호자입니다. 그는 연구논문인 ●Gans, Herbert J. 1972. "The Positive Functions of Poverty." *The American Journal of Sociology* 78(2): 275-289.에서 가난자체는 물론 가난한 사람들의 존재로부터 부유한 계급들이 이익을 보고 있는 행태 및 그 이유에 대한 분석적 논거 및 증거를 제시하고 있습니다. 한편, ●Gans, Herbert J. 1968. *People and Plans: Essays on Urban Problems and Solutions*. New York: Basic Books.와 ●Gans, Herbert J. 1994. *People, Plans, and Policies: Essays on Poverty, Racism, and Other National Urban Problems*. New York: Columbia University Press.의 2가지 에세이 저서들에서는 주요한 사회개혁의 수단으로 공간적 계획(spatial planning) 및 사회 정책의 잘못에 대한 지속적 비평을 전개하고 있습니다.

말콤 글래드웰(Malcom Timothy Gladwell)의 의미 있는 작품들로는 ● *The Bomber Mafia: A Dream, A Temptation, and The Longest Night of The Second World War* (2021); ● *Talking To Strangers: What We Should Know about the People We Don't Know* (2019); ● *What the Dog Saw: And Other Adventures* (2009); ● *Outliers: The Story of*

Success (2008); ●*Blink: The Power of Thinking Without Thinking* (2005); ●*The Tipping Point: How Little Things Can Make a Big Difference* (2000)가 있습니다.

어빙 고프만(Erving Goffman)의 작품인 ●Goffman, Erving. 1956. *The Presentation of Self in Everyday Life*. New York: Doubleday.는 20세기의 가장 중요한 사회학 저서 10권 중 하나로 국제사회학회에 의해 선정되었습니다. 그는 이 책에서 인간행동에 대한 깊은 연구를 통해, 매일 매일의 일상생활 속에서 얼굴을 보고 만나게 되는 '대면적 상호작용(face-to-face interaction)'이 우리 자아가 갖는 인간속성(humanities)의 거의 모든 국면에 영향을 미치게 된다는 것을 전개합니다. 그리고 인간은 연극무대에 서는 배우처럼 공연의 성과(performance)로서 몸가짐과 말투 같은 행동방식(manner)과 옷차림과 같은 겉모습(appearance)을 사회의 관객에게 제공하는 역할을 하게 되고 나아가 이러한 공연성과를 위해 공통의 약속으로 결합된 '팀(team)'을 형성하게 된다고 하였습니다. 그는 이러한 논의의 틀을 확장하여 더욱 특정한 맥락으로 끌고 가고 있는데, 먼저, ●Goffman, Erving. 1961. *Asylums: Essays on the Social Situation of Mental Patients and Other Inmates*. New York: Doubleday.에서는, 경험적 조사를 바탕으로 한 4개의 에세이로 구성되어 있는데, 그곳에 속한 개인은 없고 제도만이 있는, 즉 '절대적 제도(total institution)'들인 감옥, 군대, 기숙학교, 수도원, 요양원, 정신병원 내에서의 사회적 조건들과 인간존재의 국면들의 놀라운 점들을 세부적으로 전개하고 있으며, 다음으로는 본 <3강>에서 언급한 ●Goffman, Erving. 1963. *Stigma: Notes on the Management of Spoiled Identity*. Englewood Cliffs, NJ: Prentice-Hall.에서 스티그마를 통한 사회적 거절의 행태와 원인에 대한 상세한 분석을 보여주고 있습니다.

4강

"이놈아 그만 해먹으라!":

김시습〔金時習〕과 공공성〔publicness〕

4강

"이놈아 그만 해먹으라!":
김시습(金時習)과 공공성(publicness)

"조삼모사(朝三暮四)의 속임수가 가득한 세상이 극치에 달해 흘러가는
구나 … (중략) … 논리와 이치에 맞지도 않는 쓸데없는 글들을 애써 읽
어 그것을 통해 남을 속이는 행위를 조장하고, 의미 없는 이야기를 좋아
하여 빈 소리나 해대는 것을 뽐내는구나. 그릇된 공부를 한 자들이 여
러 조정에 걸쳐 가득 넘치는 것을 보니 진저리가 난다."

- 김시습(金時習), 『화종릉산거시이십사수(和鐘陵山居詩二十四首)』(1485)
제22수 중에서1) -

---

1) 이산해(李山海). 1583. 매월당집(梅月堂集) 권13 관동일록(關東日錄).
「화종릉산거사이십사수」란 1485년에 김시습(金時習, 1435-1493)이 중국 당
나라의 승려인 관휴(貫休, 831-912)가 지은 「종릉산거(鐘陵山居)」라는 시 24
수에 답하여('和') 지은 24수의 시를 말합니다. 그중 22번째 시의 일부를 인용
한 것을 소개하였으며, 인용한 한시 원문은 다음과 같습니다.
朝三天下儘滔滔 (조삼천하진도도)
… (중략) …
務讀不經操行詭 (무독불경조행궤)
好談無實發言高 (호담무실발언고)
厭看誤學盈朝列 (염간오학영조열)

1.

이 외침은 1481년(성종 12년) 어느 날 40대 중반의 김시습(金時習, 1435-
1493)2)이 광화문 앞에서 마주친 80세가 다 된 영의정(領議政) 정창손(鄭昌
孫, 1402-1487)에게 던진 말입니다. 정창손은 1455년 세조가 왕위를 찬탈
한 해에 공신이 되었고, 이후 세 차례나 더 공신의 자리에 올랐으며, 1475
년과 1485년에 두 번이나 영의정에 임명되었던 당대 최고의 공직자입니

---

2) ●이자(李耔). 1521. *매월당집서(梅月堂集序)*. ●이율곡(李栗谷). 1582. "김시
   습전(金時習傳)." *율곡집(栗谷集)* 권(卷) 14-16. ●심경호. 2000. *매월당 김시
   습 금오신화*. 서울: 홍익출판사. ●심경호. 2003. 김시습 평전. 파주: 돌베개.
   ●한국학중앙연구원. 2022. *한국민족문화대백과사전*.
      김시습(金時習)[1435(세종 17년)-1493(성종 24년)]은 3살 때 외조부로부터
   글자를 익히고 한시를 지을 줄 알았던 신동으로, 세종대왕으로부터 '5세 동자'
   로 불릴 정도로 어릴 때부터 글재주가 뛰어났습니다. 그의 나이 21세 때인
   1455년 38세의 수양대군(首陽大君)이 왕위찬탈('계유정난(癸酉靖難)')을 한 것
   에 분개하여 머리를 깎고 세속을 떠나 '생육신'으로 일생을 살았으며, '갑작스런
   병(폭병, 暴病)'을 얻고 58세의 나이로 충남 부여의 홍산(鴻山) 무량사(無量寺)
   에서 생을 마감한 것으로 알려져 있습니다. 그 뒤 그는 단종이 복위된 1707년
   (숙종 33년)에 사헌부 집의(執議)에 추증되었고, 1782년(정조 6년)에는 이조판
   서에 추증되었습니다. 이러한 김시습의 생애는 『매월당집(梅月堂集)』의 '상류
   양양진정서(上柳襄陽陳情書)', 윤춘년(尹春年)의 전기(傳記), 이이(李珥)의 전
   기, 이자(李耔)의 서문(序文), 『장릉지(莊陵誌)』, 『해동명신록』, 『연려실기술』
   등에서 확인할 수 있습니다.
      특히, 과거시험에 9번이나 장원급제를 했던 조선의 대표적인 성리학자인 율
   곡 이이(李珥, 1536-1584)는 김시습에 대해 "백세의 스승으로 공자를 보려거
   든 그를 보라"라고 한 데 비해, 성리학의 대가로 알려진 퇴계 이황(李滉,
   1502-1571)은 김시습을 '색은행괴(索隱行怪: 궁벽한 이치를 캐고 행동이 괴이
   함)'하는 '이인(異人)'이라고 비판하였습니다.
      그런데 이인(異人)이란 용어는 알베르 카뮈(Albert Camus, 1913-1960)의 『The
   Outsider 또는 The Stranger』[이방인](1942)을 떠올리게 합니다. 두 용어의 개념
   과 속성에 있어서는 좀 차이가 있지만, 소설의 주인공 뫼르소(Meursault)가 표출
   한 기이한(odd) 형태 및 사고에 대해 주변인들이 그를 '이상한 자(stranger)'로 공
   식적 및 무의식적으로 취급했던 상황이 떠오릅니다.

다. 김시습은 사대부의 '시위소찬(尸位素餐)'을 일생 내내 경계하였는데, 시
위소찬이란 "직책을 제대로 하지도 못하면서 자리만 차지하고 국가의 '녹
(祿)'(즉, 국민의 세금)만을 받아먹는 행태"를 말합니다. 훗날 명종 때 우의
정-좌의정-영의정을 거치며 12년 동안 정승을 지낸 상진(尙震, 1493-1564)
은 김시습의 이 일화를 들어, 자질이 모자라는 자신이 매번 나라의 일을
맡게 되는 것은 백성으로부터 더 심한 비웃음을 살 것이라 반성하면서 일
곱 번이나 명종에게 벼슬을 사양하는 '사전(謝箋)'을 올립니다.[3]

여러분께 저는 특히 이자(李耔, 1480-1533)의 『매월당집서(梅月堂集序)』
(1521), 율곡(栗谷) 이이(李珥, 1536-1584)가 선조의 명을 받아 집필한『김시
습전(金時習傳)』(1582), 이산해(李山海, 1538-1609)의 『매월당집(梅月堂集)』
(1583), 그리고 한문학자이신 고려대학교 심경호 명예교수님의『김시습 평
전』(2003)에서,[4] 여전히 살아계신 김시습 선생님이 당대의 우리에게 남겨

---

3) ●국사편찬위원회. "명종대왕실록(明宗大王實錄)." 조선왕조실록. ●심경호. 2003.
   김시습 평전. 파주: 돌베개.
4) ●이자(李耔). 1521. 매월당집서(梅月堂集序). ●이율곡(李栗谷). 1582. "김시
   습전(金時習傳)." 율곡집(栗谷集) 권(卷) 14-16. ●심경호. 2003. 김시습 평전.
   파주: 돌베개. ●한국학중앙연구원. 2022. 한국민족문화대백과사전.
   조선 중종 때 도승지-대사헌-병조판서를 역임했던 이자(李耔, 1488-1533)
   는 1519년 '기묘사화(己卯士禍)'에 연루되어 귀양을 간 후인 1521년(중종 16
   년)에 10여 년간 모은 김시습의 시문을 모아『매월당집서(梅月堂集序)』를 발
   간합니다. 참고로, 이자(李耔)는 김시습이 5살 때 중용(中庸)과 대학(大學)을
   가르쳐 준 이계전(李季甸, 1404-1459)의 집안이며, 이계전은 1455년의 계유정
   난(癸酉靖難) 때 세조의 왕위찬탈을 도와 일등공신으로 녹훈(錄勳)되었으며,
   아이러니하게도 이계전은 사육신의 한 사람인 이개(李塏, 1417-1456)의 숙부
   이기도 합니다.
   그리고 기묘사화(己卯士禍)란, 1519년(중종 14년) 11월에 사림파 신진관료
   들이었던 30대의 조광조(趙光祖), 김정(金淨), 김식(金湜) 등이 훈구파 재상들
   인 남곤(南袞), 심정(沈貞), 홍경주(洪景舟) 등에 의해 권력에서 쫓겨난 사건을
   말합니다. 1506년(연산군 12년) 중종반정으로 연산군을 폐하고 왕위에 오른 중
   종이 연산군의 악정을 개혁하기 위해 조광조 등 신진사류를 등용하게 되고,

두신 '공공성(publicness)'에 관한 말씀을 나누고자 합니다. 김시습에 대해 여러분께서 아마도 알고 계신 것은 단종이 수양대군에게 왕위를 물려주고 죽임을 당한 후에, 세조의 조정에서 썩은 벼슬을 살지 않고 스스로 퇴출하였던 원호(元昊), 성담수(成聃壽), 이맹전(李孟專), 조려(趙旅), 남효온(南孝溫)과 함께 '생육신(生六臣)' 중 한 분이라는 것입니다.[5] 훈민정음 창제를 도왔던 성삼문(成三問), 박팽년(朴彭年), 이개(李塏), 하위지(河緯地), 유성원(柳誠源), 유응부(俞應孚) 등 여섯 신하가 1456년에 단종의 복위를 꾀하다가 발각되어 죽임을 당한 채 버려져 있던 그 시신들을 노량진에 몰래 묻어준 사람도 김시습이라 합니다.[6] 또한 다른 이들과 함께 김시습은 단종의 의관과 궤장(几杖: 임금이 70세 이상의 대신에게 하사했던 '앉아 몸을 기대는 방석'과 '지

1519년에 이들 사림파들이 중종반정공신 가운데 자격이 없는 사람들의 공신호를 박탈해야 한다고 주장하여 실제 공신의 4분의 3에 해당하는 76인의 공신호가 삭퇴되고 토지와 노비가 환수되는 조처가 있게 되는데, 이 사건을 '반정공신위훈삭제사건(反正功臣僞勳削除事件)'이라 합니다. 이로 인해 권력과 자산을 상실당한 훈구파 관료들 등에 의해서 조작된 상황으로 추정되는 사건이 발생하는데, 대궐 안의 나뭇잎에 꿀로 글자 4개를 써서 벌레가 파먹게 하였는데, 바로 "走肖爲王(주초위왕)"으로 여기서 "走肖"는 "趙"(조)의 두 글자에 해당하는 것으로 조광조가 공신들을 제거한 후에 임금이 되려한다는 역적 소문을 퍼뜨리게 되고, 이를 중종에게 보여줌으로써 기묘사화가 발생하게 됩니다.

5) ●한국학중앙연구원. 2022. *한국민족문화대백과사전*. ●심경호. 2003. *김시습 평전*. 파주: 돌베개.
　　1455년 수양대군(首陽大君, 세조)의 왕위찬탈, 즉 계유정난(癸酉靖難)으로 단종이 수양대군에게 손위(遜位: 왕위를 물려줌)하고 결국 죽임을 당한 후에, 세조의 조정에서 벼슬을 살지 않고 야인으로 살았던 원호(元昊, ?-?), 성담수(成聃壽, ?-1456), 이맹전(李孟專, 1392-1480), 조려(趙旅, 1420-1489), 남효온(南孝溫, 1454-1492), 그리고 김시습(金時習)의 절개를 칭송하여 후세 사람들이 그들을 '생육신(生六臣)'이라 부릅니다.
6) 한국학중앙연구원. 2022. *한국민족문화대백과사전*.
　　1455년 수양대군(首陽大君)의 왕위찬탈 직후인, 1456년 6월에 성삼문(成三問), 박팽년(朴彭年), 이개(李塏), 하위지(河緯地), 유성원(柳誠源), 유응부(俞應孚)의 여섯 신하가 단종의 복위를 꾀하다가 발각되어 죽임을 당하게 되는데, 이들을 '사육신(死六臣)'이라 합니다.

팡이')을 가져다가 사당에서 단종을 제사지내기도 하였다고 합니다.

두 살 때 김시습은 외할아버지가 꽃에 대한 시구를 읊으면 병풍에 그
려진 꽃을 가리켰고, 새와 관련된 시구를 들려주면 병풍에 그려진 새를
가리켰다고 합니다. 세종대왕은 70세의 정승 허조(許稠, 1369-1439)[7]를 5
세의 김시습에게 보냅니다. 허조는 늙은 자신을 위해 '노(老)'자를 넣어 시
구를 지워볼 것을 부탁하였고, 김시습은 "노목개화심불로(老木開花心不老)"
라고 읊었습니다. "늙은 나무에 꽃이 피니 마음은 늙지 않았네"라는 뜻입

---

7) 한국학중앙연구원. 2022. *한국민족문화대백과사전*.
　'정승(政丞)'이란 고려시대 후기의 정1품인 문하시중(門下侍中)과 조선시대
의정부(議政府)의 정1품인 영의정(領議政), 좌의정(左議政), 우의정(右議政) 등
을 말합니다. 의정부는 조선시대 최고의 심의의결기관으로, 삼정승(영의정, 좌
의정, 우의정)이 국가의 중요한 정사(政事)를 논의하여 합의한 후 그 내용을
왕에게 품달(稟達)하면, 왕은 결재를 통해 의정부로 내려보내고 그 왕명이 해
당 관서에 전달되었습니다. 의정부의 수장은 '영의정'으로 백관(百官: 전체 관
료)을 대표하고 서정(庶政: 국가 업무)을 총괄하는 최고위 벼슬로 오늘날의 수
상 및 총리에 해당하며, 세조 이전에는 '영의정부사'라 하였습니다. 다음의 좌
의정은 의정부의 육조(六曹) 중 이조·호조·예조를 관리·감독하였고, 우의정
은 병조·형조·공조를 담당하였습니다. 참고로, 육조(六曹)는 의정부의 지휘를
받아 실제 국정을 분담하여 실제 집행을 담당하였던 여섯 개의 중앙 관서로,
이조(吏曹), 호조(戶曹), 예조(禮曹), 병조(兵曹), 형조(刑曹), 공조(工曹)를 말
하며, 오늘날 중앙정부의 부처에 해당한다고 하겠는데, 각 조의 수장은 '판서'
(정2품: 현재의 장관)이며, 각 조마다 '참판'(종2품: 현재의 차관)과 '참의'(정3
품: 현재의 차관보)를 두어 판서를 보좌하게 하였습니다.
　허조(許稠, 1369-1439)는 세종대왕(1397-1450)의 재위기간(1418-1450)에
예조판서, 이조판서를 거쳐, 1438년 좌의정의 자리에 올랐으며, 좌의정-우의정
-영의정부사를 모든 거친 황희(黃喜, 1363-1452)와 함께 세종대왕을 보필하면
서 국정을 담당하였습니다. 좌의정 허조는 70세인 1439년 세종대왕의 명으로 5
세의 김시습을 찾아가 신동임을 확인하였으며, 그해 병을 얻어 12월에 세상을
떠났는데, 세종은 통곡하여 고기반찬을 거두고 3일간 조회를 중단하였다고 합
니다. '청백리(淸白吏: 청렴결백한 관리; government official of integrity)'로
알려진 허조는 항상 몸가짐을 검소하게 하였고, 남이 가져오는 것을 받지 않았
으며, 남의 과실을 말하지 않는 품성을 가진 것으로 전해집니다.

니다. 그때 이후 '오세동자'로 불렸던 김시습에 대해서 당시 사람들은 공자가 환생한 인물이라 하였고, "생이지지(生而知之)"한 사람, 즉 "나면서부터 알았던" 사람이라 일컬었습니다.

'시습(時習)'이라는 뜻은 논어(論語)[8]의 학이(學而)편에 나오는 "학이시습지, 불역역호(學而時習之, 不亦說乎)", 즉 "배우고 때때로 익히면, 기쁘지 아니한가"라는 어구에서 따와 당시 집현전 학사였던 최치운(崔致雲, 1390-1440)[9]이 지워준 이름이라 하였는데, 날 때부터 아시는 그 분도 죽을 때까지 시시때때로 공부하고 익히고 사셨건만, 대학교수가 된 필자는 지금까지 무엇인가를 제대로 알지도 못하고 있고, 여전히 게으름을 피우고 있으니, 100년도 제대로 건강하게 살지 못하는 유한한 생명체로서 한

---

8) 한국학중앙연구원. 2022. *한국민족문화대백과사전*.
  『논어(論語)』는 중국 춘추시대 노(魯)나라의 유학자였던 공자(孔子, 551-479 B.C.)와 그 제자들의 언행을 기록한 유교경전으로, 상론과 하론 모두 20편으로 구성되어 있고, 각 편의 머리 두 글자를 따서 편명으로 삼고 있습니다. 예를 들어, 제1편명인 '학이(學而)'는 '학이시습지불역열호(學而時習之不亦說乎)'에서 따왔습니다. 『논어』의 내용은 '배움'에서 시작해서 '하늘의 뜻을 아는 것(知命)'까지로 구성되어 있습니다.

9) ●한국학중앙연구원. 2022. *한국민족문화대백과사전*. ●심경호. 2003. *김시습평전*. 파주: 돌베개.
  김시습의 이름을 지어준 최치운(崔致雲, 1390-1440)은 세종대왕 시기에 집현전 학사였는데, 1439년에는 '공조참판'(종2품: 현재의 차관)으로 계품사(啓稟使)가 되어 명나라에 가서 범찰(凡察)·동창(童倉) 등의 야인들이 양민으로 경성지역에 영주할 수 있도록 요청하여 이를 관철시켰습니다. 이후 '예문관(藝文館)'의 '제학'(종2품)을 거쳐 '이조참판'(종2품)을 역임하였습니다. 술을 지나치게 즐겨 세종이 친서를 내려 절제할 것을 명하자, 그 글을 벽에 걸어두고 출입할 때에는 꼭 그것을 바라보았다고도 합니다.
  참고로, '예문관(藝文館)'은 예조에 속한 행정기관이자 연구기관으로, 칙령(勅令)과 교명(敎命)을 기록하는 일을 관장하였는데, 칙령이란 임금이 관부에 내리는 명령이며, 교명이란 왕비·왕세자·왕세자빈 등을 책봉할 때 내리는 '훈유문서(訓諭文書: 가르침과 경계의 글)'를 말합니다.

없이 부끄러움을 느끼게 됩니다.

　수락산의 거처를 버리고 관동으로 떠나 동해 바닷가에 머물던 1485년, 50세의 김시습은 '동봉육가(東峯六歌: 동봉 여섯 노래)'를 지어 세상을 회고하였는데, 그 마지막 여섯 번째 시구의 일부를 소개하면 다음과 같습니다.

　"활을 잡아 천랑(天狼: 하늘의 이리) 별을 쏘고자 하였으나
　태일(太一) 별이 하늘 중앙에 바르게 위치하고 있네.
　긴 칼을 쥐어 여우(狐)를 쳐서 묻고자 하였으나
　백호(白虎: 하얀 호랑이)가 산의 모퉁이에 버티고 서있네.
　북받치고 원통함이 없어지지 않으니 이 마음을 펼쳐 얻지 못하는구나.
　곁에 아무도 없는 것처럼 휘파람을 길게 불어본다."
　… (중략) …

－ 김시습, 「동봉육가(東峯六歌)」(1485) 중에서10) －

　여기서 '천랑(天狼: 하늘의 이리)'과 '여우'가 상징하는 것은 세상이 올바르게 정립되지 못하게 하는 악의 존재이며 부패한 무리입니다. '태일(太一)'이란 도교에서 천제(天帝: 하늘의 황제)가 살았다는 별이며, 백호(白虎:

---

10)　이산해(李山海). 1583. "동봉육가(東峯六歌)." 매월당집(梅月堂集) 권14 명주일록(溟州日錄).
　　　김시습이 1485에 지은 「동봉육가(東峯六歌)」는 6개의 시구로 구성되어 있는데, 이 중 6번째 시구의 일부를 인용하였으며, 그 한시 원문은 다음과 같습니다.
　　操余弧欲射天狼 (조여호욕사천랑)
　　太一正在天中央 (태일정재천중앙)
　　撫長劍欲擊封狐 (무장검욕격봉[폄]호)
　　白虎正負山之隅 (백호정부산지우)
　　慷慨絕兮不得伸 (강개절혜불득신)
　　劃然長嘯傍無人 (획연장소방무인)

하얀 호랑이) 또한 조선 봉건사회를 다스리는 군주를 뜻합니다. 김시습이 그러한 악의 무리인 천랑 별을 활로 쏘아 떨어뜨리려 하였으나 태일 별이 하늘 가운데 있어 그만두어야 했고, 부패하고 시위소찬하는 무리인 여우를 칼로 치려 하였으나 백호가 산모퉁이에서 버티고 쳐다보고 있어 그리하지 못하여 분개한다고 하였습니다.[11]

그런데 태일 별과 백호가 나라를 이끄는 중심이자 핵심 구성체인 것과 마찬가지로, 세상의 올바른 길을 방해하는 썩고 악한 천랑 별과 시위소찬하는 여우 같은 무리들 또한 사회와 조직의 구조를 차지하고 있는 구성요소들입니다. 그리고 놀랍게도 그러한 천랑 별과 여우는 바로 김시습이 충성하고 인정해야 했던 군주가 직접 뽑아 옆에 둔 신하들 아닙니까? 김시습에게 보여진 조선의 체제는 중심부에서부터 끝자락까지 훼손되어 있었고, 따라서 김시습은 '시큰한' 선비로 살아갈 수는 없었습니다. '시큰하다'는 것은 "염치(廉恥) 및 부끄러움(shame)과 공공성(公共性; publicness)을 상실한 채 그 본질이 썩었다!"는 뜻입니다. 그는 세속(世俗: 사람이 살고 있는 사회) 자체는 물론 그 세속이 낳은 권력 및 부패와의 인연을 과감히 끊어버리고, 마치 미친 사람처럼 겉으로 행세하며 방랑길에 오릅니다. 그래서 김시습에 대한 호칭 및 시호는 선비의 절개(節槪; fidelity & integrity)를 상징하는 매월당(梅月堂) 이외에 은둔(seclusion)의 상징인 벽산청은(碧山淸隱: 푸른 산에 숨은 은자), 청한(淸寒: 맑다 못해 차갑다), 췌세옹(贅世翁: 세상에 쓸모없는 혹부리 같은 존재) 등으로 불리었는데,[12] 이것들은

---

11) 심경호. 2003. *김시습 평전.* 파주: 돌베개, 25-26.
12) ●심경호. 2003. *김시습 평전.* 파주: 돌베개, 47-49. ●한국학중앙연구원. 2022. *한국민족문화대백과사전.*
    김시습의 시호는 매월당(梅月堂), 청한(淸寒), 청한자(淸寒子), 동봉(東峰), 동봉산인(東峯山人), 벽산청은(碧山淸隱), 청은(淸隱), 설잠(雪岑: 눈봉우리), 잠상인(岑上人: 산봉우리 위의 사람), 췌세옹(贅世翁) 등이 있으며, 1784년(정

모두 조정(朝廷: 내각 및 정권)에 들지 않고 야인으로서 청빈한 생활을 하

조 8년)에는 청간(淸簡: 맑은 대나무 쪽)이란 시호가 마지막으로 내려졌습니다. 김시습의 호(號)로는 매월당(梅月堂)이 많이 알려져 있으나, 이는 당호(堂號: 거처하는 집이나 서재에 붙이는 이름)로, 김시습이 직접 이 호를 자신의 시나 책의 저술에 사용한 예는 발견되지 않았다고 합니다(심경호, 2003: 48).

그리고 이렇게 김시습이 여러 호를 바꾸어 사용한 것에 대해 연암(燕巖) 박지원(朴趾源, 1737-1805)은 비판하였습니다. 박지원은 자신의 『연암집(燕巖集)』 제7권에 구성한 「선귤당기(蟬橘堂記)」에서 『장자(莊子)』의 「어부」편의 내용을 인용하면서, 그림자를 피해 달아나는 사람이 결국 지쳐 죽고 만다는 고사를 사용하여 사람이 명예에서 벗어나려고[즉, 도명(逃名)] 하는 문제에 빗대어, 사람은 이름으로부터 도망할 수 없다는 논거를 펼칩니다. 이러한 내용을 저변에 깔고, 이름이나 호가 매미(蟬)의 '허물'과 귤(橘)의 '껍질'에 불과하다는 논리하에 허구의 내용을 지어내어 김시습이 진정한 은자(隱者)라면 육신이 호를 그렇게 많이 사용해서 무엇하느냐고 경계하였습니다. 그런데 이런 박지원의 비판적 내용에 대해 심경호 선생님은, 김시습이 여러 호를 달리 사용한 것은 그가 이름에 집착하거나 출세에 집착한 것이 아니라, 가치가 뒤바뀐 혼돈의 세계에 대응하여 초월의 전회(轉回: 자리바꿈; inversion)를 시도한 것으로, 현실의 공간 속에 남아 있으면서도 동시에 현실 세상을 부정하려 하였다고 해석하고 계십니다(심경호, 2003: 50-51).

한편, 연암(燕巖) 박지원(朴趾源, 1737-1805)은 조선 정조대왕(출생 1752, 재위 1776-1800) 시절에 노론의 한 분파인 북학파(北學派)의 영수로서, 홍대용, 박제가, 유득공, 이덕무 등과 함께 상업과 공업을 중시하는 중상주의를 본받아 도입할 것을 주장한 실학자로서, '청나라'의 연경(현재의 북경)을 견문한 내용을 담은 26권의 방대한 『열하일기(熱河日記)』(1780)를 저술하였고, 이 열하일기에 수록된 한문소설인 「허생전(許生傳)」을 통해서는 허례로 가득한 보수양반을 풍자한 것을 비롯하여, 『연암집(燕巖集)』에 수록된 「양반전(兩班傳)」, 「예덕선생전(穢德先生傳)」, 「호질(虎叱)」, 「민옹전(閔翁傳)」, 「광문자전(廣文者傳)」, 「마장전(馬駔傳)」, 「우상전(虞裳傳)」, 「역학대도전(易學大盜傳)」, 「봉산학자전(鳳山學者傳)」, 「김신선전(金神仙傳)」, 「열녀함양박씨전(烈女咸陽朴氏傳)」 등의 한문소설 등을 통해 당대 양반사회와 제도의 인간상을 비판하고 재정립하려는 모습을 보여줍니다.

참고로, 청나라(Qing dynasty, 1636-1912)는 1636년 만주족과 몽골족을 포괄하여 건국된 나라로, 1664년에는 마지막 한족 왕조인 명나라[Ming dynasty 또는 Great Ming(大明國), 1368-1644](*주원장이 1368년에 몽골족의 원나라를 쫓아내고 건국한 나라)를 멸망시키고 중국을 최후로 통일한 왕조이며, 1912년 쑨원이 건국한 '중화민국(현재의 대만)'에 의해 멸망되었습니다.

며, 공공성이 상실된 정치체계를 거부하며 살다간 '일민(逸民)'13)이라는
의미를 가집니다.

김시습에 대한 여러 평전을 읽던 중에 그 짧은 인생이지만 시공간을 무
한히 확대하여 자신의 시(詩)와 산문 그리고 소설 속 언저리마다에14)
2000년대를 살고 있는 우리 사회와 국가에서 경계해야 할 공공성(公共性)
의 상실과 공직윤리(公職倫理)의 몰락에 대한 외침을 언제 그토록 많이 던
져놓았는지? 참으로 놀랍고 부끄러웠습니다. 나라가 하는 행정 및 정책을
경험적으로 분석하고 평가하여 문제점의 원인을 찾을 때도, 그 원인과 문
제점을 바탕으로 정책을 재설계하고 규범적으로 모델화할 때도 가장 기본

---

13) 심경호. 2003. *김시습 평전.* 파주: 돌베개.
　　'일민(逸民)'이란 일반적으로 학문, 지식, 덕행, 사람됨이 있으면서도 세상에
　나타나지 않고 묻혀 사는 사람을 지칭하는데, 심경호 선생님은 일민을 당대의
　정치세계를 인정하지 않고 단절한 채 은거하는 사람으로 정의하면서, 중국 송
　나라의 범엽(398-445)이 후한의 역사를 정리한 『후한서(後漢書)』에 언급된 불
　사(不仕: 벼슬살이를 하지 않음), 사거(辭去: 사직하고 떠남), 은폐(隱閉: 숨어
　삶) 등을 하는 사람들임을 제시하고 있으며(2003: 238), 실제 김시습은 세조의
　부름을 여러 번 받고도 그 명을 거절하였다고 합니다.
14) 한국학중앙연구원. 2022. *한국민족문화대백과사전.*
　　김시습이 남긴 저서로는 『매월당집(梅月堂集)』, 『금오신화(金鰲新話)』, 『탕
　유관서록(宕遊關西錄)』, 『탕유관동록(宕遊關東錄)』, 『탕유호남록(宕遊湖南錄)』,
　『유금오록(遊金鰲錄)』, 『관동일록(關東日錄)』, 『신귀설(神鬼說)』, 『태극설(太極
　說)』, 『천형(天形)』, 『애민의(愛民議)』 등이 있습니다
　　그리고 김시습은 소설 이외에 상당히 많은 시를 지었습니다. 그의 이름으로
　명확히 전하는 시만 하더라도 2,200여 수나 되며, 실제 무명으로 전해지는 조
　선시대의 시 중에서도 많은 수가 김시습이 지었을 것으로 학계에서는 판단하
　고 있습니다. 『매월당집』을 보더라도 원집(原集) 23권 중에 15권이 시로써 채
　워져 있으며, 특히 『관동일록(關東日錄)』 등에 수록된 김시습의 대표적인 시들
　로는, 「산행즉사(山行卽事)」(7절), 「위천어조도(渭川漁釣圖)」(7절), 「도중(途
　中)」(5율), 「등루(登樓)」(5율), 「소양정(昭陽亭)」(5율), 「하처추심호(何處秋深
　好)」(5율), 「고목(古木)」(7율), 「사청사우(乍晴乍雨)」(7율), 「독목교(獨木橋)」
　(7율), 「무제(無題)」(7율), 「유객(有客)」(5율) 등이 전해집니다.

적으로 고려해야 하는 기준과 근간이 공공성(publicness)입니다. 광화문 자락에서 머리에 사모(紗帽)를 쓰고 허리에 관대(冠帶)를 둘렀으나 시위소찬하는 벼슬아치들에게 그분이 외쳤던 것도, 그리고 미친 사람으로 낙인찍힌 채 외롭게 다녔던 그 삼각산(*고양시와 서울시에 걸쳐있는 북한산 가운데의 가장 높은 3봉우리인 '백운대', '인수봉', '만경대'를 말함)에서 떨어지는 붉은 노을을 붓으로 떠다가 여기저기 짙거나 엷게 덧칠해놓은 단풍 속에서 시와 문장으로 남기셨던 것도, 그 내용은 모두 사회와 공적 체제에서 목격된 '공공성(publicness)'의 붕괴와 쇠퇴에 대한 탄식과 아쉬움이었습니다.

2.

국가와 사회가 지향하고 추구해야 할 기본적 이념들과 본질적 가치들 중에서 으뜸이야말로 '공공성(公共性, publicness)'입니다.[15] 그리스의 철학자 아리스토텔레스(Aristotle, 384-322 B.C.)는 그의 정치철학서 『Politiká』 [Politics; 정치학](4C B.C.)에서,[16] 인간을 '정치적 동물(political animal)' 이라 지칭하면서 자연의 동물과는 다르다고 하였는데,[17] 그 이유는 기본적으로 인간은 언어를 구사하는 능력(power of speech)을 가진 생명체이고, 동시에 도덕적 이성(moral reasoning)을 가진 사회적 존재이기 때문이라고 하였습니다. 그리고 인간이 야생에 생존하는 동물과 다른 존재가 되는 것은 그냥 되는 것이 아니고, 그러한 언어와 도덕적 이성을 바탕으로 "공동체의 유지 및 발전을 위하여 사적 이익을 넘어 타인의 이익을 배려하는" 공공성(publicness)의 가치가 인간 삶의 기반이 되어야 한다고 하였습니다. 시대가 과거에서 저 먼 미래로 흘러도, 물리적 공간을 동양에서 서양을 지나 우주의 먼 지역으로 옮겨간다 해도 인간에게는 언제 어디서나 지켜야 할 공통 가치가 있습니다. 그것이 바로 공공성임을 시간과 공

---

15) 공공성(publicness)이란 용어는 우리가 일상적으로 사용하는 반부패(anticor-ruption), 청렴(integrity), 정의(justice), 평등(equality), 형평(equity), 공정 (fairness), 공익(public interest) 등의 개념을 포함하기도 하며 그것들과 밀접하게 관련됩니다.

16) ●Aristotle. 4C B.C. *Politiká*. [Politics; 정치학]. <http://www. iep.utm. edu/ aris-pol/> Retrieved 1 August 2023. ●Saunders, Trevor J., and T. A. Sinclair (trans.). 1981. *Aristotle, The Politics*. London: Penguin Books. ●Goodman, Lenn E., and Robert B. Talisse. 2007. *Aristotle's Politics Today*. Albany: State University of New York Press. ●Lord, Carnes. 2013. *Aristotle's Politics* (2nd ed.). Chicago: The University of Chicago Press.

17) 인간과 동물의 본성은 다른 것일까요? 이에 대한 고민은 뒤 <8강>에서 전개해봅니다.

간이 다른 곳에 존재하셨던 김시습과 아리스토텔레스에게서 확인하게 됩니다.

 그리고 아리스토텔레스 이후 공적 윤리 및 행정 철학을 연구한 서구의 많은 정치행정학자들은 이러한 공공성(publicness)의 개념을 '지적 성숙(maturity)'과 '배려(care)'라는 2가지 개념이 최소한 포함된 것으로 정리하고 있습니다. 그렇다면 공공성의 핵심 요소인 지적 성숙과 배려란 무엇일까요? 대표적으로 미국의 행정학자인 죠지 프레드릭슨(H. George Frederickson, 1996 & 2013)에 따르면,[18] 공공성의 제1요소인 '지적 성숙(maturity)'이란 "개인적 행위가 타인에게 어떠한 결과들을 초래하는지를 이해하는 능력"을 의미합니다. 예를 들어, 상관(A)이 지각을 자주 하는 직원(B)을 불러 다른 사람들 앞에서 핀잔을 주고 성과급을 감액하고자 하는 결정을 할 경우에, A는 그런 결정으로 인하여 B가 앞으로 복무를 철저히 하여 조직에 대한 기여도가 더욱 높아질 수 있을 것이라는 긍정적 기대는 물론, 반대로 B가 앙심을 품고 더 문제 있는 행태를 취할 수도 있을 것이라는 부정적 결과도 모두 예상하고 이해하여 머릿속에 상정할 수 있어야 합니다. 이렇게 자신의 행위에 대한 결과를 다방면에서 예측하는 능력,

---

18) ●Frederickson, H. George. 1996. *The Spirit of Public Administration.* San Francisco: Jossey-Bass. ●Frederickson, H. George, and Richard K. Ghere. 2013. "Ethics in Public Management." *Political Science Faculty Publications* 43. Ohio: Department of Political Science, University of Dayton.
　미국 캔자스 대학(University of Kansas)의 행정학 교수였던 조지 프레드릭슨(H. George Frederickson, 1934-2020)은 '공적인 것들(public things)'에 대한 특별한 관심을 가졌고, 수직적 및 수평적인 '다층거버넌스(multi-level governance)'와 '지방정부(local government)'에 대한 탁월한 연구자로서, 1991년에는 행정과 관련된 이론적 연구의 핵심 저널지인 「Journal of Public Administration Research and Theory(JPART)」를 창립하기도 하였습니다.

즉 지적 성숙 행위는 상관-부하는 물론 부모-아이, 교사-학생, 의사-환자의 관계에서 요구될 수 있습니다.

그런데 이러한 지적 성숙도가 높다고 해서, 공공성의 제2요소인 '배려(care)'의 행위가 항상 발생하는 것은 아닙니다. 규범적 윤리이론인 '배려윤리(ethics of care)'의 대표적인 정치철학자 다니엘 엥스터(Daniel Engster, 2007 & 2020)에 따르면,[19) 배려란 "어떤 사람이나 상황에 대해 갖는 관심과 감정에 기반을 두며, 이는 대인관계(interpersonal relationships)를 이해하고 더 나아가 사회적 관계에서 불공평(unfairness) 및 불공정(inequity)을 알아보는 일종의 능력(competence)"이라 합니다. '관계의 망(web of relationship)' 속에서 살아가는 인간들의 관계에서, 배려는 사회적 위치 및 계급에 있어서 상대적으로 유리한 자리에 있는 사람이 그렇지 못한 사람의 이익을 고려하는 행태에 해당하는데, 이러한 배려 행태는 인간의 본성 및 도덕적 바탕 위에서 발생합니다. 앞의 예에서 본다면, 직원의 지각행위에 대한 공식적 및 비공식적 제재행위가 미칠 수 있는 긍정적 및 부정적 결과를 이해하고 있는 상관(*이 경우 지적 성숙도가 매우 높은 상관)이 직원을 조용히 불러 지각 이유를 판단하고 지각의 해결책을 같이 마련하는 행태를 보인다면, 그 상관은 배려의 정도도 높은 분이라 하겠습니다. 따라서 그분은 지적 성숙(maturity)과 배려(care)의 정도를 모두 갖춘, 즉 공공성

---

19) ●Engster, Daniel. 2007. *The Heart of Justice: Care Ethics and Political Theory*. Oxford, UK: Oxford University Press. ●Engster, Daniel. 2020. *Rethinking Care Theory: The Practice of Caring and the Obligation to Care*. Cambridge, UK: Cambridge University Press.
　　미국 텍사스-샌안토니오 대학(University of Texas at San Antonio)의 정치학 교수인 다니엘 엥스터(Daniel Engster)는 '배려 윤리(ethics of care)'의 이론적 및 경험적인 핵심 연구자입니다. 그의 연구들은 배려(care)와 정의(justice)의 융합을 시도하며, 배려(caring) 행위에 기반을 둔 정치적 정의(political justice)를 제안합니다.

(publicness)을 확보하고 있습니다.

자, 그럼 우리 개인들은 이러한 '공공성'을 얼마나 가지고 있을까요? 다음 2가지 질문들에 대해 위에서 말씀드린 개념들을 생각하시면서 1점에서 10점 사이의 점수를 매겨보시기 바랍니다.

(질문1) "나는 지적으로 성숙(maturity)한가?"

(질문2) "나는 남을 배려(care)하고 있는가?"

이러한 '지적 성숙'과 '배려'의 의미를 갖는 공공성의 확보는 국가 및 정부의 경우에서 더욱 중요합니다. 여러분께서 다음의 질문들에 어떠한 답을 내리시겠습니까?

(질문1) "우리 정부는 지적으로 성숙(maturity)한가?"

(질문2) "우리 정부는 국민을 배려(care)하고 있는가?"

만약에 국가의 경우도 이러한 지적 성숙도와 배려의 정도에서 한 가지가 부족하거나, 두 가지 모두에서 그 정도가 낮다면, 국가의 공공성은 부족하다고 할 수 있습니다. 특히, 지적 성숙도와 배려의 의미에서 본질적으로 국가의 정책 철학 및 가치가 제대로 정립되지 못하거나, 수단적으로 관련 체계 및 제도가 제대로 마련되지 못한다면, 공공정책에서의 공공성은 확보될 수 없습니다.

국가의 철학 및 제도에서 이러한 공공성이 상실되는 유형들이 있습니다. 하나의 유형은 "가치 배분(value distribution)"과 관련됩니다. 정부는 공공정책을 통해 사회적 가치를 배분하는 기능을 합니다. 자본주의 시장에서 이루어지는 소득분배는 기본적으로 소득격차(income differential)라는 행태를 낳게 되고, 이를 해결하기 위해 정부 및 공공부문은 소득분배의 공정(impartiality)을 이끌려는 목표를 가지고 '소득 및 부의 재분배(redistribution of income and wealth)'를 위한 정책을 마련해 왔는데, 이것의 대표적인 것들이 '조세정책(tax policy)'과 '지출정책(expenditure policy)'입니다. 그런데 '조세정책'을 시행하면서 정부는 필수불가결하게 사용해야 하는 비용(즉, 예산)을 어느 집단에 얼마만큼 부담하게 할 것인가 하는 고민을 해야 하며, '지출정책'에서는 세출로 인한 편익을 어느 집단에 얼마만큼 분배할 것인가 하는 정책적 설계를 해야 합니다. 그런데 이러한 조세 및 지출정책에서 앞에서 말씀드린 '지적 성숙'과 '배려'의 행태가 동시에 작동되어야 비로소 재분배 정책의 공공성이 확보될 수 있습니다. 둘째, 공공성이 상실되는 행태는 "제도(institution)의 불공평(unfairness) 현상"으로도 나타납니다. 종종 우리는 인사채용비리, 공정거래를 위반하는 대기업의 행위, 공직자의 이해충돌 현상, 퇴직공무원 및 전직판사에 대한 전관예우, 국회 및 지방의회 의원의 영리행위 및 선심성 사업예산의 배정행위 등을 뉴스에서 확인하곤 하는데, 이것들은 모두 '지적 성숙'과 '배려'의 이념과 행태가 상실되기 때문에 발생되는 것입니다.

이러한 공공정책에서의 공공성 확보 여부를 국가의 전문성, 제도의 체계성에서 따지기 이전에, 아리스토텔레스를 거쳐 프레드릭슨과 엥스터가 제기한 지적 성숙과 배려에 관한 2가지 질문들에 얼마나 만족한 답을 할 수 있는지를 도덕적 이성을 가진 우리 인간 각자가 먼저 돌아봐야 할 것

같습니다. 세종 때 문과에 급제하여 관직에 나섰고 당시 문학가로 명성이
높았던 김수온(金守溫, 1410-1481)20)이 세조의 명으로 명나라에 사신으로
떠나던 1458년 1월 어느 날이었습니다. 김시습은 그에게 글을 남깁니다.

> 세상 사람들은 눈 어지럽고 또한 마음은 잡히지 않아 흐트러지네.
> 벼슬을 쉬거나 물러나면 심오한 탐구를 시도해보겠다고 말하지.
> 그것은 헛된 꾀로 전부 다 끝내 실없이 끝나지.
> 구레나룻 희어지고 희어지면 늙음이 점점 엄습하게 된다네.
> … (중략) …

> – 김시습, 『탕유관서록(宕遊關西錄)』 중에서21) –

---

20) ●한국학중앙연구원. 2022. *한국민족문화대백과사전.* ●심경호. 2003. *김시습
평전.* 파주: 돌베개.
　　김수온(金守溫, 1410-1481)은 1441년(세종 23년) 식년 문과의 병과에 급제
하여 세종의 특명으로 집현전학사가 되었고, 1446년(세종 28년)부터 부사직,
훈련원주부, 승문원교리, 병조정랑, 전농시소윤, 지영천군사, 첨지중추분사, 동
지중추부사, 한성부(판)윤(정2품, 현재의 서울시장), 상주목사, 공조판서, 판중
추부사, 호조판서 등의 많은 공직을 차례로 역임하였습니다. 그는 불경에 통달
하고 제자백가(諸子百家)·육경(六經)에 해박해 세조의 총애를 받았습니다. 그
런데 김시습은 이러한 김수온에 대해 못마땅한 시각이 있었던 것 같습니다. 사
실 김수온은 세종, 수양대군(세조), 안평대군 모두에게서 존경받던 고승 신미
(信眉)의 동생이었으며, 따라서 왕실로부터 총애를 받았을 것입니다. 더욱이
조카 단종을 폐위하고 왕위에 오른 세조의 찬탈에 세상을 등진 김시습이 세조
의 총애를 받는 김수온을 달갑게 생각할 수 없었을 것입니다. 평소에 경멸하던
정창손(鄭昌孫)이 영의정이고, 김수온이 공조판서로 봉직하고 있는 현실에 불
만을 품은 김시습은 31세 때인 1465년(세조 11년) 봄에 경주로 내려가 경주의
남산인 금오산(金鰲山)에 금오산실(金鰲山室)을 짓고 칩거하게 됩니다. 이때
'매월당'이란 호를 사용하였다고 합니다. 이곳에서 37세(1471년)까지 우리나라
최초의 한문소설인 『금오신화(金鰲新話)』를 비롯한 시편들을 지어 『유금오록
(遊金鰲錄)』에 남깁니다.
21) 이산해(李山海). 1583. *매월당집(梅月堂集) 권9 탕유관서록(宕遊關西錄).*
　　김시습이 '관서(關西: 평안남북도)' 지방을 다니며 지은 『탕유관서록(宕遊關
西錄)』에 실은 시의 일부를 인용하였으며, 그 한시 원문은 다음과 같습니다.

심경호 명예교수(2003)는 이를 다음과 같이 해석하십니다. "부귀영달에 눈이 흐리고, 또 욕망으로 마음까지 뒤숭숭한 사람들은 날이 가고 달이 가도록 이 세상이 결함(缺陷, defection)의 상태라는 사실을 의식하지 못한다. 자신의 참된 모습을 찾아나서는 결단을 하지 못한 채, 매번 '관직에서 물러나면 진리를 찾아 나서겠다'라고 말한다."[22] 그렇습니다. 21세기 현재에도 우리는 "마지막으로 국민에게 한 번 더 봉사하기 위해 나왔습니다!"라고 말하는 위정자(爲政者, politician)들을 자주 만납니다.

저는 다음과 같은 문장을 핸드폰에 심어 넣고 영등포역을 떠나는 기차 안에서 자주 들여다보곤 합니다.

> 당신은 누구냐고 말을 걸어왔다.
> 나는 지식을 팔러 다니는 행상인이다.
> 행상인은 영등포역 지하철에도 있고
> 백화점 앞 거리에도 있다.
> 방수가 되는 피비씨(PVC) 돗자리를 꺼낸다.
> 김장 때도 쓰고 여의도 한강변 치맥을 먹을 때도 좋단다.
> 그 돗자리는 쓸모가 있다.
> 나도 매일 가방을 들고 다닌다.
> 가방에는 밀러(Gary Miller)의 관리적 딜레마(Managerrial Dilemmas)
> (1992), 다윈(Charles Darwin)의 종의 기원(The Origin of Species)
> (1958), 칼 융(Carl Jung)의 의식과 무의식의 논거(Memories, Dreams,
> Reflections)(1963)가 들어있다.

世人蒿目又蓬心 (세인호목우봉심)
盡說休官擬遠尋 (진설휴관의원심)
虛計萬般終失實 (허계만반종실실)
鬢邊霜雪老侵尋 (빈변상설노침심)

22) 심경호. 2003. 김시습 평전. 파주: 돌베개: 161.

그런데 이것들은 내가 만든 물건들이 아니다.

더 심각한 것은 팔리지도 않는 내 물건들이 들어 있다.

그래서 자주 가공을 한다. 몰 더하고 몰 바꾼다.

그 물건들의 내용이 어데다 쓰이는 것인지 알 길이 없지만.

한 번 힐끗. 호기심 있는 아이들이 가끔 찾아온다.

가방 속에 든 그분들의 지식은 부패하지 않았다.

부패한 것은 내 머릿속에 있는 것이고

아이들 앞에서 잘난 세치 혀로 내뱉는 것들이다.

"이놈아 그만 해 먹어라"

나한테 그분이 매일같이 던지는 말이다.

– 심의린(沈誼潾) –

4강과 관련된 글을 더 읽어보기
(FOR FURTHER READING)

김시습의 시문학에 나타난 사상 및 철학에 대한 학술적 연구들로는 ●안병학. 1983. "김시습시에 있어서의 역사의식." *민족문화연구* 17: 189-211. ●정도원. 1997. "매월당 김시습 철학의 특징과 의의." *한국철학논집* 6: 95-131. ●박영주. 2000. "매월당 김시습의 문학세계." *泮橋語文硏究(반교어문연구)* 12: 59-85. ●김종구. 2001. "金時習(김시습)의 方外的(방외적) 삶과 現實主義(현실주의) 詩(시) 世界(세계)." *開新語文硏究(개신어문연구)* 18: 73-90. ●안동준. 2004. "김시습 문학사상에 대한 연구사적 검토." *남명학연구* 18: 255-280. ●변종헌. 2008. "金時習(김시습) 漢詩(한시) 硏究(연구)." *漢文學報(한문학보)* 18: 177-217. ●정병헌. 2008. "김시습의 영재적 삶과 문학." *開新語文硏究(개신어문연구)* 28: 135-168.가 있습니다.

김시습(金時習)[1435(세종 17년)-1493(성종 24년)]의 문학작품들 중에서 특히 『금오신화(金鰲新話)』에 대한 연구는 학계에서 집중되어 왔습니다. 이 책은 5편의 짧은 한문소설들로 구성되어 있는데, 그것들은 「만복사저포기(萬福寺樗蒲記)」, 「이생규장전(李生窺墻傳)」, 「취유부벽정기(醉遊浮碧亭記)」, 「남염부주지(南炎浮洲志)」, 「용궁부연록(龍宮赴宴錄)」입니다. 만복사저포기(萬福寺樗蒲記)에서는 고려 말 전라도 남원 총각인 양생(梁生)이 왜적 침략으로 부모를 잃은 여인의 환신과 만나는 내용을 전개하고 있으며, 이생규장전(李生窺墻傳)은 고려 말 송도에 사는 이생(李生)이 부인이 된 최랑(崔娘)이 홍건적의 칼날 앞에 정조를 지키다 죽은 후 귀신으로 나타나 이승에서 인연을 다하고 가는 내용이고, 취유부벽정기(醉遊浮碧亭記)에서는 기자조선의 도읍지 평양 부벽루에서 개성상인의 자제 홍생(洪生)과 위만에게 나라를 뺏긴 기준의 딸인 선녀 기씨(箕氏)와의 만남을 그리고 있고, 남염부주지(南炎浮洲志)는 조선 초 경주에 사는 범인 박생(朴生)이 꿈속에서 지옥인 염부주(炎浮洲)의 염왕과 사상적 담론에서 의견일치를 보고 이승에서 삶을 다하고 죽은 후 염왕의 자리를 물려받는 내용을 담고 있으며, 용궁부연록(龍宮赴宴錄)에서는 고려시대 한생(韓生)이 개성의 박연폭포에 있다는 용궁으로 초대되어 용왕과 용녀 그리고 조강신(祖江神)·낙하신(洛河神)·벽란신(碧瀾神)·곽개사(郭介士)·현(玄)선생 등 많은 사람과의 교류를 통해 대접을 받고 돌아온 후 세상의 출세를 버리고 산으로 들어가는 내용이 펼쳐집니다. 김시습은 이러한 금오신화를 통해 역사적 배경들을 제공하면서 기인한 내용설계를 통해 사람 간의 관계를 빗대어 자신과 조선왕조와의 관계, 그리고 현실세계를 부정하고 나아가 초월하려 했던 것으로 보입니다.

정치적 공동체, 즉 폴리스(Polis)가 개인보다 우선한다는 논거를 피면서, 인간을 정치적 동물로 비유한 아리스토텔레스는 인간이 합리성과 동시에 공공성을 가진 존재이어야 함을 강조하였는데, 이러한 내용에 대한 논의는 그가 기원전 4세기에 쓴 『Politiká』[Politics; 정치학]을 세련되게 영역한 다음의 글들에서 더욱 상세히 접해보실 수 있습니다: ●Barker, Sir Ernest. 1955 & 1962. *The Politics of Aristotle*. Oxford, UK: Oxford University Press. ●Barker, Sir Ernest. 1906. *The Political Thought of Plato and Aristotle*. New York: G. P. Putnam's Sons. ●Miller, Fred D. 1995. *Nature, Justice, and Rights in Aristotle's Politics*. Oxford, UK: Oxford University Press. ●Simpson, Peter L. P. 1997. *The Politics of Aristotle: Translation, Analysis, and Notes*. Chapel Hill: University of North Carolina Press.

정부관료들이 가져야 할 공공성에 대한 논거들은 다음 프레드릭슨 교수님의 초기 연구논문에서 명확히 확인할 수 있습니다: ●Frederickson, H. George. 1976. "Public Administration in the 1970s: Developments and Directions." *Public Administration Review* 36(5): 564-576.

배려윤리설의 초창기 배경 및 이론적 논의들에 대해서는 다음 학자들의 글에서 확인하실 수 있습니다: ●Gilligan, Carol. 1982. *In A Different Voice: Psychological Theory and Women's Development.* Cambridge, MA: Harvard University Press. ●Noddings, Nel. 2005. *Educating Citizens for Global Awareness.* New York: Teacher College Press. ● Held, Virginia. 2005. *The Ethics of Care: Personal, Politcal, and Global.* Oxford, UK: Oxford University Press.

그리고 다음의 글에서 엥스터 교수는 "배려의 공적 윤리(public ethics of care)"라는 개념과 행태를 'Street-level bureaucrats', 즉 정책집행이 일어나는 현장의 관료들이 발휘하는 재량행위(discretion)와 연계하여 논하고 있습니다: ●Engster, Daniel. 2020. "A Public Ethics of Care for Policy Implementation." *American Journal of Political Science* 64(3): 621-633.

5강

1953년과 1963년 :

라이트 밀즈(C. Wright Mills)와
장 폴 사르트르(Jean-Paul Sartre)의
만남

5강

1953년과 1963년:
라이트 밀즈(C. Wright Mills)와
장 폴 사르트르(Jean-Paul Sartre)의 만남

"정신분석학자인 어니스트 존스(Ernest Jones, 1879-1958)는 인간의 주요 적(enemy)이자 위험(danger)은 인간자신이 제어하지 못하는(unruly) 본성(nature)과 인간 안에 내재되어 있는 어두운 힘들(dark forces)이라고 단언했습니다. 그러나 그것은 진실이 아닙니다. 그와는 반대로, 인간의 주요 위험은 동시대의 사회 자체(society itself)가 가진 제어하지 못하는 난폭한 힘들(forces)에 있는데, 그것은 그 사회가 가진 인간을 소외시키는 (alienating) 생산방식, 정치적 지배(political domination)를 드러내지 않게 포장하는 기법들, 그리고 국제적인 무법상태(anarchy)와 관련되며, 이것들 모두는 바로 인간의 본성 그 자체는 물론 삶의 조건과 목적들을 구석구석까지 온통 변질시키는 위험한 존재들입니다."

- 라이트 밀즈(C. Wright Mills), 『The Sociological Imagination』(사회학적 상상력)(1959 & 2000: 13) 중에서1) -

---

1) ●Mills, C. Wright. 1959. *The Sociological Imagination*. New York: Oxford University Press. ●Mills, C. Wright, and Todd Gitlin. 2000. *The Sociological Imagination (40th anniversary ed.)*. New York: Oxford University Press. ●Jones, Ernest. 1953. *The Life and Work of Sigmund Freud Volume One: The Formative Years and the Great Discoveries 1856－1900*. London: The Hogarth Press. ●Jones, Ernest. 1963. *The Life and Work of Sigmund Freud: Volume 1 The Formative Years and the Great Discoveries 1856－*

1900, Volume 2 Years of Maturity 1901 − 1919, Volume 3 The Last Phase 1919 − 1939. London: The Hogarth Press. ●Kempf-Leonard, Kimberly. 2004. *Encyclopedia of Social Measurement*. Amsterdam, Netherlands: Elsevier.

이 내용은 라이트 밀즈(C. Wright Mills)가 1959년에 출간한 『The Sociological Imagination』[사회학적 상상력]에서 강조한 것으로 그 영어 원문은 다음과 같습니다. "*It is not true, as Ernest Jones asserted, that 'man's chief enemy and danger is his own unruly nature and the dark forces pent up within him.' On the contrary: Man's chief danger today lies in the unruly forces of comtemporary society itself, with its alienating methods of production, its enveloping techniques of political domination, its international anarchy − in a word, its pervasive transformations of the very 'nature' of man and the conditions and aims of his life* (C. Wright Mills & Todd Gitlin, 2000: 13)."

그리고 라이트 밀즈가 인용한 어니스트 존스(Ernest Jones, 1879-1958)는 영국 웨일스(Wales) 출신의 정신분석학자로서 국제정신분석학회(International Psychoanalytical Association)와 영국정신분석학회(British Psycho-Analytical Society)를 이끌었고, 프로이드(Sigmund Freud, 1856-1939)와 평생 동료로 지내면서 그의 공식적인 전기 작가(biographer)로 활동하여 프로이드의 일생과 작품에 대한 일대기 3편을 영어로 저술하였습니다. 그것들은 1953년의 1편에 이어, 1963년에 3편을 묶은 『The Life and Work of Sigmund Freud: Volume 1 The Formative Years and the Great Discoveries 1856-1900, Volume 2 Years of Maturity 1901-1919, Volume 3 The Last Phase 1919-1939』입니다.

또한 라이트 밀즈가 언급한 "정치적 지배(political domination)"라는 용어는 미국 범죄학자인 킴벌리 켐프-레오나드(Kimberly Kempf-Leonard)의 『Encyclopedia of Social Measurement』[사회적 측정의 백과사전](2004)에서 확인할 수 있습니다. 그녀는 300여 편의 논문들을 집대성하여 사회적 현상에 수치적 가치(numerical value)를 할당하는 기법, 이론 및 설계 등을 정리하였습니다. 그 책에 따르면, "정치적 지배(political domination)"란 한 사회의 '물질적 청렴(material integrity)'에 타격을 주고 그 희생자의 '위엄(dignity)'을 공격하여 상실시킵니다. 이러한 정치적 지배는 인간 자아의 표현을 격하시키거나 치욕적인 행위의 수행을 강요함으로써 인간의 정서적 웰빙(emotional well-being)과 자아가치(self-worth)의 의식을 손상시킬 수 있을 뿐만 아니라, 나아가 무장되고(armed) 구조적인(structural) 폭력(violence)에 의해서도 자아가치를 상실시킬 수 있습니다.

1.

1953년으로 거슬러 올라가면 미국의 사회학자인 라이트 밀즈(C. Wright
Mills, 1916-1962)가 독일계 사회학자인 한스 게르츠(Hans H. Gerth, 1908-
1978)와 공동 저술한 『Character and Social Structure: The Psychology
of Social Institutions』[인간의 특성과 사회구조: 사회제도들의 심리학]이
라는 책에서,[2] 그동안 생각하지 못했던 인간(human-being)과 사회구조

---

2) ●Gerth, Hans H., and C. Wright Mills. 1953. *Character and Social
Structure: The Psychology of Social Institutions.* New York: Harcourt
Brace Jovanovich. ●Mills, C. Wright. 1951. *White Collar: The American
Middle Classes.* New York: Oxford University Press. ●Mills, C. Wright.
2002. *White Collar: The American Middle Classes* (50th anniversary ed.).
New York: Oxford University Press. ●Mills, C. Wright. 1956. *The
Power Elite.* London & New York: Oxford University Press. ●Mills, C.
Wright, and Alan Wolfe. 2000. *The Power Elite.* New York: Oxford
University Press. ●Mills, C. Wright. 1959. *The Sociological Imagination.*
New York: Oxford University Press. ●Mills, C. Wright. 2000. *The
Sociological Imagination* (40th anniversary ed.). New York: Oxford
University Press.
　이 책은 미국 콜롬비아대학교(Columbia University)의 라이트 밀즈(Charles
Wright Mills, 1916-1962) 교수와 위스콘신대학교(University of Wisconsin)의
독일계 한스 게르츠(Hans Heinrich Gerth, 1908-1978) 교수의 공동 저서로,
밀즈 교수가 이해하고 있는 미국 실용주의(Pragmatism)에서 나타난 '사회화
(socialization)'의 성격과 양태에 대한 내용과 게르츠 교수가 이해하고 있는 과
거의 사회와 현대의 사회들에 대한 내용들을 결합한 사회심리학적인 글입니다.
　특히, 제도(institution)에 대한 이론적 논거에 바탕을 둔, 라이트 밀즈 교수
의 3가지 탁월한 저술들을 간단히 소개하면 다음과 같습니다. 『White Collar:
The American Middle Classes』[화이트 칼라: 미국 중산층](1951)에서, 그는
사회의 직장인들이 '마케팅 심성'에 지배되어 있음을 지적하면서, 진보된 자본
주의라는 현대세계에서의 '사회적 소외(sociological alienation)'를 다루고 있
습니다. 『The Power Elite』[권력엘리트](1956)에서는, 사회를 구성하는 군사
적(military), 기업적(corporate), 정치적(political) 엘리트 리더들 간에 '삼지
창(three-pronged spear)'처럼 맞물려 있는 이해관계 및 그 계급들 간의 결연

(social structure) 및 제도(institution)의 관계에 대한 새로운 시각을 전달합니다. 그들에 따르면, 인간이 사회구조 및 제도를 선택하는 것이 아니며, 그 반대로 사회구조 및 제도가 인간을 선택하는 것이라고 주장합니다. 사회구조 및 제도는 기능을 하고 작동을 하기 위해서 자기들이 필요한 인간들을 선택(select)하는 것이며, 사회구조 및 제도에 적합하지 않은 사람들을 이런저런 방법으로 제거(eliminate)합니다. 또한 만약에 사회구조가 원하는 특정한 성격과 능력을 가진 개인들이 사회 내에 전혀 존재하지 않는 경우에는 자신이 필요한 인간존재들을 완전히 새롭게 창조(invent)해내기도 합니다. 즉, 특정시기의 특정지역에서 존재하는 사회구조 및 제도는 자신들이 필요로 하는 스펙들(specifications)을 규정해 놓고, 이러한 스펙, 즉 자격요건을 갖춘 인간생명체들을 생산(produce)해냅니다. 다시 말해, 사회구조 및 제도는 자신들을 계속해서 존속시키기 위해 필요한 특정한 성격과 요소를 가진 인물들(characters)을 "사회라는 공장(society as factory)"을 통해 대량으로 제조(mass-manufacture)해냅니다.

이러한 사회구조 및 제도는 무엇일까요? 여러분이 알고 계시듯, 국가체제 및 정부관료제, 정치적 단체, 기업조직 및 노동시장은 물론 문화, 이념 및 사상도 모두 사회구조 및 제도입니다. 이러한 사회구조 및 제도들은 유한한 인간의 삶에 있어서 필요한 것들입니다. 왜냐하면 그것들은 질서(order), 편리함(convenience), 안전(security) 및 보호(protection) 등을 제공하는 기능을 하기 때문입니다. 그런데 우리는 아침에 잠을 깨는 순간부

(class alliances)에 주목합니다. 그리고 『The Sociological Imagination』[사회학적 상상력](1959)에서, 그는 개인이 처한 특별한 사회적 환경들은 더 넓은 사회적 및 역사적 힘들(forces)과 연계되어 있음을 논의하면서, 개인(individual)의 주관적 경험, 일반적인 사회구조(social structure), 그리고 역사적 변화(historical change)라는 세 가지 요소들의 상호의존성을 분석하기 위한 모델을 제시하고 있습니다.

터 그리고 무엇인가를 선택하거나 부과된 일을 하고 집으로 돌아온 후에
도 그러한 사회구조 및 제도의 '명령(command)'과 '영향(influence)'에서
벗어나지 못한 채로 잠자리에 듭니다. 여기서 문제가 되는 것은 사회구조
및 제도가 정의하는 '필요성(necessity)'과 '스펙(자격요건)'이라는 것인데,
어떠한 요소들이 필수불가결한 것이고 어떠한 특정 자격들이 적합한 것
인지를 우리 인간들의 입장에서 결정한 것이 아니며, 그래서 그것들은 우
리가 원하는 것도 아니라는 것입니다. 더욱 심각한 것은 그러한 필요적
요소들과 자격 요건들이 바로 사회구조의 의도에 의해 정의되고 구상되
었다는 사실을 우리가 의식하지 못하거나, 아예 인식하려 하지 않는다는
것입니다. 그러한 사회구조 및 제도의 존재와 명령에 대해서 "만약 내가
안다고 해도 사회구조 및 제도의 명령과 요구에 대해서 어찌할 도리가 없
지 않은가?" 하고 반문한다면 그 순간 우리는 본연의 주체적 생명체는 아
닙니다.

　10년 뒤인 1963년 『Les Mots』[The Words; 말]이라는 저서에서,[3] 실
존주의자(existentialist)로 불리는 장 폴 사르트르(Jean-Paul Sartre, 1905-
1980)를 만났습니다.[4] 사르트르는 우리 인간이 사회제도에 대해 복종적

---

　3) ●Sartre, Jean-Paul. 1963. *Les Mots*. Paris: Gallimard. ●Frechtman,
　　Bernard (trans.). 1964. *The Words: The Autobiography of Jean－Paul
　　Sartre*. New York: George Braziller.
　4) ●Baird, Forrest E., and Walter Kaufmann. 2002. *Philosophic Classics,
　　Volume VI: Nineteenth－Century Philosophy* (3rd ed.). Hoboken, NJ:
　　Prentice Hall. ●Baird, Forrest E. 2002. *Philosophic Classics, Volume V:
　　Twentieth－Century Philosophy* (3rd ed.). Oxfordshire, England: Routledge.
　　●Leak, Andrew N. 2006. *Jean－Paul Sartre*. London: Reaktion Books. ●
　　Macquarrie, John. 1972. *Existentialism*. Philadelphia: The Westminister
　　Press. ●Kaufmann, Walter. 1975. *Existentialism From Dostoevsky To Sartre*.
　　New York: New American Library.
　　　장 폴 사르트르(Jean-Paul Sartre, 1905-1980)는 20세기 프랑스 철학을 대

이며 노예적인 태도를 갖는 것을 "배신(mauvaise foi; bad faith)" 또는 "자기기만(self-deception)"의 행태라고 규정합니다. 그에 따르면 인간은 태어나는 순간, "자유(freedom)"라는 것을 선고받습니다.[5] 그런데 인간생명체

표하는 선두적인 인물로, 실존주의(existentialism)와 현상학(phenomenology) 분야의 주요 철학자이며, 작가·소설가·극작가·정치활동가 등으로도 알려져 있습니다. 그의 대표적인 실존주의 작품으로는 철학소설인 『La Nausée』[Nausea; 구토](1938), 『L'être et le néant L'Être et le néant : Essai d'ontologie phénoménologique』[Being and Nothingness: An Essay on Phenomenological Ontology; 존재와 무: 현상학적 존재론에 관한 에세이](1943), 노벨문학상 수상작품인 『Les Mots』[The Words; 말](1963) 등이 있으며, 이 저서들은 본 <5강>에서 언급되고 있습니다.

한편, '실존주의(existentialism)'란 인간 존재(existence)의 문제를 탐구하는 철학적 사상의 한 유형으로, 인간의 사고 및 생각, 감정, 행동 및 행위에 대한 주관적(subjective) 경험에 초점을 둡니다. 실존주의자들은 인간 존재에 대한 사상적 논거에 있어서는 서로 간에 구체적인 차이가 있지만, 공통적으로 그들은 인간이란 의미 없고(meaningless) 부조리하고(absurd) 모순적인(contradictory) 세계에 직면하여 존재적 불안과 공포를 느끼고, 나아가 시간과 공간 그리고 관계에 대한 방향을 상실하거나 혼동하며 걱정하는 존재로 보고 있습니다. 19-20세기 동안 유럽의 철학자 및 작가들 중에서 실존주의자로 분류되는 대표적인 인물들로는 사르트르 이외에, 쇠렌 키르케고르(Søren Kierkegaard, 1813-1855), 표도르 도스토옙스키(Fyodor Dostoevsky, 1821-1881), 프리드리히 니체(Friedrich Nietzsche, 1844-1900), 칼 융(Carl Gustav Jung, 1875-1961), 칼 야스퍼스(Karl Jaspers, 1883-1969), 폴 틸리히(Paul Tillich, 1886-1965), 가브리엘 마르셀(Gabriel Marcel, 1889-1973), 마르틴 하이데거(Martin Heidegger, 1889-1976), 모리스 메를로퐁티(Maurice Merleau-Ponty, 1908-1961), 시몬 드 보부아르(Simone de Beauvoir, 1908-1986), 알베르 카뮈(Albert Camus, 1913-1960)가 있습니다.

5) ●Sartre, Jean-Paul. 1943. *L'être et le néant L'Être et le néant : Essai d'ontologie phénoménologique*. [Being and Nothingness: An Essay on Phenomenological Ontology]. Paris: Gallimard. ●Barnes, Hazel E. (trans.). 1984. *Being and Nothingness*. New York: Washington Square Press.

사르트르(Jean-Paul Sartre, 1905-1980)는 1943년에 발표한 저서 『Being and Nothingness: An Essay on Phenomenological Ontology』[존재와 무: 현상학적 존재론에 관한 에세이](Part 4, chapter 1)에서, 그리고 1945년에 한 특별 강연(제목: Existentialism is a Humanism.)에서, "*Man is condemned*

는 "사회적 세력들(social forces)"의 압력에 굴복하면서 그 "선천적으로
주어진 자유(innate freedom)"와의 인연을 끊고, "나에겐 자유가 없다"고
말하면서 그 사회적 세력들이 부여하는 잘못된 가치들을 아무런 판단과
비판없이 채택합니다. 즉, 인간은 자신에게 주어진 자유로부터 도피한 채,
자기 자신에 대한 사기(fraud) 및 현혹(self-deception)에 사로잡힌 이중적
마음을 가지고 살아갑니다.

사르트르는 인간이 이렇게 자신에 대한 '사기'와 '현혹'을 가져오게 하
는 원인적 요소로 '언어(language)' 및 '말(words)'에 주목을 합니다. 우리
가 어린아이일 때 장미꽃, 소방차, 사슴에 대해 어떻게 알게 되는지를 생
각해보십시오. 우리가 그것들을 직접 보고 만지고 확인하여 그 실체들을
알게 되는 게 아니라, 마음이 급한 부모님과 선생님이 언어로 전달해주는
말과 단어에 의한 묘사에 의해 그 실물들을 습득하게 되며, 또한 그러한
실물들이 표현되어 있는 그림책과 사진의 그림과 글 및 단어를 통해 그것
들을 인지하게 됩니다. 저도 아직까지 들판의 해바라기가 구체적으로 어
디가 노랗고, 소방차가 실제 어디가 어떻게 생긴 것인지 제가 직접 관찰
하고 만져보고 판단해서 인식한 적이 없습니다. 타인의 말과 그림책을 통
해 2차적으로 알게 된 것을 가지고 우리는 "난 그것을 안다(I know it)."
라고 쉽게 말합니다. 무엇인가를 인지하거나 인식하는 것과 그것을 안다
는 것은 다릅니다. 우리가 그것을 안다고 말하는 것은 대체 무엇을 알고
있다는 것일까요? 그리고 실제 그것을 알고 있는 것일까요? 지금도 저는

<hr>

to be free...because, once thrown into the world, he is responsible for
everything he does."라고 말했습니다. 즉, 인간은 자유롭게 있도록 (또는 자
유로운 존재이도록) 운명지어져 있다(또는 선고받았다)고 하면서, '자유롭게
존재하는 것(being free)' 이외에는 어떠한 선택(권)(choice)도 없으며, 자유
를 선고받은 존재로 세상에 던져졌기 때문에 인간은 자신이 하는 모든 것에 책
임이 있다고 하였습니다.

해바라기와 소방차에 대해 알지 못합니다.

'교육(education)'이란 무엇이고 우리가 '배운다는 것(learning)'은 무엇입니까? 교육의 본질은 사회와 우주에 존재하는 다양한 객체의 구체적인 실체와 관련 원리를 인간이 직접 인지하여 이해하면서 필요 시 설계하게 함으로써 성장시키는 데 있습니다. 교육 자체는 아무런 잘못이 없습니다. 그러나 교육의 본질을 형식화한 교육 구조와 제도들은 우리가 직접 가만히 앉아서 무엇인가를 이해하고자 하는 것을 그냥 놔두지도 않고 시간을 주고 기다려 주지도 않습니다. 과학화 및 체계화라는 목표를 위해 남이 만들어 놓은 전체를 그대로 빌려오거나, 돈을 들여 그것들의 일부를 서로 엮어서 아름답게 구조화하며, '지식(knowledge)'이라는 명칭으로 포장된 내용을 우리들에게 제공합니다. 이때 사실상 그것은 지식이 아니라, 때로는 불완전하거나 실체를 왜곡할 수도 있는 '정보(information)' 및 '자료(data)'라는 것들에 해당합니다. 아직 다듬어지지 않은 것들이지요. 어쨌든 그러한 정보와 데이터라는 물건들을 내놓으면 우리는 그것을 직접 확인하거나 충분히 이해하지도 못한 채로 그것들을 말과 글과 그림을 통해 반복하고 반복하게 되고, 그러한 반복을 상대적으로 잘하는 아이들이 '교육받은(educated)' 존재로 인정받으며 성장합니다.

인간은 원래 '자연(nature)'의 한 존재였습니다. 그런데 무슨 이유에서인지 인간은 시간이 가면서 자연과 멀어지게 되며, 자연과 멀어질수록 사물의 실체에는 직접적으로 접근하지 못하게 되고, 말과 언어의 모든 상징체들에 의해 인간은 현혹과 기만에 휩싸이게 됩니다. 사르트르는 갓난아이와 어린 조카들의 입에서 더듬으며(stammering) 나오는 엉성한 내용들이야말로 바로 '진실(truth)'이라고 하였는데, 그 이유는 어린아이들은 자

연에 여전히 가깝고, 말과 언어에 의해 왜곡되지 않으며, 있는 그대로의
바람과 바다를 그대로 전달하는 존재들이기 때문이라 하였습니다.[6]

제가 생각하고 있는 다음의 그림을 보시면, 인간의 "나이(age)"와 "자
연(nature)의 상실 정도"는 종 모양의 포물선 관계에 있습니다. 이것이 의
미하는 바는, 인간은 갓난아이일 때 가장 자연에 가까우며, 나이가 들어
갈수록 자연으로부터 점점 멀어지게 되고, 더 나이가 들어가면 다시 자연
에 가까워집니다. 이때 자연(nature)은 자유(freedom)를 의미하는데, 그
이유는 자연이 가진 본질적 속성이 바로 자유이기 때문입니다.

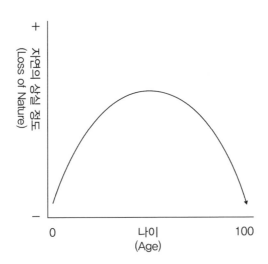

---

6) Frechtman, Bernard (trans.). 1964. *The Words: The Autobiography of
   Jean-Paul Sartre*. New York: George Braziller: 28.

언제부터일까요? 학교라는 사회구조 및 제도에 들어가면서부터 우리는 말과 언어를 배우게 되고, 그 말과 언어로 표현된 모든 것을 아무런 비판과 자각 없이 그대로 수용하게 됩니다. 그리고 인생의 상당한 기간 동안 그러한 화려한 말과 언어가 전달해주는 왜곡 속에 살아갑니다. 인생의 마지막 후반기에나 이르러 우리는 일반적으로 말과 언어로 표현된 그간의 모든 거짓과 위선을 내려놓습니다. (*그래야 될 텐데, 저는 걱정입니다.) 그 이유는 나이가 많이 든 노인은 어린아이 때처럼 자연에 가까워지기 때문이며, 그의 일생 동안 버려두었던 자유를 다시 회복하기 때문입니다. 대체 무엇이 인간생애의 청년기 시절부터 노년기에 이르는 상당한 기간 동안에 말(words)과 언어(languages)를 통한 왜곡과 위선을 가져오게 하는 것일까요?

2.

저 산등성이 아래 피어있는 자연(nature)의 꽃(flower)이 먼저 있었지, 꽃을 표현한 인간 및 제도의 언어(languages)와 말(words)이 먼저 있지 않았습니다. 더욱이 그러한 말과 단어로 제작된 그림책 속의 꽃이 자연에 실존하는 꽃보다 먼저 있지 않았습니다. 그런데 우리는 어떤 것을 먼저 만나게 됩니까? 그건 여러분의 잘못이 아닙니다. 꽃을 표현한 말과 단어 그리고 그림책이 바로 사회구조이며 제도입니다. 그 사회구조와 제도가 우리를 구속하여 꽃이라는 본래의 실체에 직접 접근할 수 있는 자유를 박탈했기 때문입니다. 아니 어쩌면 우리가 그러한 자유를 포기한 것일 겁니다.

우주의 '자연'과 제도 속의 '인간'의 차이는 다음과 같습니다. "자연은 그대로를 말합니다(Nature speaks itself!)." 반면에 인간은 언어를 통하여 자신의 경험을 자랑하며 자신의 생각과 사고대로 "자연을 번역합니다(Human beings translate!)." 그런데 그러한 인간의 번역과 해석은 절대적으로 완벽할 수도 없으며, 더 나아가 자연을 왜곡하게 됩니다. 사르트르는 어른들이 성스러운 성서(oracles)조차도 그대로 두질 않고 말과 언어를 빌려서 그것들을 자신의 바람대로 '해석한다(interpret)'고 했습니다.[7] 저와 같은 또 다른 어른들은 그 해석들을 그대로 빌려와서 자신이 가진 사고의 끈(string)으로 엮고 그것들을 이해하지도 못한 채 말과 언어로 되풀이합니다. 인간의 말과 언어는 본래 추상적인 것으로 사회구조와 제도가 낳은 산물이며, 그것들 자체가 바로 사회구조와 제도입니다. 따라서 인간의 말과 언어는 아무리 발달되어도 자연(nature)을 절대로 포용하여 전달할 수 없으며, ─인간의 언어를 인공지능과 컴퓨터 시뮬레이션(simulation)을 통해

---

7) Frechtman, Bernard (trans.). 1964. *The Words: The Autobiography of Jean-Paul Sartre.* New York: George Braziller: 31.

처리하는 챗봇(Chatbot) 같은 2차적인 과학적 수단체는 더욱 말할 것도 없는데요- 즉, 자연을 본질 그대로 옮길 수가 없는 것입니다. 사회구조와 제도가 인간 정신과 행태를 다 옮겨 담을 수 없는 것과 마찬가지며, 더욱이 그것들을 설계하고 실행하는 과정에서 왜곡과 부패가 발생합니다.

그래서 실제의 꽃(A)과 언어로 표현한 꽃(B) 간에 '차이(A-B)'가 있게 되며, 그 차이를 인식하는 순간에야 비로소 우리는 그동안 인식하지 못해 놓쳐왔던 꽃의 본질적 영역이 있음을 확인하게 됩니다. 말과 언어로 인해 발생하는 그 불쾌한 '차이(A-B)'를 사르트르는 인간의 제도가 낳은 '부조리(absurdity)'로 보았으며 그것에 구역질(nausea)이 났습니다. 그가 35세인 1938년에 쓴 실존주의 철학소설 『La Nausée』[Nausea; 구토]에서,[8] 주인공 앙트완 로강탱(Antoine Roquentin)은 부빌(Bouville)이라는 프랑스 항구마을의 사람들과 교류하면서 그들을 관찰하였는데, 그들의 대화와 행동에서 그러한 부조리 및 모순(contradiction)을 발견하고 그것들을 증오하고 구토를 하게 되며, 결국에는 자신의 실존(existence) 자체를 의심하게 됩니다. 그리고 사르트르는 1963년 『Les Mots』[The Words; 말]이라는 책으로 스웨덴 노벨의회(Nobel Assembly)로부터 76명의 후보를 제치고 노벨문학상수상자(Nobel Prize Laureate for Literature)로 선정되었으나, 이를 공식적으로 거절하면서 스웨덴학술원(Svenska Akademien; Swedish

---

8) ●Sartre, Jean-Paul. 1938. *La Nausée*. Paris: Gallimard. ●Alexander, Lloyd. 1949. *The Diary of Antoine Roquentin*. London: John Lehmann. ●Baldick, Robert. 1963. *Nausea*. London: Penguin Books. ●Baldick, Robert, and James Wood. 2000. *Nausea*. London: Penguin Books.
   사르트르의 『La Nausée』[Nausea; 구토](1938)는 대표적인 실존주의 장편 철학소설, 영어로는 먼저 『The Diary of Antoine Roquentin』[앙트완 로강탱의 일기](1949)로 번역되었고, 다음에 『Nausea』[구토 또는 구역질](1963)로 번역되어 소개되고 있습니다.

Academy)에 다음의 글(letter)을 보냅니다. "*A writer should not allow himself to be turned into an institution.*" 즉, "글을 쓰는 사람은 그 자신을 하나의 '제도(institution)'로 전환되는 것을 허용해서는 안 된다."고 했습니다.9) '제도'라는 단어는 일반적으로 한 사회의 관습(custom)과 행위패턴(behavior pattern)에 적용되는데, 사르트르에게 '제도'는 계급체계(class system)가 존재하는 하나의 사회로 다가왔습니다. 사르트르에게 스웨덴학술원과 노벨문학상은 제도 자체였습니다. 그러한 '제도'라는 단어(word)는 자유를 선고받은 개인을 초월하여 사회적 목적만을 추구하는 피조물로 암시되었습니다. 그리고 하나의 제도인 노벨상은 정치적 영향력과 유럽중심주의(Eurocentrism)에 전염되었습니다. 사르트르는 이러한 제도들과 자신의 철학적이고 정치적인 개인적 발언 및 행위가 연계되는 것에 저항했습니다. 그리고 사르트르는 생각했을 것입니다. 자신의 책으로 노벨상을 받게 되면 사람들은 그 책을 읽지도 않은 채 그리고 그것을 이해하지도 않은 채, 그것의 화려한 겉모습, 즉 세계적인 1위의 노벨상을 탔다는 것만으로 책을 구입하고, 그 계급체계의 위대함만을 여기저기에

---

9) Gyllensten, Lars. 2000. *Minnen, bara minnen*. [Memories, Only Memories]. Stockholm, Sweden: Albert Bonniers Förlag.

　　라스 질렌스텐(Lars Gyllensten, 1921-2006)은 스웨덴의 학자이자 시인이자 철학소설가입니다. 그는 의학분야의 연구교육기관이자, 생리학(physiology) 및 의학(medicine) 분야의 노벨상수상자(Nobel Prize Laureate) 후보를 선발하는 왕립 카롤린스카 기관(Karolinska Institute)에서 미생물조직구조학(histology)의 교수였으며, 또한 노벨문학상(Nobel Prize for Literature) 후보를 선발하는 스웨덴학술원(Svenska Akademien; Swedish Academy)의 위원이었을 정도로 철학분야의 탁월한 소설가였습니다. (*그의 철학소설에 대해선 뒤에서 잠시 소개하겠습니다.) 그는 2000년에 자신이 관찰하고 경험한 역사적인 외적 사건들을 기록으로 남긴 『*Minnen, bara minnen*』[Memories, Only Memories; 기억(추억)들, 단지 기억들]을 발표하였는데, 이 저서에는 역시 스웨덴학술원의 일원으로 62년 동안 활동했던 안데르스 외스터링(Anders Österling, 1884-1981)이 전하는 사르트르의 노벨문학상 거절내용이 담겨 있습니다.

말과 언어로 옮겨다 놓을 것입니다. 사르트르는 바로 그 책에서 말과 언어를 통한 인간본질의 왜곡을 경고하고 비판하였음에도 그 제도들인 노벨의회와 뛰어난 지성들은 그 경고를 이해하지 못했습니다. 언어적 표상이자 제도적 표상 자체인 그 작은 노벨문학상은 인간을 계층과 계급으로 규격화하려 했을 뿐, "자유를 선고받은" 인간의 개념을 이해하지 못하고 그것을 더욱 왜곡할 수 있는 것이기에 그는 노벨문학상에 구토(vomiting)를 하게 됩니다.

그렇습니다, 노벨상(Nobel Prize)은 무엇이며 그것을 결정하는 기관들은 무엇입니까?[10] 누가 누구의 찬란한 업적을 판단하고 결정하여 그러한 계급을 수여합니까? 노벨상수상자들을 선정하는 조직들과 거기서 그것을 결정하는 사람들도 모두 '제도'입니다. 앞에서 라이트 밀즈(C. Wright Mills)와 한스 게르츠(Hans H. Gerth) 교수님들이 지적했던 것처럼, 그 제도 및 사회구조는 자신들이 잣대로 정해놓은 틀과 규격 안에 들어가는 인물들을 선택합니다. 스웨덴의 화학자이자 다이너마이트(dynamite)의 발명가였던

---

10) The Nobel Prize awarding institutions.
<https://www.nobelprize.org/the-nobel-prize-organisation/prize-awarding-institutions/> Retrieved 8 August 2023.
　노벨상수상자(Nobel Prize Laureate)들은 물리학(physics), 화학(chemistry), 생리학 또는 의학(physiology or medicine), 문학(literature), 평화(peace) 등 5개 분야에서 매년 선정되어 공표됩니다. 우선 5개의 해당 노벨위원회(Nobel Committee)가 후보자들을 선택하여 제안하면, 모든 위원회 위원 등이 모인 노벨의회(Nobel Assembly)에서 수상자들을 결정됩니다. 그리고 마지막으로 노벨상은 노벨상수여기관들이 수상하게 되는데, 왕립스웨덴과학학술원(Royal Swedish Academy of Sciences)이 물리학과 화학 노벨상을 수여하고, 의학분야의 연구교육기관인 스웨덴의 카롤린스카 기관(Karolinska Institute)에서 생리학 또는 의학(medicine) 노벨상을 수여하며, 스웨덴학술원(Swedish Academy)에서 노벨문학상을 수여합니다. 그리고 노벨평화상의 경우는 노르웨이노벨위원회(Norwegian Nobel Committee)가 후보자들을 선발하고 최종 수상자를 결정하여 수상하고 있습니다.

알프레드 노벨(Alfred Nobel, 1833-1896)은 사실상 1895년에 그의 유언에서 "인류에게 가장 큰 이익을 가져다준(conferred the greatest benefit to humankind)" 사람들에게 자신의 전 재산을 남긴다고 하였습니다.[11] 노벨 상위원회 및 노벨의회라는 제도에게서 선택받지 못한 지구상의 알려지지 않은 개인들과 그들의 작은 작품들이야말로 알프레드 노벨이 기대했던 바로 인류에게 가장 큰 이익을 선사하는 존재일 수 있습니다. 특히, 노벨은 "이상적인 방향으로 가장 탁월한 작품을 생산한(produced the most outstanding work in an idealistic direction)" 사람들에게 노벨문학상을 수여해주길 바랐습니다. 그런데 여기서 '이상적'이란 말은 명확하지 않습니다. 철학에서 이상주의(idealism)는 현실 및 실제(reality)를 마음, 정신, 의식과 동등한 것으로 보며, 현실을 전적으로 정신적 구성체로 봅니다. 그리고 예술(arts)에 있어서 이상주의는 상상(imagination)을 북돋우며 완벽의 기준인 미(美)의 정신적 개념을 현실적으로 묘사하는 것을 말합니다.[12] 아마도 철학과 예술에서 이상주의가 의미하는 바를 최소한 노벨은 동의할 겁니다. 다음의 구절은 대한민국의 박경리 선생님(1926-2008)이 『토지』(1994)에서 무엇인가를 묘사한 것으로, 이러한 표현들은 5부 16권에 이르는 방대한 책의 곳곳에서 발견됩니다.

> 가을의 대지에는 열매를 맺어놓고 쓰러진 잔해가 굴러있다. 여기저기 얼마든지 굴러 있다. 쓸쓸하고 안쓰럽고 엄숙한 잔해위를 검시(檢屍)하듯 맴돌던 찬 바람은 어느 서슬엔가 사람들 마음에 부딪쳐와서 서러운 추억의 현(絃)을 건드려주기도 한다. 사람들은 하고많은 이별을 생각해보는

---

11) "Alfred Nobel's will." Nobel Prize Outreach.
    <https://www.nobelprize.org/alfred-nobel/alfred-nobels-will/>
    Retrieved 8 August 2023.
12) The Encyclopedia Britannica. Edinburgh, UK: Encyclopædia Britannica, Inc.
    <https://www.britannica.com/> Retrieved 8 August 2023.

것이다 … (중략) … 들판의 익어가는 곡식은 쓰라린 마음에 못을 박기도
한다. 가난하게 굶주리며 살다 간 사람들 때문에 … (중략) … 텅 비어버
린 들판은 놀을 받고 허무하게 누워 있을 것이다. 마을 뒷산 잡목 숲과
오도마니 홀로 솟은 묏등이 누릿누릿 시들 것이다 … (중략) … 장승 옆에
한두 그루씩 서 있는 백일홍나무에는 물기 잃은 바람이 지나갈 것이다.
그러고 나면 겨울의 긴 밤이 다가오는 소리를 들을 수 있다.

- 박경리, 『토지』(1994)(*2012년 출판본 1부 1권: 28-29)에서[13] -

노벨상 선정 위원들의 마음에, 아니 그 제도의 틀에 이 내용이 다가갈
수 있을까요? 아무리 지성(intelligence)이 뛰어난다 하더라도 그들이 가진
경험과 지식은 그 자체가 한계입니다. 그러한 제도의 시각과 한계성으로
는 이 내용을 절대로 볼 수 없으며, 찾을 수도 없습니다. 어딘가에서 제
가 사회구조 및 제도가 수여하는 상을 받을 경우에 사르트르의 그러한 용
기(courage)와 그가 경고한 "나 자신을 제도로 변질시키지 않을" 자신
(confidence)이 있을지를 생각해봅니다.

---

13) 박경리. 2012. *토지(土地)*. 파주: 마로니에북스.
　　박경리 선생님의 다른 묘사를 소개해봅니다.
　　*"엽전 몇 닢을 던져주고 크게 소리 내어 웃고 가던 주정꾼의 새빨간 코도 지나
　　갔다. 황황히 타는 장작불, 어둠을, 밤을 삼키듯이 타오르는 주황빛은 그러나
　　제 몸이 어둠에 물들어 사방에 칙칙한 빛을 던져주고 있었다. 그 빛을 받고 혹
　　은 등지고 춤을 추던 광대들, 번들번들 빛이 튀고 흔들리곤 하던 탈바가지의 처
　　연한 모습, 빠른 가락의 타령조가 고조되면 청포(靑布) 황포(黃布)의 악공들의
　　수족과 얼굴은 낚싯줄에 파닥이는 잉어 모양으로 전율하는 것 같았다 … (중략)
　　… 낙락장송들의 허리가 모조리 부러져서 길상에게 넘어져올 것만 같았다. 일어
　　서서 팔매같이 치달리는데 산이 쩌렁쩌렁 소리를 내며 뒤쫓아오고 겹겹이 쌓인
　　사방 능선 위 들숭날숭한 하늘에는 잿빛 구름이 뭉게뭉게 피면서 구름은 성난
　　아수라(阿修羅)로 변하고 그들이 모는 화차(火車)가 되어 천지는 칠흑 속에 덮
　　이면서 벼락이 산을 무너뜨리고 계곡을 솟구치게 한 것 같았다. 길상은 치달리
　　면서 자신의 몸뚱아리가 한 점 먼지같이 느껴졌다(1994. 1부 3권: 92)."*

5강 1953년과 1963년 137

다행스럽게도 조직, 이념은 물론 언어와 말이라고 하는 사회구조 및 제도의 제약은 한 인간의 행위와 정신을 완전히 결정짓지는 못합니다. 많은 미국 및 유럽의 학자들이 다음과 같은 연구 질문을 제기한 적이 있습니다. "왜 경기침체 때 직업을 잃은 사람들이 그 후 경제 및 노동시장이 회복되었음에도 불구하고 다시 원래의 직업 및 노동시장에 복귀하지 않는가?" 미국의 수도 워싱턴(Washington, D.C.)에서 2004년 설립되어 사회문제에 대한 연구, 여론조사 및 인구동향에 대한 연구 등을 수행하고 있는 씽크탱크(think tank)인 '퓨 리서치 센터(Pew Research Center)'가 2010년에 발간한 보고서 「The Impact of Long-term Unemployment: Lost Income, Lost Friends—and Loss of Self-respect.」[장기 실업의 영향: 손실된 수입, 잃어버린 친구들, 그리고 자기존중의 상실]과 그로부터 10년 뒤인 2021년에 내놓은 보고서 「U.S. labor market inches back from the COVID-19 shock, but recovery is far from complete.」[미국의 노동시장은 COVID-19의 충격으로부터 조금씩 돌아오지만, 결코 완전한 회복과는 거리가 멀다.]의 조사 자료들을 보면,[14] 경기침체 및 COVID-19의 영향으로 장기간(6개월 이상) 동안 직업이 없는 상태가 계속될수록, 사람들은 자신과 가족의 삶을 위한 재정적 손실과 경력개발의 중단은 물론, 그 동안 밀접했던 사람들과의 관계상실로 인해서 '정신적 웰빙(mental well-being)'의 정도가 상실된다고 하였습니다. 그리고 특히 주목할 것은, 장기적 비고용상태는 인간에게 가장 중요한 '자기존중(self-respect)'의 상실을 가져오게 되며, 그 결과 사람들은 그동안 다녔던 직장을 포기하거나 직업의 유형을 바꿔버리고자 하는 심각한 변화를 고민하는 비율이 매우

---

14) ●Pew Research Center. 2010. *The Impact of Long-term Unemployment: Lost Income, Lost Friends - and Loss of Self-respect.* ●Pew Research Center. 2021. *U.S. labor market inches back from the COVID-19 shock, but recovery is far from complete.*

높은 것으로 나타났습니다. 예를 들어, 2010년도 보고서의 경우, 16세에서 64세에 이르는 전체 조사대상자 810명 중에서 70%나 되는 사람들은 경제가 회복되었음에도 불구하고 원래 직장으로 돌아가지 않고 직장을 바꾸거나 아예 직업을 포기하였습니다. 라이트 밀즈와 한스 게르츠가 강조한 것처럼, 사회구조와 제도는 당초 인간이 선택한 것도, 인간이 원한 것도 아닙니다. 그동안 누려왔던 '경제적 인간'이라는 화려한 지위를 상실당하는 순간에서야 비로소 우리 인간은 "지금까지 과연 나는 '옳은 곳'에 있었던가?"를 자신에게 묻게 됩니다.

현존하는 미국의 영향력 있는 사회학자인 허버트 간스(Herbert J. Gans, 1927-현재) 콜롬비아대학교 명예교수님은 2011년과 2012년의 글들에서,[15] 이러한 사람들이 직장이나 직업을 잃음으로써 겪게 되는 '자아상실'에 대한 책임은 각각의 개인에게 있는 것이 아니며, 바로 인간들이 만든 그 유용한 (아마도 유용한 것으로 기대했던) 제도들에 있다고 주장합니다. 특히 2012년의 경우에, 실직되거나 일자리 찾기를 포기한 사람들의 공식 비율이 전체 노동력의 15%이었는데, 이 비율 이외에 겉으로 보이지 않는 '낙담한(discouraged)' 노동자들의 비율이 훨씬 많음에도 불구하고 그러한 실체에 대해서 정부의 제도들은 아예 파악조차 하지 못하고 있으며, 정부 제도들이 겉으로 기껏해야 하는 정책적 처방 및 조치는 오래되고 낡은 것으로 실제 도움이 되지 못한다고 탄식합니다. 정부(government)와 기업(enterprise)이라는 '제도들'의 존재적 정당성은 그것들이 우리 사회에 필요한 직업들은 잘 관리하여 영속시키고, 동시에 새로운 직업들을 창출하

15) ●Gans, Herbert J. 2011. "The Age of the Superfluous Worker." *Talk In New York*. ●Gans, Herbert J. 2011. "The Age of the Superfluous Worker." *The New York Times* (November 25, 2011). ●Gans, Herbert J. 2012. "(The Frustrated Worker) Superfluous Workers: The Labor Marker's Invisible Discards." *Challenge* 55(4): 94-103.

기 위한 '미래적 설계(future design)'를 하기 위해 있는 것인데도 불구하고, 자본주의 경제라는 '사회구조'는 '직업을 가진 자(The have-jobs)'와 '가지지 못한 자(The have-nones)' 사이의 양극화된 갈등을 심각하게 오랫동안 지속시켜 왔으며, 이를 정부가 해결하지 못한다면, 그 제도는 우리 사회를 매우 화나고 병든 존재로 악화시킬 수 있다고 경고합니다.

그렇습니다. 우리에게는 화폐로 주어지는 금전적 임금(monetary wages)이 사회적 삶을 영위하는 데 매우 필요한 것이기에 원래부터 주어진 자유를 포기한 채 묵묵히 그 잘난 직업과 직장이라는 사회제도에 들어갑니다. 그럼에도 불구하고 만약 그러한 직장으로부터 내가 비자발적으로 고용되지 못하거나 사회제도로부터 선택받지 못하게 되면, 그때 비로소 우리는 그동안 우리 자신이 "무엇을 놓치고 있었던가?"를 깨닫게 됩니다. 우리가 사회제도에 나의 본질을 버리고 힘들게 버티고자 했던 바로 그 이유는 단순히 삶을 영속하기 위한 경제적 화폐의 획득만이 아니었던 것입니다. 직장에 들어가고 사회제도의 구속을 선택하게 된 근본 이유는 생명체로서의 나의 위엄(dignity), 나 자신에 대한 존중(self-respect), 어딘가에 내가 쓸모 있는 생명체라는 존재감 때문이었습니다. 이렇듯 우리 인간은 본질적으로 원하는 바가 따로 있는 존재이기에, 사회구조 및 제도가 경제적, 화폐적, 물질적 수단을 통해 우리를 완전히 구속시킬 수 없습니다. 해고를 당하고 정당한 승진을 도둑맞는 경험들은 인간이기를 가능하게 했던 바로 그 자유(즉, 실존의 의미)를 상실당하는 경험들입니다. 따라서 그런 경우에 우리는 노동시장과 경제가 아무리 회복되었다 하더라도 다시는 그 제도에 돌아가지 않습니다. 아이러니하게도 그러한 끔찍한 제도적 상실을 경험하지 못한 사람들의 경우는 "제도에 의한 자유의 상실"을 인식하지 못한 채로 어쩌면 자기기만과 자기배신 속에 살아가고 있는 것인지도 모릅니다.

여러분이 아마도 알고 계신 "The Sound(s) of Silence(침묵의 소리)"라는 팝송은 1941년생 동갑내기인 폴 사이먼(Paul Simon)과 아트 가펑클 (Art Garfunkel)이 1964년에 발표하여 미국 빌보드차트에서 14주 연속 1위를 한 노래입니다.[16] 그 노래가사 중에 *And the people bowed and prayed, To the neon God they made …* (중략)"라는 내용이 있습니다. 수많은 사람들은 밤거리에서 휘영청 빛나는 네온사인들로 표현되는 물질만능의 자본주의 '제도'를 마치 전지전능한 신(God)으로 숭배하며, 바로 그 '네온 신(Neon God)'에게 자신의 자유를 팔아넘긴 채 기도를 하고 절을 합니다. 그 자본주의의 화려한 표상적 제도인 '네온 신'은 원래부터 인간 위에 존재했던 것이 아닌 인간 자신들이 만든 객체이며 수단에 불과합니다. 사회구조 및 제도는 인간들이 필요에 의해 만든 피조물이지만, 불행하게도 우리의 바람대로 작동되지 않으며, 우리가 원한 원래의 모습들도 아닙니다. 그들은 스스로 변형되고 재탄생되어 우리를 압도하는 거대한 기계체(machine)로 다가와 우리의 본질인 자유와 교환을 시도한 후, 마침내 그 자유를 삼켜버리고 그 대가로 화폐와 물질을 제공합니다. 원래 나의 것이었던 그 자유를 악마에게 내어준 나는 홀로 돌아와 누운 작은 침상의 창으로 비쳐들어 오는 그 네온 신의 '*차갑고*(cold)' '*습한*(damp)' 불빛에 등을 돌린 채, '*침묵*(silence)' 속에 잠이 듭니다. 사회구조와 제도

---

16) Simon, Paul, and Art Garfunkel. 1964. *The Sound(s) of Silence*. New York: Columbia Records.
　　사이몬과 가펑클의 "*The Sound(s) of Silence*"는 '클래식 포크 락(classic folk rock)'으로 분류되는데, 이 노래는 2012년에 미국 연방의회도서관의 '국가녹음등록부(National Recording Registry)'에 영원히 보관되는 것으로 결정되었습니다. 미국 연방의회는 2000년부터 '국가녹음보존법(National Recording Preservation Act)'을 제정하여 이 녹음등록부를 설치하였고, 국가녹음보전위원회는 "미국에서 문화적으로, 역사적으로, 또는 심미적으로 의미있는(culturally, historically, or aesthetically significant)" 소리를 선정하여 녹음하여 보전할 것을 결정해오고 있습니다.

는 절대로 따듯하지도 자비롭지도 않으며, 본질인 자유를 팔아버린 그 사회구조와 제도에 대해 우리가 내는 소리는 들리지 않는 침묵이 됩니다.

인간생명체의 어떤 기능들도 사전에 미리 정해져 있지 않습니다. 그리고 우리의 본질을 규정하고 형성하는 그 어떠한 설계자(designer)나 제작자(manufacturer)는 없습니다. 모든 것은 인간으로부터 탄생된 것이고 출발된 것들입니다. 초인공지능(super intelligence)이라는 새로운 구조와 제도가 인간생명체를 대체하여 세상을 지배할 수 있을 겁니다. 그러나 그 초인공지능은 물론 어떠한 미래의 과학도 절대로 이길 수 없는 것이 있습니다. 그것은 '인간'이 바로 그 인공지능을 포함한 모든 새로운 것에서, 그리고 그 거대한 사회구조와 제도에 있어서, 언제나 항상 그것들 앞에 있었던 존재였으며 바로 처음이자 시작이었다는 것입니다. 이것이 바로 필자가 1953년의 라이트 밀즈와 1963년의 장 폴 사르트르와 공유한 내용입니다.

5강과 관련된 글을 더 읽어보기
(FOR FURTHER READING)

라이트 밀즈(C. Wright Mills, 1916-1962) 교수는 천재적 사고를 가졌던 사회과학자 중 한 분입니다. 30대 중반에 발현한 심장병은 5번째 발병한 심장마비(heart attack)로 인해 45세라는 젊은 나이에 그의 마지막 운명을 찾아가게 했습니다. 콜롬비아대학교(Columbia University)에서 치러진 장례식에는 그의 영원한 학문적 동료였던 한스 게르츠(Hans H. Gerth, 1908-1978) 교수가 마지막 추도사를 헌사했습니다. 라이트 밀즈 교수님은 미국 오스틴대학교(University of Texas at Austin)와 위스콘신대학교(University of Wisconsin-Madison)를 거쳐 콜롬비아대학교(Columbia University)의 사회학 교수를 지내면서, 앞에서 간단히 소개해드렸던 ●『White Collar』(1951), ●『The Power Elite』(1956), ●『The Sociological Imagination』(1959)에서 '화이트칼라', '파워엘리트', '사회학적 상상력' 등의 의미있는 개념들을 창조적으로 정의하면서 이것들을 순수 사회적 현상을 넘어 정치, 행정, 기업 등의 주요 영역의 현상에까지 연계하는 비범한 논의를 전개하고 있습니다. 특히, 그는 1956년의 『The Power Elite』에서 분석한 군사-기업-정치 엘리트의 3계급 간에 엮인 결연(class alliances)에 대한 논의에서 나아가 ●Mills, C. Wright. 1958. "Structure of Power in American Society." *British Journal of Sociology* 9(1): 29-41.에서 미국 사회 전반에 있어서 권력 구조(Power Structure)에 대한 논의와 분석을 전개하고 있습니다. 또한, 그는 독일의 법률가 및 사회과학자였던 프란츠 노이만(Franz Leopold Neumann, 1900-1954)이 1942년에 쓴 저서 ●Neumann, Franz Leopold. 1942. *Behemoth: The Structure and Practice of National Socialism*. Oxford, UK: Oxford University Press.에 대한 서평에서, 노이만이 의문을 가진 "어떻게 나치즘(Nazism) 같은 괴수(behemoth)가 독일 같은 민주주의 국가에서 권력의 자리에 올라설 수 있었는지?"에 대한 논의를 공유하면서, 경제적 자본주의(capitalism)가 전제적인 정치권력으로부터의 안정화된 지원을 요구하게 된 현상을 날카롭게 언급하고 있습니다. 그의 서평은 ●Horowitz, Irving Louis (ed.). 1967. *Politics & People: The Collected Essays of C. Wright Mills*. London, Oxford & New York: Oxford University Press.에서 접하실 수 있습니다.

그리고 한스 게르츠(Hans H. Gerth, 1908-1978)는 독일인으로 나치 정권(Nazy Germany)으로부터 미국으로 정치적 망명을 한 후, 미국 하버드대학교(Harvard University)와 일리노이대학교(University of Illinois)를 거쳐 위스콘신대학교(University of Wisconsin)의 교수였으며, 라이트 밀즈의 멘토(mentor)이자 동료로서 지내면서 독일의 사회학자이자 정치경제학자인 막스 베버(Max Weber, 1864-1920)의 작품들을 라이트 밀즈와 함께 영역하기도 하였는데, 그 대표적인 작품으로는 ●Gerth, Hans H., and C. Wright Mills. 1946. *From Max Weber: Essays in Sociology*. New York: Oxford University Press.가 있습니다. 참고로 막스 베버는 서구 자본주의 사회의 발달과 관련한 주요 이론들을 주창한 대학자로, 그의 이론과 논거의 주제들은 사회학, 관료제, 종교, 역사, 국가와 정부 및 도시, 자본주의와 경제, 계층 등으로 현재의 인간과 사회의 모든 분야에 미치는 영향력은 말할 수 없을 정도로 깊고 광대합니다.

인간의 존재에 대한 끊임없는 의문과 탐구를 시도한 실존주의(existentialism)에 속하는 대표적 작품들로, ●키르케고르(Søren Kierkegaard)의 『*Enten-Eller*』[Either/Or; 이것이냐 저것이냐](1843)와 『*Sygdommen til Døden*』[The Sickness unto Death; 죽음에 이르는 병](1849), ●러시아의 대문호 도스토옙스키(Fyodor Dostoevsky)의 『Crime and Punishment』[죄와 벌](1866)과 『The Brothers Karamazov』[카라마조프가의 형제들](1880), ●니체(Friedrich Nietzsche)의 『*Thus Spoke Zarathustra*』[짜라투스트라(또는

짜라두짜)는 이렇게 말했다』(1883), ●칼 융(Carl Gustav Jung)의 『Memories, Dreams, Reflections: *Autobiography*』[기억, 꿈, 성찰: 자서전](1962), ●야스퍼스(Karl Jaspers)의 『*Existenzphilosophie*』[Philosophy of Existence] (1938), ●틸리히(Paul Tillich)의 『The Courage to Be』(1952)와 『Dynamics of Faith』(1957), ●마르셀(Gabriel Marcel)의 『The Mystery of Being』[존재의 신비](1951), ●하이데거(Martin Heidegger)의 『*Sein Und Zeit*』[Being and Time; 존재와 시간](1927)과 『*Beiträge zur Philosophie*』[Contributions to Philosophy; 철학에의 기여](1936-1938), ●메를로 퐁티(Maurice Merleau-Ponty)의 『*Phénoménologie de la perception*』[Phenomenology of Perception; 인식의 현상학](1945), ●보부아르(Simone de Beauvoir)의 『*L'Invitée*』[She Came to Stay](1943), ●카뮈(Albert Camus)의 『The Stranger』[이방인](1942)은 물론, 『*The Plague*』[The Plague; 페스트](1947)를 소개합니다.

장 폴 사르트르(Jean-Paul Sartre, 1905-1980)의 1943년 저서 ●『*L'être et le néant L'Être et le néant : Essai d'ontologie phénoménologique*』[Being and Nothingness: An Essay on Phenomenological Ontology; 존재와 무: 현상학적 존재론에 관한 에세이]는 그의 실존주의 철학을 대표하는 철학서입니다. 이 저서에서, 특히 무(無, nothingness)라는 개념은 우리가 엄연히 '경험한 현실'로, "친구가 없다, 돈이 없다"는 것에 해당합니다. 즉, 무는 경험적인 구체적인 것으로, 단순히 "추상적으로 존재하지 않는 것(abstract inexistence)", 예를 들어, '사각형 원'과는 다른 것을 의미합니다. 그리고 이 책을 미국 콜로라도대학교(University of Colorado Boulder) 철학과 교수였던 헤이즐 반즈(Hazzel E. Barnes, 1915-2008)가 1984년에 『Being and Nothingness』라는 제목으로 영역하는 등, 그녀는 사르트르의 대부분의 글들을 영역하여 실존주의를 알리는 데 많은 기여를 하였습니다. 그녀가 사르트르의 글들을 영역하지 않았다면, 프랑스어를 전혀 모르는 저는 사르트르가 던진 그 많은 실존주의적 지적 사고들을 만나지 못했을 것입니다.

독일에서 출생한 미국 콜롬비아대학교의 명예교수 허버트 간스(Herbert J. Gans, 1927-현재)는 일자리(job), 실업(unemployment), 노동력(work force)에 대한 사회학적인 탁월한 견해들은 물론, 정치적 및 경제적인 정부 정책 이슈들(즉, 전쟁, 세금 개혁, 지구온난화, 경제적 · 인종적 · 젠더 · 종교적 불평등, 가족 정책, 주택 정책, 에너지보존 공동체, 교육 개혁 등)에 대한 분석과 정책 대안들을 제시하는 등 정치행정학자의 역할도 수행하고 있습니다. 이와 관련된 상세한 내용은 ●Gans, Herbert J. 2008. *Imagining America in 2033: How the Country Put Itself Together after Bush*. Ann Arbor, MI: University of Michigan Press.에서 확인하실 수 있습니다.

앞에서 잠시 말씀드린, 라스 질렌스텐(Lars Gyllensten, 1921-2006)은 노벨문학상 수여기관인 스웨덴학술원의 일원이기 이전에 스웨덴의 지성 (intellectual)이자 철학소설가입니다. 그는 철학소설들을 통해 인간이 진리 (truth)를 인식하는 데 있어 주관적(subjective)이고 상대적인(relative) 성향을 취하게 되지만, 궁극적으로 경험(experience)과 지식(knowledge)을 얻기 위해서는 "절대적인 회의(absolute skepticism)"가 필요하다는 논리를 제시합니다. 그는 1952년에 발표한 철학소설인 ●Gyllensten, Lars. 1952. *Barnabok*. [Children's Book]. Stockholm, Sweden: Albdert Bonniers Förlag.에서, 결혼(marriage)이 점점 소멸되는 이유와 배경에 대항하여 이러한 논리를 전개하고 있습니다. 그는 또 다른 철학소설인 ●Gyllensten, Lars. 1956. *Senilia: mimisk essay*. Stockholm, Sweden: Albdert Bonniers Förlag.과 ●Gyllensten, Lars. 1978. *Senilia: Mimisk essay (Albatross)*. Uxbridge, UK: Alba Publishing.에서, 주인공 세닐리아 (Senilia)가 나이가 들어가는 과정에서도 이러한 유사한 논리가 적용되고 있을 보여주고 있습니다. 한편, 그는 에세이 모음집인 ●Gyllensten, Lars. 1949. *Moderna myter* [Modenm Myths]. Stockholm, Sweden: Albdert Bonniers Förlag.에서, 현대인은 삶의 문제를 해결하고 자신의 부조리한 존재를 파악하기 위해 신화들(myths)을 찾게 되는데, 그 신화의 대표적인 것이

'정치적 및 종교적 이데올로기(ideology)'로 그것들은 설득력도 없고 모순적이며 공허한 실체이기에 우리들은 "이념적으로 파산된 세계(ideologically bankrupt world)"에 살고 있다고 합니다.

6강

응주불주(應奏不奏)와
칸더센션(Condescension):

거짓과 위선을 경계한 그분들

6강

응주불주(應奏不奏)와 칸더센션(Condescension):
거짓과 위선을 경계한 그분들

"인간의 생(生)은 짧고, 또한 불공평하다."
(Life is both short and unfair.)

− 존 롤스(John Rawls, 1921-2002)[1] −

1) Pogge, Thomas W., and Michelle Kosch. 2007. *John Rawls: His Life and Theory of Justice*. London: Oxford University Press.

1.

무슨 이유에서인가 사람들은 목격하고 경험한 있는 그대로의 사실과 상황을 남에게 제대로 전달하지 않거나, 그러한 사실에 기반하여 행하려고 하지도 않습니다. 이렇게 사실을 그대로 전달하지 않는 행위는 결과적으로 '공적인 폐해'가 되며, 자신에게 그리하는 것은 인간 본성의 상실이 됩니다. 그 둘은 모두 우리가 속한 사회에 대한 악(vice)이며 '사회적 거짓(social lie)'이고 위선(僞善)입니다.

조선시대 사헌부(司憲府)2)와 함께 암행어사(暗行御史)를 통해 국가가 조선의 공직과 사회에서 제거하려 했던 행태 중에는 '응주불주(應奏不奏)'와 '제서유위(制書有爲)'라는 것이 있습니다. 어떠한 사건에는 '정상(情狀)', 즉 '있는 그대로의 사정과 형편'이 있습니다. 그런데 "어떠한 목적을 위하여 또는 관련된 다른 일을 회피하기 위해서 이러한 사건의 정상(情狀)을 임금과 상관 등에게 제대로 알리지 않고 모호하게 돌려서 아뢰는 것"을 '응주불주(應奏不奏)'라 합니다. 1591년 통신사로 파견되어 돌아온 서인 황윤길은 왜(倭)가 조선을 침략할 것이라고 선조에게 알린 반면, 동인 김성일은 다른 의견을 내었는데, 이는 결과적으로 서인과 동인의 당쟁으로 인해 정상을 그대로 알리지 않은 응주불주의 행태로 임진왜란(1592-1598)이라

---

2) 한국학중앙연구원. 2022. *한국민족문화대백과사전.*
　　조선시대 '사헌부(司憲府)'는 언론 활동, 풍속 교정, 문무백관(*과거에 급제하여 벼슬을 얻은 신하)에 대한 규찰(또는 감찰)과 탄핵 등을 관장하던 관청으로, 현재의 '감사원'과 '헌법재판소'가 이러한 기능을 수행하고 있습니다. 그런데 언론을 그 직무로 수행하는 기관으로서 '사간원(司諫院)'도 있었는데, 그것은 조선시대 임금의 하루 일과에 대한 간쟁(諫諍)·논박(論駁) 등을 기록하는 임무를 수행하는 기관이었습니다. 그리하여 사헌부와 사간원 두 기관을 '언론양사(言論兩司)'라 하였으며, 이들이 기록하는 언론의 내용은 간쟁(諫諍)·논박(論駁)·탄핵(彈劾)·시정(時政)·인사(人事) 등이었습니다.

는 막대한 폐해를 조선에 가져왔습니다. 또한, 임금의 명령과 지시를 '상교(上敎)'라고 하는데, "상교를 시행할 때 이를 위배하여 다른 이유와 목적을 위해 원래의 지시사항 및 내용을 자르거나 고치어 계략적으로 행하는 행위"를 '제서유위(制書有爲)'라 했습니다. 조선의 태조 이성계는 공적 및 사적인 모든 범죄의 판결을 중국 명나라(1368-1644)의 기본 법전인 '대명률(大明律)'을 적용하여 시행하였는데, 제서유위는 범죄에 해당하는 것으로 곤장 100대를 쳐서 다스렸다고 합니다.

그런데 놀랍게도 우리나라 조선시대의 역사적 기간을 공유했던 프랑스의 철학자 미셸 몽테뉴(Michel de Montaigne, 1533-1592)는 그의 저서 『Essais』[Essays; 에세이](1580)에서,3) 이미 응주불주와 제서유위를 저지르는 "거짓말쟁이들(Liars)"에 대해 세련된 논의를 펼쳐놓고 경계하고 있었습니다. 몽테뉴에 따르면, 거짓말쟁이는 두 가지 유형이 있다고 합니다. 하나는 전체 중 일부의 사실을 속이거나(disguise) 고치는(alter) 유형이고, 또 다른 유형은 본래부터 존재하지도 않았던 모든 것을 새롭게 창조하는 (invent) 자들입니다. 이러한 거짓말쟁이들은 모두 어디선가 결국 문제가 발생합니다. 첫 번째 유형인 일부 사실을 변경하거나 속이는 거짓말쟁이

---

3) ●Montaigne, Michael de. 1580. *Essais*. Kingdom of France. ●Trechman, E. J. (trans.). 1927. *The Essays of Montaigne*. London: Oxford University Press.

미셸 몽테뉴(Michel de Montaigne, 1533-1592)는 프랑스의 철학자로, 그의 사고들은 프랑스 철학과 르네상스, 계몽주의(the Enlightenment)를 대표하고 있습니다. 그는 1580년의 이 책에서 솔직하고 정직하게 자신과 삶에 대한 내용을 전개하고 있는데, 슬픔(sadness), 게으름(idleness), 불변성(constancy), 상상력(imagination), 양심(conscience), 영광(glory), 참회(repentance), 경험(experience) 등에 대해 총 3권 107장에 달하는 주관적인 짧은 에세이들을 담고 있습니다. 특히, "거짓말쟁이들(Liars)"에 대한 그의 에세이는 제1권의 9장에 실려 있습니다.

는 기대치 않았던 질문을 반복적으로 받게 되면 자신의 말에서 일관성을 상실하게 되거나, 다른 부분을 수정하여 계속적으로 더하는 실수들 (mistakes)을 범하게 됩니다. 두 번째 유형인 모든 것을 거짓으로 주조한 (fabricated) 거짓말쟁이는 자신이 창조한 일에 대한 실제적 기억이 전혀 없기에, 즉 그의 발명품은 전혀 사실에 기반하고 있지 않기에, 상세한 것을 기억해서 진술하는 것 자체가 그에게는 가공할 만한 도전이 됩니다. 즉, 그에게는 모든 기억이 빈(empty) 것이기 때문에, 어떤 경우에는 그가 말하는 모든 내용이 회색으로 나타나며, 다른 경우에서는 그의 말이 노란 색으로 나타나는 등 그의 말을 섞으면 이것도 저것도 아닌 엉뚱한 색깔이 됩니다.

몽테뉴는 자기 시대에서 명성을 쌓은 많은 사람들에게서 이러한 거짓을 보았다고 했습니다. 몽테뉴가 경계했듯이, 우리는 사적 행위에서는 물론 공적 행위에서 이 두 가지 유형의 모든 거짓말쟁이들을 경계하여야 하며, 특히 사회적 명성의 높은 자리에 있는 자가 범하는 두 가지 유형의 거짓말 행위(즉, 일부 사실을 고치거나, 또는 사실이 아닌 모든 것을 창조해내는 행위)는 더욱 경계하여야 합니다. 그리고 '진실(truth)'은 단지 하나의 얼굴만을 가지고 있으나, 진실의 반대쪽에 있는 '악(evil)'은 수십만 개의 다른 형상과 무한한 공간을 가지고 있음을 잊지 말아야 합니다.

응주불주와 제서유위의 거짓 행위들은 모두 제도적 거짓과 위선으로 확대되어 조선의 제도 일부에 흡수되어 버렸습니다. 조카 단종을 폐위시킨 조선의 제7대 국왕 세조(1417-1468)는 토지세인 '전세(田稅)'를 거두었고, 또한 국가에서 필요로 하는 물품들-즉, '공물(貢物)'과 '진상(進上)'-을 세금으로 납부하게 하는 '공납(貢納)' 제도를 운영하였습니다.4) 그런데

1461년 세조가 관련 규정을 제정하여 특히 공물(貢物)에 해당하는 각 지
역 토산물 및 특산물을 다른 누군가가 대신 납부하는 "대납(代納)"을 허용
하였고, 불경을 간행하도록 세조가 설치한 '간경도감(刊經都監)'[5]에게도

---

4) ●오기수. 2012. "『조선경국전』의 조세개념과 조세제도에 관한 연구." *세무학연*
구 29(1): 167-198. ●한국학중앙연구원. 2022. *한국민족문화대백과사전.*
　　조선시대 국가의 중요 재정수입원은 '부세(賦稅)', 즉 백성으로부터 거두는
일체의 세금이었습니다. 부세(賦稅)는 3종이 있었는데, 토지를 단위로 부과된
'전세(田稅)'와 가호(家戶)를 단위로 부과된 '공납(貢納)', 그리고 16세기 이후
양인 남정(男丁: 16-60세의 남자)의 신역(身役: 현역 복무) 대신에 부과된 '군
포(軍布)'였습니다. 먼저, 전세(田稅)의 경우는, 전세균전법(均田法)에 따라 국
가로부터 '1결(結)'(*세종 26년인 1444년부터는 전토(田土)를 6등급으로 나누
었고 그중 1등전 '1결'의 넓이를 9,859.7㎡로 정하였으며, 대한제국 광무 6년
인 1902년에는 1등전 '1결'의 넓이를 1만㎡인 1㏊로 제정)의 땅을 받은 16세
에서 60세의 양인 남정(男丁)에게 세종시기의 경우 1결(結)당 생산량을 400두
(斗)로 설정하고 이것의 1/20을 과세하여 전세로 거두었습니다. 둘째, 공납(貢
納)은 '공물(貢物)'과 '진상(進上)'으로 나뉘어 부과되었는데, 공물(貢物)은 왕
실에 필요한 물품이었고, 진상(進上)은 국왕에 대한 예물로서 주로 국가 의례
에 필요한 물품이었습니다. 특히, 공물(貢物)의 경우, 그 종류와 액수를 '공안
(貢案)'이라는 장부를 통해 관리하였는데, 공안은 호조(戶曹: 호구(戶口) 관리,
조세 집행, 재정 업무 등의 사무를 담당한 관청), 제용감(濟用監: 왕실에 필요
한 의복이나 식품 등을 관장한 관청), 감영(監營: 각 도의 관찰사가 거처하는
관청), 그리고 각 읍(邑)이 각각 1권씩 가지고 있었습니다. 그리고 공물을 부과
하는 원칙은 군·현 단위의 것만 정해져 있었고, 개별 가호(家戶)의 공물 부과
에 대해서는 상세한 규정이 없어 수령이나 향리가 자의적으로 공물을 부과하
는 경우가 많았습니다. 셋째, 군포(軍布)의 경우를 보면, 양인 남정은 모두 군
적(軍籍) 또는 군안(軍案)에 올라 대개 2개월 동안 국방의 의무로서 신역(身
役: 현역 복무)인 '군역(軍役)'을 지도록 하였는데, 16세기 대역납포제(代役納
布制)가 시행되어 현역으로 군역을 하지 않는 대신에 '포'(베 1필: 이를 돈으로
환산하면 2냥 정도로 전세의 3배에 해당)를 세금으로 내게 하였습니다.
5) ●한국학중앙연구원. 2022. *한국민족문화대백과사전.* ●국사편찬위원회. "세조
실록(世祖實錄)." *조선왕조실록.*
　　'간경도감(刊經都監)'은 1461년(세조 7년) 6월에 왕명으로 설치하여 불경의
국역과 판각을 관장하게 하던 관립기관으로, 1471년(성종 2년) 12월에 폐지하
기까지 11년간 존속하였습니다. 세조는 수양대군 시절부터 부왕인 세종의 불서
편찬 및 간인(刊印)을 도왔으며, 계유정난(1453)으로 왕위 찬탈을 한 자신을 속

대납의 권한을 부여함으로써 심각한 문제가 발생되기에 이르렀습니다. 즉, 대납이란 타인이 먼저 한양에 올라가서 공물(貢物)인 왕실물품을 세금에 해당하는 특산물로 선납하고, 지방에 내려가 각 가호(家戶)의 백성들에게서 그 값을 징수해서 받아가는 것이었습니다. 그런데 이러한 대납제도는 권력을 가진 자들의 조직적인 거짓행위를 더욱 양산하게 됩니다. 즉, 나라에 공로가 있어 계급을 받은 공신(功臣)들이 자신의 재산으로 대납을한 후, 원래 세금보다 많은 서너 배의 액수를 가난한 백성들에게서 징수하여 막대한 경제적 이득을 획득하고 이것을 다시 자신의 정치적 권력을더욱 확대하는 데 사용하였습니다. 바로 이러한 대납의 폐단적 행위를"방납(防納)"이라 하였습니다.

이렇게 공납제(貢納制)의 전개 과정에서 공물(貢物)의 납부를 대행함으로써 중간 이윤을 취하던 위선적 행태인 방납(防納)은 조선의 공직 사회여러 곳에서 나타났습니다. 소순규의 연구(2018)와 『한국민족문화대백과사전』(2022) 등에 따르면,[6] '간경도감(刊經都監)'의 경우는 자체가 재정력이 없었기에 종교의 권위를 악용하여 우선 돈이 많은 남에게서 재물을 빌려서 그것으로 다른 백성들의 세금을 선납한 후에, 그 빌린 액수보다도 훨

죄하기 위해 간경도감(刊經都監)을 통해 각종 불경을 훈민정음으로 번역하였는데, 법화경(法華經), 수능엄경(首楞嚴經), 금강경(金剛經), 원각경(圓覺經), 심경(心經), 영가집(永嘉集) 등의 경전들이 있습니다. 그렇게 한글로 번역한 언해본들은 조선 초기의 불교학 연구 및 우리말 분석에 귀중한 자료가 되고 있습니다. 그런데 간경도감(刊經都監)은 중앙에 본사를 두고 안동부·개성부·상주부·진주부·전주부·남원부 등 지방 여러 곳에 분사를 두었으며, 직제는 도제조·제조·사·부사·판관 등을 두었고, 관리는 약 20명이고 종사자는 총 170여 명에이르렀으며, 불경 번역에 30일 이상 종사하면 도첩을 주어 승려가 되게 하였다는 기록도 남아 있습니다.

6) ● 소순규. 2018. "조선 세조대 공물 대납 公認의 정책적 맥락." 歷史學研究(역사학연구) 72: 33-66. ● 한국학중앙연구원. 2022. 한국민족문화대백과사전.

씬 더 많은 돈을 백성들에게서 징수하여 빌린 돈을 갚고 남는 것을 이익
으로 착취하는 폐단적 거짓행위를 일삼고 있었습니다. 또한, 공신(功臣)들
과 국왕의 8촌 이내 친족인 종친(宗親)들도 한술 더 떠 고을 전체 세금을
지방수령에게서 받아 조정에 대납하는 행위를 하였는데, 지방수령은 인사
권을 장악한 그들의 요구를 따를 수밖에 없었습니다. 1461년(세조 7년)에
는 세종대왕의 둘째 형인 효령대군(1396-1486)7)과 공신(功臣)의 사무를 관
할하던 관서인 '충훈부(忠勳府)'에서도 미리 백성들에게서 원래 세금의 몇
배를 받은 후, 그 돈의 일부를 세금으로 대납하고 나머지를 취득하는 폐단
을 저질렀습니다.8) 그러한 대납으로 취득된 경제적 이득은 계급과 권력을
위한 정치적 뇌물로 다시 작동되었습니다. 어디까지 우리 과거의 총체적
인 제도적 거짓과 위선의 역사를 들여다보아야 할까요?

7) 한국학중앙연구원. 2022. *한국민족문화대백과사전.*
　　효령대군(1396-1486)은 조선 3대 태종의 둘째 왕자로 불교를 숭상하였으며,
성종에 이르는 9대 왕권 동안 장수하였는데, 세종·문종·단종·세조·예종·성
종의 연고존친(年高尊親)이었습니다.
8) ●한국학중앙연구원. 2022. *한국민족문화대백과사전.* ●국사편찬위원회. "예종
실록(睿宗實錄)." *조선왕조실록.*
　　세조의 대납 허용이 '방납(防納)'의 여러 유형으로 나타나자, 1468년 예종
(睿宗)은 즉위하자마자 강력한 대납금지책을 공표하였습니다. 즉, 앞으로 대납
하는 자는 종친(宗親)과 공신(功臣)을 막론하고 사형에 처하고 가산(家産)은
적몰(籍沒: 재산 모두를 몰수)한다는 조치를 내렸으며, 즉위 5일 후에는 법령
을 위반한 지방관에 대해서는 극형(極刑)에 처할 것이라고 반포하였습니다. 그
런데 문제는 법으로 금하기 이전에 이미 대납한 대가의 징수가 아직 끝나지 않
은 상황이었기에, 이듬해 1469년에 "대납 금지를 반포하기 이전의 대납 금액
은 관에서 징수하여 지급하는 것으로 한다."고 결론을 냄으로써(『예종실록(睿
宗實錄)』 1468.1.27.), 대납금지책의 효과는 크게 기대하지 못하게 되었습니다.
조선에서는 이러한 대납(代納)으로 인한 방납(防納)의 폐단과 부담의 불균형이
지속되었으며, 광해군이 즉위한 1608년에 '대동법(大同法)'이 실시되어 토지 1
결에 대략 쌀 12두를 공물(貢物) 대신 부과하는 것으로 조정되었습니다.

2.

미국 조지메이슨대학교(George Mason University)의 법학자이자 경제학자인 고든 툴럭(Gordon Tullock, 1922-2014) 교수는 1967년에 발표한 연구논문을 통해, 현대 자본주의의 폐단으로 지적되고 있는 '지대추구(rent-seeking)'의 많은 개념들을 규명하여 논리구조적으로 정리한 학자입니다.[9] 그에 따르면, 지대추구 행위란 "새로운 부(wealth)를 자신의 노력으로 창출하려 하지 않으면서, 자신의 소유권만을 이용해 자신이 가진 부의 몫을 확대하려는 독점주의자(monopolist)의 행태"입니다. 그는 이러한 지대추구 행위가 계속되면, 비효율적인 자원배분으로 인해 경제적 효용이 상실되며, 부의 창출이 줄어들게 되고, 정부의 재정수입 또한 감소되며, 소득 불평등 정도가 높아진다고 하였습니다. 특히, 그의 공공선택이론(public choice theory)에 따르면, 이러한 지대추구자(rent-seeker)는 '시장에서 일어나는 교환 과정(market process of exchange)'을 통해서 이윤을 추구하지 않고, 오히려 '정치적 과정(political process)'을 통해 이윤을 추구한다고 합니다. 즉, 회사, 조합 또는 특정 이익단체는 정치인 또는 관료들에게 로비(lobby)를 통해 자신들에게 이로운 방향으로 관련 법률이 제

---

9) ●Tullock, Gordon. 1967. "The Welfare Costs of Tariffs, Monopolies, and Theft." Western Economic Journal 5(3): 224-232. ●Krueger, Anne. 1974. "The Political Economy of the Rent-Seeking Society." American Economic Review 64(3): 291-303.

'지대추구(rent-seeking)'라는 개념은 19세기 영국의 고전경제학자이자 의회의원이었던 데이비드 리카르도(David Ricardo, 1771-1823)에 의해 처음 정의된 것으로 알려져 있으며, 미국 조지메이슨대학교(George Mason University)의 고든 툴럭(Gordon Tullock, 1922-2014) 교수가 공립대학교인 버지니아 테크(Virginia Tech)로 옮겨오기 직전인 1967년에 지대추구의 많은 개념들을 규명하였고, 이후 1974년에 미국 경제학자인 안네 크루거(Anne Orsborn Krueger, 1934-현재)의 연구를 거치면서, 현재까지 경제학과 정치학 등 사회과학자들의 지속적인 연구주제가 되어 오고 있습니다.

정되도록 영향을 끼치고자 하고, 이에 반응하여 정치가들이 정책의 효율
성 대신에 그 로비에 기반하여 정책결정을 하게 될 경우에 '도덕적 해이
(moral hazard)', 즉 주인(principal)-대리인(agent) 관계에서 정보비대칭의
우위에 있는 대리인인 정치가가 주인인 국민에게 매우 위험하고(risky) 바
람직하지 않은 행태를 미치게 된다고 하였습니다.10)

---

10) ●Tullock, Gordon. 1980. "Efficient Rent Seeking." In Buchanan, James,
Robert Tollison, and Gordon Tullock (eds.). *Toward a Theory of Rent-
Seeking Society.* College Station, Texas: Texas A&M University Press:
97-112. ●Rowley, Charles K. (ed.). 2005. "The Rent-Seeking Society."
The Selected Works of Gordon Tullock Vol. 5. Carmel, Indiana: Liberty
Fund.

　고든 툴럭(Gordon Tullock) 교수는 공공선택이론(public choice theory)
에 기반하여 지대추구(rent-seeking) 논의를 정리하여 전개하는 과정 중에, 지
대추구로부터 얻는 이익에 비해 지대추구에 들어가는 투입비용이 상대적으로
훨씬 낮다는 역설을 주장하면서, 이를 '툴럭 역설(Tullock Paradox)'로 명명하
였습니다. 그에 따르면, 정치적 지원을 원하는 지대추구자들(즉, 회사, 조합 또
는 특정 이익단체들)이 의회 의원들과 선출직 관료들인 정치인들에게 뇌물을
주는 경우에, 그들이 지불하는 로비비용은 지대추구로부터 얻는 이익이나 가치
에 비해 훨씬 낮은 싼 비용이라 하였습니다. 예를 들어, 특정 정치적인 정책으
로부터 10억 달러의 이익을 얻을 것을 희망하는 지대추구자는 단지 그 이익의
1%에 해당하는 뇌물만 주면 되는 것으로 분석하였습니다.
　그리고 '공공선택이론(public choice theory)'은 선출직 공직자들, 관료들,
기타 정부관계자들이 공식적 자리에서 내리는 어떠한 결정들이 자신들의 인식
된 이기심(self-interest)에 의해 어떻게 영향을 받을 수 있는지에 대해 초점을
둡니다. 공공선택이론가들은 사익을 추구하는 대리인들(즉, 투표자, 정치인, 관
료)의 행태와 그들의 다양한 상호작용 방식에 관심을 가지며, 전통적으로 노정
되어 있는 정치학 문제들을 다루는 데 있어서 경제적 도구(economic tools)를
사용하고 있습니다. 즉, 공공선택이론가들은 재화와 서비스의 소비를 통해 얻
는 효용의 수준을 가능한 최고로 하려는 '효용극대화(utility maximization)',
한 사람의 이득 또는 손실이 상대방의 손실 또는 이득에 의해 정확하게 균형화
되는 '제로-섬게임(zero-sum game)', 정확한 계산과 합리성을 근거로 하여
다양한 요소들에 확률과 수치를 할당하는 '의사결정(decision-making)' 행위
등 사익을 추구하는 대리인들이 취하는 이러한 행태들에 대해 정치경제학적
분석을 시도하고 있습니다.

한마디로 지대추구(rent-seeking)는 자신은 새로운 부를 창출하거나 생산성에 전혀 기여하지도 않으면서 열악한 위치에 있는 다른 사람들의 가치를 추출하여 얻은 사회적 자산을 자신에게로 재분배하고 그로 인해서 빼앗긴 다른 사람들의 가치는 영원히 보상받거나 회복되지 못하게 되는 행태로서 그것은 사회관계의 해(害)이고 악(惡)입니다. 조선시대 방납의 폐단을 일으킨 양반들이나 관리들, 특정한 영역에서 권력을 독점하고 있는 간경도감이나 대군들 모두는 바로 지대추구자들(rent-seekers)입니다. 조선을 거쳐 현대 자본주의 제도의 흐름에서도 이러한 모습은 도처에 있습니다. 사실상 아무것도 없는데 어떤 이유로 계급과 권력을 소유한 자가 대담하고 뻔뻔스럽게 남에게서 돈을 빌려, 자기 돈인 양 또 다른 남들에게 빌려주거나 자기 사업을 하고 이득을 취하는 행위들을 한다면 그것은 모두 사회적 거짓과 위선입니다. 이런 상황이라면, 민주주의를 구성하고 있는 사람들의 평등한 가치의 확보는 더욱 어렵게 됩니다.

서양의 정치이론 및 철학 분야의 역사에서 지금 소개하는 하나의 책보다 아마도 위대한(grand) 것으로 간주될 수 있는 책은 기꺼해야 2권이 있다고 합니다. 2권은 바로 그리스 철학자 플라톤(Plato, 427-347 B.C.)이 쓴 『De Republica』[The Republic; 국가](735 B.C.)[11])와 영국의 철학자 토

---

11) ●Plato. 375 B.C. *De Republica*. Paris: Bibliothèque Nationale. ●Spens, Harry. 1763. *The Republic of Plato in Ten Books*. Glasgow, Scotland: Robert and Andrew Foulis. ●Sayers, Sean. 1999. *Plato's Republic: An Introduction*. Edinburgh, Scotland: Edinburgh University Press. ●Griffith, Tom (trans.). 2000. *Plato, The Republic*. Cambridge, UK: Cambridge University Press. ●Rowe, Christopher (trans.). 2012. *Plato, The Republic*. London: Penguin Books.
　플라톤(Plato, 427-347 B.C.)의 저서 『*De Republica*』[Republic; 국가](375 B.C.)는 소크라테스(Socrates)와의 대화 형태로 구성된 10부작으로, 이 책에서 소크라테스는 정의(justice)의 의미와 과연 '정의로운 자(just man)'는 정의롭

마스 홉스(Thomas Hobbes, 1588-1679)의 대표작 『Leviathan』[리바이어
던](1651)[12]입니다. 그리고 나머지 한 책은 존 롤스(John Rawls,
1921-2002)가 50세에 이르러 처음 쓴 『A Theory of Justice』[정의
론](1971)입니다.[13] 저는 정치철학자인 하버드대학교의 롤스 교수가 그의

지 못한 자보다 더 행복한가에 대해 아테네 사람들 및 외국인들과 토론을 이끌
어갑니다.

12) ●Hobbes, Thomas. 1651. *Leviathan, or The Matter, Forme and Power of a Commonwealth Ecclesiasticall and Civil*. London: Andrew Crooke. ● Shapiro, Ian (ed.). 2010. *Thomas Hobbes, Leviathan: Or The Matter, Forme, & Power of a Common−Wealth Ecclesiasticall and Civill (Rethinking the Western Tradition)*. New Haven, CT: Yale University Press.

　토마스 홉스(Thomas Hobbes, 1588-1679)는 영국의 철학자로서, 실제 1651년에 출간된 이 책에서 절대적인 주권자(sovereign), 즉 절대군주에 의한 사회계약(social contract)과 규약(rule)의 형성, 그리고 그것들의 영향력에 대해 논의하고 있습니다. 홉스의 이런 논의는 '사회계약이론(social contract theory)'의 초기 이론으로 간주되고 있습니다.

13) ●Rawls, John. 1971. *A Theory of Justice*. Cambridge, MA: Belknap Press of Harvard University Press. ●Rawls, John. 1999. *A Theory of Justice* (rev. ed.). Cambridge, MA: Belknap Press of Harvard University Press. ●Bentham, Jeremy. 1780. *An Introduction to the Principles of Morals and Legislation*. London: T. Payne and Sons.

　존 롤스(John Rawls, 1921-2002) 교수는 도덕철학과 정치철학 분야에서 추종을 불허하는 20세기의 미국 정치철학가이자 사상가입니다. 그는 나이 50세인 1971년에 쓴 『A Theory of Justice』(정의론)에서, 사람들이 정의에 대해 생각하는 새로운 방식을 추구합니다. 특히, 그의 논리는 영국의 철학자들인 데이비드 흄(David Hume, 1711-1776), 아담 스미스(Adam Smith, 1723-1790), 제러미 벤담(Jeremy Bentham, 1748-1832) 등이 주장한 '공리주의(utilitarianism)' 정치철학의 사고를 반대함으로써 시작합니다. 공리주의는 한 행위의 도덕성(morality)은 그 행위의 마지막 결과들(consequences)에 따라 판단되어야 하며, 국가의 결정들은 최대한 많은 사람들에게 가장 커다란 선(good)을 제공해주는 결과들이 무엇인지를 고려하여 만들어져야 정의가 실현된다고 주장합니다. 얼핏 보아 좋아 보이는 논리입니다. 저도 고등학교 시절 이후 공리주의에 대한 숨어있는 논리를 생각해본 적이 없었습니다. 롤스는 이러한 공리주의는 정의(justice)를 전체 사회의 대다수 관점에서만 보며, 한 행위가 대다수에 미치는 이

저서에서 우리에게 던지는 의미를 여러분과 잠시 공유하고자 합니다. 미국 메릴랜드(Maryland)주 볼티모어(Baltimore)시의 중상류 집안에서 태어난 그는 두 동생들이 어린 나이에 죽는 것을 보았고, 2차 세계대전(1939-1945) 중에 병사로 참전하면서 홀로코스트(Holocaust)의 대학살과 핵폭탄에 의해 일본 히로시마(Hiroshima)가 파괴되는 소름 끼치는 인간의 저급한 역사를 현장에서 목격하게 됩니다. 그로부터 그는 아무런 신념(faith)도 없는 하나의 시민으로 돌아오면서 말했습니다.

"인간의 생(生)은 짧고. 또한 불공평하다."
(Life is both short and unfair.)[14]

익만을 고려하기에 개개인의 존재적 만족을 무시하게 됨으로써, 개인에 대한 학대(abuse)와 고통(suffering)의 문을 연다고 보았습니다. 벤담(Bentham)(1780)의 논리를 따라간다면, 음식 또는 돈의 부족에 직면한 국가는 가장 약하거나(the weakest) 생산성이 가장 낮은(least productive) 사회일원들을 죽게 내버려두기로 결정할 수 있는데, 이렇게 하는 것이 사회에 적극적으로 공헌하는 사람들에게 국가가 자원을 더욱 배분할 수 있게 도움을 준다는 것입니다. 그러나 롤스는 늙고 병든 사람들을 희생시키는 그러한 사고에는 대부분의 사람들이 반항하게 될 것이라고 하였습니다. 롤스는 인간 개개인(individual)의 자유(liberty)를 중요시하였고, 사회 구성원 모두의 공평(fairness)으로서의 정의(justice)를 강조하였습니다. 그는 인간사회의 노력(endeavor)이 삶을 더욱 공평(fair)하게 할 수 있다고 믿었으며, '정의(justice)'와 그와 관련된 사회 이슈를 연구하는 데 평생을 바쳤습니다.

14) ●Pogge, Thomas W., and Michelle Kosch. 2007. *John Rawls: His Life and Theory of Justice*. London: Oxford University Press. ●Rawls, John. 1950. *A Study in the Grounds of Ethical Knowledge: Considered with Reference to Judgments on the Moral Worth of Character*. Doctoral Dissertation. US: Princeton University.
　이 한 문장은 롤스가 2차 세계대전에 참전 후 프린스턴대학교(Princeton University)에서 지식이 갖는 윤리적(ethical) 국면 및 인간의 도덕적(moral) 가치를 연구하여 박사학위(1950)를 받았던 이유이며, 코넬대학교(Cornell University), 매사추세츠 공과대학교(Massachusetts Institute of Technology: MIT) 그리고 하버드대학교(Harvard University) 교수를 거치면서도 그의 명

이것이 그를 평생 지배합니다. 그는 거짓되고 위선적인 저급한 존재들에 의해 밑바닥까지 끌어내려지는 인간사회의 구조적 모순과 끔찍함을 해결하기 위해서는 인간의 머릿속에 '정의(justice)'라는 본질이 심어져 있어야 한다고 믿었으며, 본질적으로 자유로운 인간들 스스로가 공평한(fair) 사회를 창조하는 것을 돕고자 81세의 마지막 순간까지 고민을 하였습니다.

존 롤스(John Rawls)는 먼저 영국의 철학자 존 로크(John Locke, 1632-1704)와 스위스태생의 철학자 장자크 루소(Jean-Jacques Rousseau, 1712-1778)의 사회계약(social contract)에 대한 사상을 들여다봅니다. 로크에 따르면, 사람들은 국가가 자신들에게 생명과 자유 그리고 자산을 지켜주는 능력을 제공해 줄 것이라는 조건하에 국가와의 계약에 들어갑니다.15) 루소는 사람들은 자유롭게 태어났으나 사회에 의해 노예화되어, 사회는 개개인들이 스스로를 다스리는 것을 허용하지 않으며 개인 자신의 도덕적 가치를 갖는 것도 허용하지 않는다고 하였습니다.16) 롤스는 이들의 논의를 수용하여, 인간 개개인은 국가와 무언의 암묵적인(implicit) 계약(contract)을 맺게 되며, 그 협약에서 개인들은 '자연적 자유(natural freedom)'-즉, 그들이 원하는 시간에 그들이 좋아하는 것을 하는 자유-를 포기하게 되고, 그 대가로 국가는 상호간에 이익이 되는 정의사회(just society)를 창조한다고 하였습니다. 따라서 인간 개개인(individual)에게 기

성에도 불구하고 공적인 부름을 거절했던 이유입니다.

15) ●Locke, John. 1689. *Two Treatise of Government*. London: Awnsham Churchill. ●Laslett, Peter (trans.). 1988. *John Locke: Two Treatise of Government*. Cambridge, UK: Cambridge University Press.

16) ●Rousseau, Jean-Jacques. 1762. *Du contrat social ou Principes du droit politique*. [The Social Contract or Principles of Political Right]. Amsterdam, Netherlands: Marc Michel Rey. ●Scruton, Roger (trans.). 2009. *Rousseau, Jean-Jacques, The Social Contract: Or Principles of Political Right*. Southlake, Texas: Gateway Editions.

본적인 생활수준이 주어져야 하고, 사회적 상향이동을 하는 데 있어서 동등한 기회(equal opportunity)가 제공되어야 하며, "공평하게(fairly)"하게 대우받아야 한다고 했습니다. 그런데 그러한 정의(justice)는 사회구성원 모두가 '공평(fair)'하다고 간주하는 '조건들(conditions)'과 '절차들(procedures)'에 의존해야 가능하다는 것을 강조했습니다.17) 여기서 그러한 공평한 조건과 절차를 만드는 데 국가의 책임이 있는 것입니다.

국가의 의무는 또 있습니다. 롤스는 사회가 만든 계급들의 존재와 종교적 및 도덕적 신념이 다른 사람들의 존재를 확인하면서, 사회를 구성하는 모든 계급들(social classes)은 그들의 사회가 공평(fairness)하다는 것을 믿을 수 있어야 하며, 그러한 '공평의 정의(justice as fairness)'를 마음속에 그리고 그것을 추구할 것을 권했습니다. 또한, 그는 사회를 구성하는 모든 사람들은 '가치(value)'에 있어서 본질적으로 모두 동등(equal)하며, 단지 동등하지 않은(unequal) '능력(ability)'을 보유하고 있다는 것을 확인합니다. 이러한 능력이 동등하지 않게 된 원인의 핵심에는 국가와 사회의 책임이 있다고 했습니다.

그리고 존 롤스(John Rawls, 1921-2002)는 임마누엘 칸트(Immanuel Kant, 1724-1804)가 주장한 것처럼, 인간은 수단이 아니라 목적(end) 자체로서 다루어져야 하며 그러한 개개인의 존엄성(dignity) 보호에 대해 동의합니다. 그리고 인간은 합리적인(rational) 존재인데, 이것이 의미하는 바는 인간은 '자율적인 도덕적 행위자(autonomous moral agents)'로서 자신의 관점에서 좋은 것(good)과 나쁜 것(bad)을 자유롭게 생각할 수 있는

---

17) ●Rawls, John. 1971. *A Theory of Justice*. Cambridge, MA: Belknap Press of Harvard University Press. ●Rawls, John. 1999. *A Theory of Justice* (rev. ed.). Cambridge, MA: Belknap Press of Harvard University Press.

개인들이라 하였습니다.[18] 특히, 롤스는 사회를 구성하는 인간 개개인은 '정의의 감각(a sense of justice)'을 가질 수 있는 자유롭고(free) 합리적인 (rational) 존재임을 강조합니다. 그리고 '정의감'은 하나의 공유된 도덕성 (morality)을 개발하는 사람들의 역량(capacity)으로, 잘 조직화된 사회의 안정성(stability)은 바로 이 공유된 도덕성에 기반해야 가능하다고 합니다.[19] 즉, '정의감'이란 이런 것이 정의로운 것이라고 나의 주관적 입장에서 규정하는 것이 아니라, 다른 사람들의 관점에서 정의로운 사회가 어떠한 것인지를 내가 인지하고 구성할 수 있는 감각을 말합니다. 여기서 롤스 그분이 저에게 "당신은 사회의 한 사람으로서 '정의감'이라는 기본적 요소를 보유한 존재인가?" 그리고 "지금까지 사람들을 대할 때 그들이 본질적으로 당신과 동등한(equal) 가치(value)를 가진 존재라고 생각했었는가?"를 묻는다면, 저는 자신이 없습니다.

그런데 이에 대한 답을 이미 제롬 데이비드 샐린저(Jerome David Salinger, 1919-2010)가 『The Catcher in the Rye』[호밀밭의 파수꾼](1945)에서,[20] 장 폴 사르트르(Jean-Paul Sartre, 1905-1980)가 『Les mots』[The

---

18) ●Kant, Immanuel. 1797. *Die Metaphysik der Sitten*. [Metaphysics of Morals; 도덕의 형이상학]. Augsburg, Germany: Jazzybee Verlag. ● Gregor, Mary J. (trans.). 1996. *Immanuel Kant: The Metaphysics of Morals*. New York: Cambridge University Press. ●Rawls, John. 1999. *A Theory of Justice* (rev. ed.). Cambridge, MA: Belknap Press of Harvard University Press.

19) ●Rawls, John. 1971. *A Theory of Justice*. Cambridge, MA: Belknap Press of Harvard University Press. ●Weithman, Paul J. 2011. *Why Political Liberalism?: On John Rawls's Political Turn*. New York & Oxford: Oxford University Press.

20) Salinger, Jerome David. 1951. *The Catcher in the Rye*. Boston: Little, Brown and Company.
   제롬 데이비드 샐린저(Jerome David Salinger, 1919-2010)는 뉴욕대학교

Words](1963)에서,[21] 그리고 해리포터 시리즈로 알려진 J. K. 롤링(Joanne Kathleen Rowling, 1965-현재)이 『The Casual Vacancy』[뜻밖의 빈자리](2012)라는 책에서[22] 던져놓고 있었습니다. 그것은 바로 '칸더센션(Condescension)'에 대한 경고였습니다. 칸더센션(Condescension)은 우리 사회의 곳곳에 깊게 존재하고 있으며, 그것은 제가 잠자는 어둠의 시간 동안 저의 등 뒤를 조용히 기어올라 제가 모르는 사이에 머릿속에 깊게 뿌리를 내리고 있었습니다. 칸더센션(Condescension)이란 "직업, 계급, 권력, 위엄성 등등에서 열등한 존재로 간주된 사람을 나와 마치 동등한 사람인 것처럼 가정하고 대하는 행태(assuming equity or equality with one regarded as inferior)"를 말하는데, 그것은 바로 거짓(lie)이며 위선(hypocrisy) 자체라 했습니다. 이는 겉으로 표명된 제도적인 거짓보다 더 무서운 존재입니다.

와 콜롬비아대학교에서 수학한 미국의 작가로, 대표작 『호밀밭의 파수꾼』이 한국에 알려져 있습니다. 이 책을 쓴 이후에는 『Nine Stories』(1953), 『Fanny and Zooey』(1961) 등 단편소설들을 발표하였습니다.

21) ●Sartre, Jean-Paul. 1963. *Les Mots*. Paris: Gallimard. ●Frechtman, Bernard (tras.). 1964. *The Words: The Autobiography of Jean−Paul Sartre*. New York: George Braziller.

앞 <5강>에서 만나 본, 장 폴 사르트르(Jean-Paul Sartre, 1905-1980)는 20세기 프랑스 철학을 대표하는 실존주의(existentialism)와 현상학(phenomenology) 분야의 주요 철학자입니다. 1963년의 이 책은 1964년에 영역되었으며, 한국어로 제대로 번역된 적이 없는데, *Lire*(Reading)와 *Écrire* (Writing)라는 2개의 장으로 나누어져 있습니다.

22) Rowling, Joanne K. 2012. *The Casual Vacancy*. London: Little, Brown Book Group.

J. K. Rowling의 필명으로 알려진 조안나 롤링(Joanne Kathleen Rowling, 1965-현재)은 1997년에서 2007년까지 11년 동안 7개의 『해리포터(Harry Potter)』 시리즈를 출간한 영국의 작가이며, 2012년의 이 책은 한국어로 번역된 적이 없는데, 저는 『뜻밖의 빈자리』로 번역해봅니다. 책의 내용은 영국 지방정부의 한 자치구인 교구회(parish council)의 일원인 배리 페어브라더(Barry Fairbrother)가 갑작스럽게 죽게 되면서 발생하는 계급적이고, 정치적이고, 사회적인 혼란을 전개하고 있습니다. 해리포터라는 환상적인 소설과는 다른 일종의 정치행정적인 사회소설의 성격을 띠고 있습니다.

셀린저가 창조한 주인공 홀든 콜필드(Holden Caulfield)는 아이들이 순수
성을 잃어버리고 위선과 가짜의 모조품(phony)을 만드는 어른으로 성장하
고 있는 것에 경멸을 느끼고 아이들을 지키고자 합니다. 콜필드는 말합니
다. "나는 위선과 거짓에 포위당했다. 교장선생님인 늙은 하스(Haas)씨는
학교를 방문하는 학부모님들과 악수를 하기 위해 돌아다닌다. 그러다가 외
모나 겉치장이 볼품없는 부모들을 만나면 가짜의 위조된(phony) 웃음을 지
으며 단순히 악수를 한다(Salinger 1951: 13)." 콜필드 주변에는 많은 성공한
사람들이 보입니다. 그런데 그들은 사실 성공한 것처럼 보이는 위선자들과
거짓말쟁이들입니다. 그들이 겉으로 나타내는 것은 모두 거짓 웃음이고 행
하는 모든 것은 칸더센션이기 때문입니다. J. K. 롤링도 그녀의 책에서 "셜
리(Shirley)는 마치 경찰견이 마약제를 킁킁거리며 찾아내는 것처럼, 갑작스
럽게 사망한 교구회 일원인 배리 페어브라더(Barry Fairbrother)의 칸더센션
(Condescension)을 탐지하고서는 몸서리쳤다(Rowling 2012: 17)."라고 했습
니다. 사르트르는 그의 자서전적인 책 『Les mots』[The Words](1963)에서,
사회를 엄격한 권력의 계급체제(class system)로 간주하면서, 자신은 그러한
계급의 사다리 꼭대기에 위치하지 않으려고 하였고, 일생 동안 끊임없이
세속적 권력으로부터 벗어나 있고자 하는 것을 자신의 본분으로 삼았으며,
그러면서 사회계층제가 정의하는 열등한 사람들(inferiors)을 자신과 동등한
존재(equals)로 대하려 끊임없이 노력했다고 했습니다. 그러나 그는 그 책
에서 다음과 같은 고백을 합니다.

"나는 나보다 열등한 사람들을 동등하게 대하려 한다. 이 말은 내가 그
들을 단지 행복하게 하기 위해 던지는 하나의 위선이며 종교를 빙자한
거짓이다. 나를 돌봐주는 가정부에게, 집을 방문한 집배원에게, 그리고
나의 강아지에게 나는 짜증 내지 않고 절도 있는 목소리로 말을 한다.
나는 그들에게 세련된 평등주의자의 미소(equalitarian smile)를 선사

한다. 그러나 그것은 모두 위선(hypocrisy)이고 거짓(lie)이었다."

\- 장 폴 사르트르(Jean-Paul Sartre), 『The Words』
(Frechtman, 1964: 33)에서23) -

필자 역시 이분들이 경계한 '칸더센션'을 명백히 보유한 존재로, 그것을 떨쳐버리려는 근본적인 고민과 시도를 매순간 제대로 해본 적이 없음에 부끄럽고, 순간 깊은 고뇌에 빠집니다. 더욱이 "*잎새에 이는 바람에도, 나는 괴로워했다.*"(1941년「서시(序詩)」에서)24)고 하신 윤동주님(1917-1945)이 떠오르는 것은 왜일까요? 24세의 젊은 나이에 그렇게 부끄럽고 부끄러워 자신의 이름을 써보고 바로 흙으로 덮어 버린 그분이 생생하게 보입니다. 우리 각자는 사회의 다른 누구보다 더 나은 존재가 아닙니다. 한없이 작은 그리고 자격이 없는 저를 또 봅니다.

"계절이 지나가는 하늘에는
가을로 가득 차 있습니다.
나는 아무 걱정도 없이
가을 속의 별들을 다 헤일 듯합니다.
… (중략) …

---

23) ●Sartre, Jean-Paul. 1963. *Les Mots*. Paris: Gallimard; ●Frechtman, Bernard (trans.). 1964. *The Words: The Autobiography of Jean-Paul Sartre*. New York: George Braziller, 33.

  사르트르의 프랑스어 원본을 프렛트맨(Frechtman)이 1964년에 영역한 책의 33쪽 내용 일부를 아래에 옮겨봅니다.

"*I treat inferiors as equals: this is a pious lie which I tell them in order to make them happy. To my maid, to the postman, to my dog, I speak in a patient and sober voice. I present them with a fine equalitarian smile. But it was all hypocrisy and a lie.*"

24) 윤동주. 1941. "서시(序詩)." *하늘과 바람과 별과 시*(1948). 정음사.

나는 무엇인지 그리워

이 많은 별빛이 내린 언덕 위에

내 이름자를 써 보고

흙으로 덮어 버리었습니다.

딴은 밤을 새워 우는 벌레는

부끄러운 이름을 슬퍼하는 까닭입니다."

… (중략) …

- 윤동주, 시집 『하늘과 바람과 별과 시』의
「별 헤는 밤」(*현대어 번역판)(1941.11.05.) 중에서[25] -

---

25) 윤동주. 1941. "별 헤는 밤." *하늘과 바람과 별과 시*(1948). 정음사.

윤동주(1917-1945)는 연희전문학교를 졸업한 후 일본에 건너가 항일운동을 하였고, 그 죄로 1943년 후쿠오카 형무소에 투옥되어 징역 2년형을 선고받았으나 광복을 앞둔 28세의 나이로 젊은 생을 마칩니다. 그가 감옥에서 지은 31편의 시를 모아 1948년 2월에 시집 『하늘과 바람과 별과 시』가 출간되었고, 1976년에 116편의 시를 모아 그 시집 3판을 발간하였습니다. 그 시집에는 「별 헤는 밤」, 「서시」, 「길」, 「자화상」, 「슬픈 족속」, 「소년」, 「태초의 아침」, 「새벽이 올 때까지」, 「십자가」, 「간판 없는 거리」 등 감옥에서 지은 시들이 실려 있습니다. 이러한 그의 시 내용을 볼 때 저는 윤동주를 실존주의자(existentialist)로 판단하고 있습니다. 앞 <5강>에서 잠시 설명드린 것을 잠시 다시 옮겨보면, 실존주의(existentialism)란 인간 존재(existence)의 문제를 탐구하는 철학적 사상의 한 유형으로, 실존주의자들은 인간을 의미 없고 부조리하고 모순적인 세계에 직면하여 존재적 불안과 공포, 시간 및 공간 그리고 관계 등에 대한 방향상실, 혼동, 걱정의 존재로 보고 있으며, 대표적인 실존주의자들로는 쇠렌 키르케고르(Søren Kierkegaard), 표도르 도스토옙스키(Fyodor Dostoevsky), 프리드리히 니체(Friedrich Nietzsche), 칼 융(Carl Gustav Jung), 칼 야스퍼스(Karl Jaspers), 폴 틸리히(Paul Tillich), 가브리엘 마르셀(Gabriel Marcel), 마르틴 하이데거(Martin Heidegger), 모리스 메를로퐁티(Maurice Merleau-Ponty), 시몬 드 보부아르(Simone de Beauvoir), 알베르 카뮈(Albert Camus)가 있습니다.

6강과 관련된 글을 더 읽어보기
(FOR FURTHER READING)

공공선택이론(public choice theory)의 핵심 내용은 1986년 노벨경제학상(Nobel Memorial Prize in Economic Science)을 수상한 제임스 뷰캐넌(James M. Buchanan, 1919-2013)과 고든 툴럭(Gordon Tullock, 1922-2014) 교수가 공동으로 연구한 ●『The Calculus of Consent: Logical Foundations of Constitutional Democracy』[동의/합의의 계산: 입헌민주주의 논리적 기반](1962)에서 시작되었고, 특히 툴럭 교수는 그의 글들인 ●『Private Wants, Public Means: An Economic Analysis of the Desirable Scope of Government』(1970), ●『The Logic of the Law』(1971), ●『The Social Dilemma: The Economics of War and Revolution』(1974), ●『The Vote Motive』(1976), ●『The Economics of Wealth and Poverty』(1986), ●『Autocracy』(1987), ●『Rent Seeking』(1993), ●『The Economics of Non-Human Societies』(1994), ●『On Voting: A Public Choice Approach』(1998), ●『The Rent-Seeking Society』(2005)에서, 공공선택이론을 적용하여 헌법적 민주주의와 전제정치, 민간시장과 정부 및 공공영역, 법과 도덕철학 및 복지경제, 딜레마, 투표 행위, 부와 가난, 지대추구 등에 대한 규범적 및 경험적 분석을 시도하여 자본주의 경제와 정치에 있어서 인간과 제도의 행태에 대한 통찰력을 제공하고 있습니다.

존 롤스(John Rawls, 1921-2002) 교수의 『A Theory of Justice』(1971)에서 전개한 정의의 시각과 개념들에 대해서는 많은 동의와 비판과 논쟁이 있습니다. 그는 특히 부정적인 모든 논평과 비판에 대해서 놀라울 정도로 열려 있었음도 전해지고 있습니다. 뒤 <9강>에서 만나게 되는, 미국 하버드대학교의 철학자 마이크 샌델(Michael J. Sandel, 1953-현재) 교수는 롤스가

'본래의 위치(*original position*)'와 '무지의 장막(*veil of ignorance*)'이라는 신개념들을 통해 "한 개인은 자신을 규율하고 있는 사회적 및 도덕적 맥락을 벗어나서 '추상적인 도덕적 이성(abstract moral reason)'을 발휘할 수 있다."는 새로운 논리를 펼친 것에 대해 그것은 불가능하다고 주장합니다. 이는 ●Sandel, Michael J. 1998. *Liberalism and the Limits of Justice* (2nd ed.). Cambridge, UK: Cambridge University Press.에서 확인하실 수 있습니다. 또한, 캐나다 출생 마르크스주의(Marxist) 철학자인 제럴드 코헨(Gerald A. Cohen, 1941-2009)은 롤스가 '차이의 원리(*difference principle*)'라는 신개념을 통해 "부(wealth)의 불평등(inequality)이 사회의 가장 불리한(disadvantaged) 사람들에게 도움이 된다면 그러한 불평등은 관용(toleration)될 수 있다."고 주장한 논리를 받아들이지 않았습니다. 이는 ●Cohen, Gerald A. 2008. *Rescuing Justice and Equality*. Cambridge, MA: Harvard University Press.에서 확인하실 수 있습니다.

한편, 롤스의 그의 정의에 대한 사상을 다른 책들에서도 전개하고 있습니다. ●Rawls, John. 1993. *Political Liberalism*. New York: Columbia University Press.에서는, 사람들 사이에 퍼져있는 종교적 불일치와 철학적 상충은 다루기도 힘들고 고치기도 어렵다고 지적하면서, 이러한 종교적 및 철학적 불일치들(disagreements)로 인해 갈라져 있는 시민들이 어떻게 입헌 민주주의 정권(constitutional democratic regime)을 지지하고 시인하게 될 수 있는 것인지에 대한 논의를 전개하고 있습니다. 또한, ●Rawls, John. 1993. "The Law of Peoples." *Critical Inquiry* 20(1): 36-68.에서는, '국제적인 정의(international justice)'의 문제를 다루고 있는데, 국가 간의 관계에 기반을 둔 국제정치에 대한 기존의 관례적이고 역사적인 관점에서 분리하여, 그는 '질서가 잡혀있는(well-ordered)' 사람들의 사회들에서는 그러한 사람들이 자유주의적이거나 예의가 바른(decent) 행태를 띠게 된다고 하였습니다.

과거의 시간(time)은
모두 버려야 할 것들인가?:

크리스토퍼 폴릿(Pollitt)의 만남에서

7강

과거의 시간(time)은 모두 버려야 할 것들인가?: 크리스토퍼 폴릿(Pollitt)의 만남에서

"후에 나는 의식적으로 나의 작업을 파우스트(Faust)가 간과한 인간권리의 영원성에 대한 존경, '옛날 것들'의 인정, 문화와 지적 역사의 연속성과 연결했습니다. 우리의 영혼과 육체는 옛 선조들의 연속성에 이미 존재하고 있던 요소들로 구성되어 있습니다. 개별 인간의 정신에서 '새로운 것'이란 시간적으로 오래된 구성요소들이 끊임없이 변화하여 재결합된 것입니다. 과거의 구성 요소들의 일부가 현재의 새로운 것들에 존재하고 있습니다. 중세, 고대, 원시시대의 것들이 현대에도 끝난 것이 아닙니다."

– 칼 융, 『Memories, Dreams, Reflections』
(기억, 꿈, 성찰)(1962) 중에서[1] –

---

1) ●Jung, Carl G., and Aniela Jaffé. 1962. *Erinnerungen, Träume, Gedanken.* [기억, 꿈, 생각]. Berlin, Germany: Exlibris. ●Jung, Carl G., and Aniela Jaffé. 1963. *Memories, Dreams, Reflections: Autobiography.* [기억, 꿈, 성찰: 자서전]. New York: Pantheon Books. ●Winston, Richard, and Clara Winston (trans.). 2019. *Carl G. Jung, Memories, Dreams, Reflections: An Autobiography.* London: William Collins.
　　스위스의 분석심리학자인 칼 구스타브 융(Carl Gustav Jung, 1875-1961)이 1962년에 발표한 『*Erinnerungen, Träume, Gedanken*』[Memories, Dreams, Reflections; 기억, 꿈, 성찰]은 그의 자서전적인 저서로, 심리학, 인류학, 문학, 철학, 종교연구에 영향을 미치고 있습니다. 제가 인용한 영문본(Winston & Winston, 2019)의 원문은 다음과 같습니다
　　"*Later I consciously linked my work to what Faust had passed over:*

1.

칼 구스타브 융(Carl Gustav Jung, 1875-1961)을 한 인간의 정신적 내면에 있는 두 가지 인격(personality)의 상충적이고 혼란한 실재와 그 존재적 이유를 분석한 저명한 분석심리학자로만 알고 있었습니다. 그런데 초현실주의(Surrealism)[2]와 실존주의(existentialism)가 융합된 그의 자서전적인

---

respect for the eternal rights of man, recognition of "the ancient," and the continuity of culture and intellectual history. Our souls as well as our bodies are composed of individual elements which were all already present in the ranks of our ancestors. The 'newness' in the individual psyche is an endlessly varied recombination of age – old components. Our ancestral components are only partly at home in such things. We are very far from having finished completely with the Middle Ages, classical antiquity, and primitivity."

2) Fijalkowski, Krzysztof, and Michael Richardson (eds.). 2016. *Surrealism: Key Concepts*. Oxfordshire, England: Routledge.
　　초현실주의(Surrealism)는 1차 세계대전(1914-1918) 이후 유럽에서 발달된 문화운동의 하나로, 무기력하고 비논리적인 현실의 상황들을 묘사하면서, 인간 내면의 무의식적인(unconscious) 정신의 표현을 강조하고 있습니다. 프리드리히 헤겔(Georg Wilhelm Friedrich Hegel, 1770-1831), 칼 마르크스(Karl Marx, 1818-1883), 지그문트 프로이드(Sigmund Freud, 1856-1939) 등과 함께 칼 구스타브 융(Carl Gustav Jung, 1875-1961)은 초현실주의(Surrealism)의 이론적 바탕을 제공하고 있습니다.
　　프랑스의 작가 및 시인이었던 앙드레 브르통(André Robert Breton, 1896-1966)에 따르면, 초현실주의의 목적은 꿈과 현실(reality)의 모순적 조건들을 '절대적 현실'이라고 하는 초현실(super-reality 또는 surreality)로 바꾸려는 것이라고 하였습니다. 전형적으로 예술(arts)과 연계되는 초현실주의는 그림은 물론, 극본 및 문학, 영화, 사진, 다른 매체를 통해 표현되고 있습니다. 초현실주의의 작품들에는 놀람(surprise)을 상징하는 요소들, 예기치 않은 병렬배치(unexpected juxtaposition)(예를 들어, 선과 악, 죽음과 삶이 동시에 나란히 배치됨), 앞의 것과 아무런 연관이 없는 내용 및 이야기의 등장(*non sequitur*) 등이 나타납니다. 이러한 초현실주의는 1930-1940년대 미국 뉴욕시를 중심으로 활동한 아쉴 고르키(Arshile Gorky, 1904-1948), 잭슨 폴락(Paul Jackson Pollock, 1912-1956) 같은 '추상표현주의(Abstract Expressionism)' 화가 등

저서 『Memories, Dreams, Reflections』[기억, 꿈, 성찰](1962)에서 그가
시간의 구성요인 '과거'와 '미래'에 대한 논거를 극명하게 전개하고 있었
습니다. 그는 중세, 고대, 원시시대의 것들이 현대에도 끝난 것이 아니라
고 했습니다. 그럼에도 불구하고 우리는 앞으로 나아가는 세찬 흐름
(cataract of progress)으로 뛰어 들어가게 되고 그 전진하는 흐름 속에서
더 거친 폭력으로 우리를 미래(the future)로 몰고 간다고 합니다. 그럴수
록 우리는 과거의 뿌리로부터 떨어져 나가게 되는데, 과거가 없는 인간의
현존은 성립할 수 없게 되며 그 혼란은 심각합니다. 과거의 뿌리가 사라
지게 되면 우리는 현재보다 미래의 시간 속에서 살아갈 수밖에 없게 되
며, 문제는 황금시대(Golden Age)가 온다는 황당무계한(chimerical) 약속
을 던지는 그 미래를 믿을 수 없으며, 현재의 시간에서 미래로 넘겨줘야
하는 진화적(evolutionary) 배경들이 아직도 전체적으로 완성되지도 않았
기에 현재의 우리에게는 당황함과 동시에 성급함이 발생됩니다. 점점 커
지는 결핍감, 불만족, 불안정한 초조감에 우리는 사로잡힌 채, 아무런 검
토나 판단도 없이 미래가 던지는 새로움(novelty)을 향해 충동적으로 돌
진합니다. 우리는 이제 더 이상 우리가 가진 것에 의지하여 살아가지 않
고, 미래가 던진 약속(promise)에 따라 살아가는데, 그것은 미래의 어둠
(darkness) 속에서 살아가는 것과 마찬가지이며, 단지 우리는 언젠가 마침

___

에 영향을 끼쳤으며, 초현실주의는 현재까지도 변혁을 위한 창조적 행위들과
상상력을 자유화하려는 모든 시도들에서 나타나고 있습니다.
　이러한 초현실주의는 실존주의(existentialism)와 차이가 있으나, 그 특성들에
있어서 많은 연관성이 있어 보입니다. 실존주의 사상이 인간 존재(existence)의
무의미(meaninglessness), 부조리(absurdity), 모순(contradiction) 등의 문제
를 탐구하고 있기 때문입니다. 앞 <2강>에 만나본 프란츠 카프카(Franz
Kafka, 1883-1924)의 『Die Verwandlung』[The Metamorphosis; 변신](1915)
은 실존주의와 초현실주의의 특징이 함께 나타나고 있는 작품이며, 칼 구스타
브 융(Carl Gustav Jung, 1875-1961)의 글들에서도 초현실주의와 실존주의의
특성들이 융합적으로 나타나고 있습니다.

내 태양이 밝게 떠오를 것이라고 기대할 수밖에 없게 된다고 하였습니다.

시간(time)의 흐름과 그 중요성을 우리는 인식합니다. 그런데 미래의
찬란함을 이야기할 때는 막연히 과거(過去)는 잘못된 것이고 불쾌하고 노
쇠하여 버려야 할 것으로 보곤 합니다. 그런데 과거(the past)라는 시간에
대해 가지고 있던 부정적인 태도에 대해, 네덜란드 로테르담에 있는 에라
스무스대학교(Erasmus University Rotterdam)의 공공관리 및 행정학 교수
였던 크리스토퍼 폴릿(Christopher Pollitt, 1946-2018)은 과거에 대한 잘못
된 사고를 일깨워줍니다.

폴릿은 『Time, Policy, Management: Governing with the Past』[시
간, 정책, 관리: 과거를 고려하며](2008)라는 책에서,3) '과거(the past)'에
대한 반대가 사회, 조직, 사람, 정신 등 우리 삶과 의식 및 문화 곳곳에
있다고 합니다. 특히, 국가와 정부가 앞으로 나아가기 위해 행하는 모든
정책결정들(policy decisions)에서 과거는 어떠한 역할도 해서는 안 됩니
다. 오늘날 정부관료제들이 원하고 떠드는 것은 현재이고 미래이지, 당연
과거는 아닙니다. 폴릿에 따르면, 종종 한 나라의 정권주체들은 자신의

---

3) Pollitt, Christopher. 2008. *Time, Policy, Management: Governing with
the Past*. Oxford, UK: Oxford University Press.
　　네덜란드 로테르담의 에라스무스 대학(Erasmus University Rotterdam)의 공
공관리 및 행정학 교수 크리스토퍼 폴릿(Christopher Pollitt, 1946-2018)은 영국,
미국, 벨기에, EU, OECD, World Bank 등 주요 정부 및 국제공공기관들에서 공
직자 및 교수로 활동하면서 공공행정과 공공관리 분야의 탁월한 연구들을 수행한
사회과학자입니다. 특히, 이 책에서 그는 국가가 정책과 행정을 통해 다루어야 할
'시간(특히, 과거)'에 대한 접근을 하면서, 경로의존성(path dependency), 성과관
리(performance management), 존 킹던(John Kingdon)이 주창한 정책형성에
서의 '기회의 창(Windows of Opportunity)'(1984) 이론, 'e-Government'
등 중요 개념들과 이론들도 다루고 있습니다.

국민들이 만약 과거의 방식들에 애정을 갖고 있는 것을 보게 되면, 그러한 애정은 무엇인가에 의해서 잘못 안내되어 만들어진 것이라 하면서, 잘못된 애정을 제거하기 위해 시간과 달력을 변화시킵니다. 즉, 새로운 정권이 들어설 때나, 정책을 새로 만들 때마다, 국가 및 정부는 종종 '원년(元年; Year Zero)'이라는 것을 선포하는 것이 바로 그 예입니다. 그 원년을 선언하고 언론매체 등을 통해 국민들에게 알리면서 우리는 아주 새롭고 자랑스러운 정부와 정책을 시작한다고 떠들어 대며, 국민은 그것을 아무 생각 없이 자연스럽게 받아들이거나 은근히 기대하는 국민들도 있습니다. 폴 포트(Pol Pot)도 캄보디아의 크메르루즈(Khmer Rouge) 정권을 위해 1975년을 원년(Year Zero)을 선언한 바 있습니다.

원년(元年) 선포의 핵심은 새로운 정권이나 정부관료제가 그들이 표방하는 정책에서 "과거에는 전례가 없었던 참신함(novelty)"이 있음을 강조하기 위함입니다. 그런데 그 참신하고 새로운 것들이란 것이 갑자기 툭 튀어나올 수 있는 것일까요? 새롭고 참신한 것들은 과거(the Past)의 어딘가에 내재되고 잠재되어 있던 것일 겁니다. 형상사회학(figurational sociology) 또는 과정사회학(process sociology)[4]의 대표적 독일학자인 노르베르트 엘리아스(Norbert Elias, 1897-1990)는 그의 저서 『Über die Zeit』[시간이 지

---

4) Gabriel, Norman, and Stephen Mennell. 2011. *Norbert Elias and Figurational Research: Processual Thinking in Sociology*. Hoboken, NJ: Wiley-Blackwell. 사회학의 한 분야인 형상사회학(figurational sociology)은 '인간들의 형상(figurations of humans)'을 "상호의존적인 인간들의 진화하는 네트워크"로 보며, 이것을 조사하고 분석하는 하나의 연구 방식입니다. 정적인 상태가 아니라 과정에 관심을 가지기에 '과정사회학(process sociology)'이라고도 불리는데, 형상사회학자들은 사회가 갖는 특성(feature)이 기능하는 것에 대한 이해를 위해서 그러한 사회적 특성이 발현되고 진화되는 과정을 조사하는 데 초점을 둡니다.

남에 따라](1984)에서,[5] 우리가 삶의 궤적에서 거쳐 온 과거의 시간들을 버린다고 해서 우리가 속한 사회의 모든 과제들이 해결되는 것이 아니라, 사회발전(social development)의 과정(processes)에서 그 사회가 이미 가지고 있던 '과거'를 계속적으로 반복하여 개선하고 개혁(reform)함으로써 '완전(perfection)'에 가깝게 도달할 수 있게 된다고 하였습니다. 그렇습니다. 어디서 새로운 것이 툭 튀어나오는 것이 아닙니다. 과거의 것들을 다 버리면 현재의 문제는 다 사라지며, 밝은 미래만이 우리에게 남는 것일까요? 과거에 두고 온 것들은 절대로 사라지는 것이 아니며, 그 과거는 우리의 현재는 물론 미래에서 다시 만나게 됩니다.

폴릿은 우리가, 사회가, 정부가 자주 과거를 격하시키거나 경시하려는 행태를 갖게 된다고 하면서, 그러한 이유는 미래(the future)를 향한 '성급함(hastiness)'과 인내심이 부족한 '조급함(impatience)' 때문이라고 하였습

---

5) ●Elias, Norbert. 1984. "Über die Zeit." [시간이 지남에 따라]. In Michael Schröter (ed.). *Arbeiten zur Wissenssoziologie II*. Frankfurt am Main: Suhrkamp. ●Elias, Norbert. 1992. *Time: An Essay*. Oxford, UK: Blackwell. ●Loyal, Steven, and Stephen Mennell (eds.). 2007. *An Essay on Time*. Hoboken, NJ: Wiley-Blackwell.

1984년 『Arbeiten zur Wissenssoziologie II』[지식사회학연구 2편]에 실렸던 노르베르트 엘리아스(Norbert Elias)의 「Über die Zeit」[시간이 지남에 따라]는 영국 Oxford의 Blackwell 출판사에서 『Time: An Essay』[시간: 하나의 에세이](1992)라는 책으로 영역되었습니다. 노르베르트 엘리아스(Norbert Elias, 1897-1990)는 형상사회학(figurational sociology)의 대표적인 독일계 학자로, 그의 이론은 권력(power), 행위(behavior), 감정(emotion), 지식(knowledge)의 관계가 오랜 시간을 거쳐 정립되고 진행되는 과정에 초점을 둡니다. 특히 이 책에서, 시간(time)이란 인간 정신의 본질적 특성도 아니고 자연에 내재되어 있는 특성도 아니라, 시간은 사회발전(social development)의 특정 과정들(processes)과 연결하여 이해될 수 있는 것이라 하였습니다. 그리하여 그는 발전의 각 수준에 있는 사회들의 예를 제시하면서, 초기 과거부터 현대에 이르기까지 인간 사회가 시간에 대해 보인 태도들이 어떻게 달랐는지를 보여주고 있습니다.

니다. 과거를 지우고, "미래의 차(car for the future)"에 빨리 시동을 걸려는 행태는 도처에 있습니다. 그런데 과거를 돌아보지 않고 무시한 결과는 막대하다고 하였습니다. 2005년 8월 29일 허리케인 카트리나(Hurricane Katrina)가 미국 걸프만(Gulf Coast) 지역의 여러 주들(states)(즉, 텍사스, 루이지애나, 미시시피, 앨라배마, 플로리다)6)을 강타하여 1천 8백 명 이상의 미국인이 사망하고, 피해 회복에 200조 미국달러에 해당하는 막대한 국가예산이 소요되는 등 재난폐해는 엄청났습니다. 이러한 국가재난의 핵심 원인으로 학자 및 전문가들에 의해 거론된 것이 제43대 대통령 부시(George Walker Bush) 행정부(2001-2009) 당시의 다양한 정부조직들 간의 "협력, 협조 및 조종의 실패"였습니다. 우리나라의 경우도 매번 재난이 일어날 때마다 현재의 시간을 탓하는 데 비중을 둡니다. 그리고 행정학자인 필자도 한마디 거듭니다. 그러한 재난 발생의 원인들로는 해당 정권과 정부기관의 당시 설계와 계획의 비체계성, 비전문성, 자원의 부실, 교육과 훈련의 부재, 절차와 구조의 미흡, 협력과 조정의 미흡이라고 말입니다.

그러나 폴릿의 분석에 따르면, 미국정부가 간과하고 있던 것이 있었습니다. 국가재난에 대한 대책 및 정책의 실패는 바로 '시간(time)'에 관련되어 있으며, 특히 '과거(the past)'의 시간에 많은 방식으로 관련되어 있다고 합니다. 필자가 위에서 원인으로 나열한 것들에 대해 폴릿은 하나씩 비판적 일침을 놓습니다. 여기서 잠시 재난에 대한 정책을 공부해 보겠습니다.

---

6) 미국 걸프만(Gulf Coast) 지역에는 텍사스(Texas, 주도 Austin), 루이지애나(Louisiana, 주도 Baton Rouge), 미시시피(Mississippi, 주도 Jackson), 앨라배마(Alabama, 주도 Montgomery), 플로리다(Florida, 주도 Tallahassee)의 5개 주(state)가 위치하고 있습니다.

그에 따르면, 첫째, 4차 산업 시대의 잘난 초지능(super intelligence) 기계체가 다음에 발생할 수 있는 특정 긴급재난을 미리 예측한다고 하더라도, 그 재난이 실제 구체적으로 어떤 형태(form)를 취하고 어떤 양상(look)으로 전개될 것인지를 사실 알지 못합니다. 따라서 폴릿은 그러한 '불확실성에 대한 준비(preparation)'가 과거로부터 오랜 시간 동안 이루어져야 한다는 것을 강조합니다. 제가 생각할 때, 과학적인 최신의 설계와 계획이 우선이 아닙니다. "과거로부터 시작되는" 오랫동안의 설계와 계획이어야 합니다.

둘째, 풍부한 자원(resources)이 당연히 재난 대비에 중요하며 효과적인 역할을 할 것입니다. 그러나 정부는 긴급하게 쓸 자원이 항상 부족합니다. 그리고 다행히 많은 자원을 비축하여 놓았다 하더라도, 과거로부터 시작되지 못했던 오랫동안의 "준비부족(lack of preparation)"은 절대로 보상받을 수 없습니다. 이를 위해 교육과 훈련이 중요합니다. 그런데 교육과 훈련의 경우도 과거에서부터 많은 시간의 투입이 필요하며, 특히 과거에 발생한 유사한 사건들의 초기조건 및 초기사항들에게서 체계적으로 배워야 합니다.

셋째, 걸프만 지역의 주 정부들(state governments)은 긴급재난의 대비 및 대응을 위한 절차(procedures)와 구조(structures)를 가지고는 있었습니다. 그러나 정부관료들에게 그러한 절차와 구조에 익숙하게 되기 위한 시간들이 과거의 시점에서부터 주어지지 않았고, 막상 닥친 허리케인에 당황한 나머지 긴급재난의 세부계획들이 실제 현장에서 작동되지 못했습니다.

　넷째, 정부조직들 간의 협력(cooperation)과 조정(coordination)의 행위
는 잘난 절차와 구조가 있다고 해서 원하는 대로 작동되는 것이 아니고,
실제로 작동하기 위해서는 협력과 조정을 위한 구체적인 준비가 과거로
부터 시작해서 몇 달 또는 몇 년조차 걸립니다.

　폴릿이 강조한 재난에 대응하는 이러한 정책적 요건들은 모두 "과거의
시간"에서부터 시작되어야 할 것들이었습니다.

2.

'전문성(speciality; expertise)'에 대한 것은 더욱 '과거(the past)'와 관련이
됩니다. 긴급재난을 다루는 정부 및 공공조직의 지도자들(leaders)이 누구
보다도 먼저 자신들에게 필요한 전문성이 무엇인지를 규명하여 그것을
축적하고 겸비할 필요가 있으며, 실제 현장 관료가 직접 사용할 수 있는
구체적이고 세밀한 전문성이기도 해야 합니다. 이러한 전문성의 속성은
'과거'로부터 오랜 시간이 걸리는 '무엇(something)'입니다. 우리는 '전문
성'이라는 단어를 참 무수히 많이 사용하고는 있는데, 문제는 필요한 전
문성 자체가 그 무엇인지 우리는 모른다는 것입니다.

비유를 들어 보겠습니다. 우리가 다시 꼭 찾고 싶은 음식들을 만드는
이름도 잘 모르는 요리사분들이 있습니다. 그분들은 그들의 분야에서 몇
십 년 동안 개발해 온 세밀한 '양념장들(marinades and seasonings)'에 의
해 음식을 재워왔습니다('marinated'). 이때 그 양념장들은 오래전 과거로
부터 이어온 기술, 기법, 지식 그리고 마음이 투영된 것들입니다. 저도 제
분야에서 과거로부터 오랜 시간 동안 만들고 준비해 온 저만의 양념장이
있는가를 돌이켜 보게 됩니다. 폴릿은 미국 정부관료들은 지난 과거의 유
사한 사건들(precedents)(즉, 플로리다에서 발생한 그 많은 허리케인들)의 초
기에 일어난 세세한 것들에 대해서 "조심스럽고 치밀한 분석과 토론
(careful analysis and discussion)"을 거치지 않았다고 했습니다. 이로 인해
세밀한 전문성을 습득하지 못했으며, 그리하여 그들이 내놓은 전문적 분
석은 허리케인을 대응하기에 유의미하지 않았던 것입니다.

그런데 이러한 전문성과 관련하여 또 다른 문제가 있습니다. 전문성에 대한 습득이 되었다 하더라도 그 전문성의 '보완(supplement)'이 지속해서 이루어지지 않게 되면 불행(misfortune)은 또다시 발생됩니다. 미국 조지아주립대학교 공공관리 및 정책학과 명예교수인 윌리엄 워(William L. Waugh, Jr.)는 2006년 「The Political Costs of Failure in the Katrina and Rita Disasters」(허리케인 카트리나와 리타 재난들에 있어서 실패의 정치적 비용)라는 연구논문에서,7) 그런 재난들에 대해 정치적 관료들이 내놓은 전문적 판단이 얼마나 잘못된 것인지를 분석한 바 있습니다. 그에 따르면, 걸프만의 자연재난에 대한 국가의 '취약성(vulnerability)'은 "약한 준비(weak preparation)"와 "약한 계획(weak planning)"의 문제만은 아니었습니다. 정치적 리더들과 그들을 돕는 전문가들이 내놓은 분석은 걸프 지역 거주자들은 똑똑한 현대인들이기 때문에 73시간이나 96시간 동안은 허리케인에 대해 버틸 수 있는 물질적 준비가 되어있고, 그래서 그 시간 동안은 국가의 긴급재난서비스를 통한 물자 및 자원 등이 필요 없을 것이라 하였는데, 그것은 '잘못된 판단(wrong judgement)'이었습니다.

전문성은 한번 만들어지면 미래의 유사한 상황 모두에 적용되는 일반적인(generalized) 것만 있는 것이 아닙니다. 그 지역, 그 문화, 그 사람들의 '과거'로부터 이어져 노정되어 있는 특정한 "맥락적 내용들(contextual

---

7) Waugh, William L. Jr. 2006. "The Political Costs of Failure in the Responses to Hurricanes Katrina and Rita." *Annals of the American Academy of Political and Social Science*, Special Issue on Shelter from the Storm: Repairing the National Emergency Management System after Hurricanes Katrina and Rita 604: 10-25.
이 책을 쓴 윌리엄 워(William L. Waugh, Jr.)는 미국 조지아주립대학교 (Georgia State University)의 공공관리 및 공공정책 학과(Department of Public Management and Policy)에서 1985년부터 교수로 재직하였으며 2013년 이후부터는 명예교수로 있습니다.

contents)"에 대한 분석과 판단이 더해져야 합니다. 미국 정치인들과 전문가들은 걸프지역 주민들이 사실상 나쁜 건강상태로 지난 수년에서 수십 년 동안 매일 같이 슈퍼마켓과 약국에 들르는 행태를 하고 있는 사람들임을 간과하였습니다. 현대 자본주의 '소비사회(consumer society)'에 살고 있는 시민들의 오래된 특정 행태에 대한 맥락적 분석이 이루어지지 않았습니다.

다른 분야도 마찬가지 상황일 수 있겠으나, 특히 자연재난과 관련하여 우리들 각자가 특정 재난상황에서 구체적으로 무엇을 할 수 있는 방법과 경험을 습득하고 그것들을 실제 현장에서 사용할 수 있을까를 생각해보면 저는 준비된 게 없습니다. 4차 산업의 기제들, 빅데이터와 인공지능, 메타버스의 사회에 이르기까지 무엇인가 미래를 향해 가고 있는 것 같습니다. 그러나 우리는 자그마한 붕괴와 불길에서도 무엇을 어떻게 해야 하는지에 대해서 과거로부터 제대로 습득되어 오지 못했습니다. 자연재난만이 아닙니다. 감사(audit)와 평가(evaluation) 및 행정(public administration)과 관련하여 발생하는 '붕괴'와 '물이 새어 나옴(leaking)'에도 그것들을 어떻게 대처할 것인지에 대해 우리 국가와 사회는 전문성이 매우 부족합니다. 지나온 교육체계가 무엇을 준비해 준 것인지 하는 의문을 갖게 됩니다. 상대적으로 미국이라는 나라는 전문성이 높은 것으로 인식되곤 합니다. 그러나 주요 연구들에서 보았듯이, 미국 정부도 지나치게 낙관적이고 무지(無知)한 가정하에서 '과거'의 행태를 무시한 전문성의 부족은 재앙을 가져왔습니다.

폴릿은 우리가 과거를 되돌아보곤 하지만, 과거에 대한 잘못된 접근이 공공영역의 도처에서 발견된다고 합니다. 국가사회적인 사건이 발생되면 정부는 과거에 마지막으로 일어났던 동일한 특정 '큰 사건'에만 지나치게 집중하여 해결을 시도하려고 하는데, 이렇게 하면 미래에 발생할 수 있는 유사한 다른 사건들을 해결하지 못하게 되는 정책실패를 가져옵니다. 과거로부터의 상당한 시간 동안에 '작은 약점들(minor weaknesses)'이 이곳저곳에서 느리게 그리고 눈에 띄지 않게 발생하여 축적됩니다. 그리고 그러한 축적된 작은 약점들이 현재의 엄청난 재앙적 실패를 가져옵니다. 따라서 과거의 먼 시간에 발생한 사건들의 세세한 국면들을 정리하고 그에 대한 준비와 장치의 마련들이 과거에서부터 시작되어야 합니다.

　사회과학자로서 저는 어디선가 역할을 해왔으나, '시간의 차원(the dimension of time)'이 행정과 정책에 어떠한 중요한 역할을 하고 있는 것인지, 그것이 중요한 역할을 한다면 공공문제의 분석 및 기획과 해결을 위해 시간적 요소를 어떻게 고려할 것인지에 대해서 의미 있게 접근하지 않았던 것 같습니다. 독일의 이론물리학자인 앨버트 아인슈타인(Albert Einstein, 1879-1955)이 아니더라도 공간적인 움직임이 시간과 관련되어 있다는 것을 우리는 알고 있습니다. 그러나 시간(time)이란 과거에서 흘러온 것들로 현재와 미래라는 차원만이 있는 것이 아니며, 그 현재와 미래라는 시간적 차원도 과거에서 기인한 것으로, 과거 때문에 존재하는 것입니다. 그런데도 불구하고, 모든 사람들의 눈들은 현재와 미래에 향해있지, 과거에 일어난 것들은 과거일 뿐으로 잊혀져갑니다. 과거에 일어난 것들을 무시해놓고 현재에서 나타난 어려움들을 현재의 기준에서 규명하고 해명하고자 합니다. 국가가 현재의 문제를 해결하려면, 바람직하지 못했던 "과거의 경로(sequence of the past)"에 돌아가 수정해야 하는데, 과거로 돌아가 수정하지 않은 채, 현재에서 수정을 시도하려고 합니다. 과거를 무시한 상태에서 현재에서만 행하는 대책과 혁신은 불완전합니다. 그럴 경우 허리케인의 재앙과 집중호우의 막대한 폐해는 또 올 것이며, 우리는 아무런 대책 없이 하늘만 보게 될 겁니다. 과거를 무시한 결과입니다.

정부는 '시간이라는 바다(sea of time)'를 항해하는 배(ship)와 같습니다. 그 바다는 과거와 현재와 미래로 구성되어 있으며 그 셋은 서로 연결되어 있습니다. 그리고 배는 시간의 바다에서 과거를 거쳐 도착한 현재에서 다시 미래를 향해 갑니다. 그런데 만약 정부라는 배에서 과거는 낡은 것으로 인식하여 바다의 심연에 버려진다면 어떻게 될까요? 그 경우 과거는 물론이고 과거와 연결된 현재와 미래도 같이 소멸되어 지워지는 것입니다. 알려진 적이 없는, 보이지 않는, 예측할 수 없는 미래의 바다를 향해 간다고 정부는 선언합니다. 그러나 알고 보면 그 바다는 과거가 우리에게 남겨준 바다입니다.

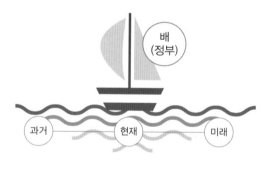

시간(time)의 바다

시간(time)에 대한 잘못된 접근과 직선적인(linear) 단편적 시각은 영국 작가 루이스 캐럴(Lewis Carroll, 1832-1898)의 『Alice's Adventures in Wonderland』[이상한 나라에서 앨리스의 모험](1865)8)와 독일 작가 미

---

8) ●Carroll, Lewis. 1865. *Alice's Adventures in Wonderland*. London:

하엘 엔데(Michael Ende, 1929-1995)의 『Momo』[모모](1973)⁹⁾에서도 확인됩니다.

'원더랜드(Wonderland)'에서의 시간은 직선으로 흐르는 선형적인 시간도 아니며, 예측할 수 있는 것도 아닙니다. 소설은 앨리스(Alice)가 시간에 늦은 '토끼(Rabbit)'를 만나는 것으로 시작하고, 시간을 지배하는 '포켓 워치(pocket watch)'에 의해서 서둘러야 하는 인간과 사회(그리고 아마도 국가)의 행태를 계속해서 그리고 있습니다. 앞으로 가는 시간의 흐름에서 우리는 뒤에 쳐지면 큰일 납니다. '매드 티 파티(Mad Tea Party)'에서 '해 터(Hatter)'의 시계는 깨져있습니다. 시간은 내 마음대로 통제하거나 규율할 수 있는 것이 아닙니다. 미래로 가는 시간을 우리가 마음대로 앞당길 수 있을까요? 그럼에도 불구하고 정부는 그리고 거대기업은 인간 개개인

Macmillan. ●Carroll, Lewis. 1871. *Through the Looking−Glass, and What Alice Found There*. London: Macmillan. ●Gardner, Martin (ed.). 1964. *Lewis Carroll: The Annotated Alice: Alice's Adventures in Wonderland and Through the Looking−Glass and What Alice Found There*. London: Penguin.

　루이스 캐럴(Lewis Carroll)의 본명은 찰스 도지슨(Charles Lutwidge Dodgson, 1832-1898)으로 영국의 작가이자 시인 그리고 수학자로 알려져 있습니다. 그는 이 소설의 속편으로 1871년에 『Through the Looking-Glass, and What Alice Found There』를 발표합니다.

9) Ende, Michael. 1973. *Momo oder Die seltsame Geschichte von den Zeit−Dieben und von dem Kind, das den Menschen die gestohlene Zeit zurückbrachte*. Germany: Thienemann Verlag.

　이 소설은 독일 작가 미하엘 엔데(Michael Ende, 1929-1995)의 작품으로 1974년에 『Momo or the strange story of the time-thieves and the child who brought the stolen time back to the people』[모모 또는 빼앗긴 시간을 사람들에게 돌려준 아이와 시간 도둑의 기묘한 이야기]로 영역되었습니다. 또한 이 책은 단순히 『Momo』, 『The Grey Gentlemen』, 『The Men in Grey』 등으로도 알려져 있으며, 1974년에 '독일청소년문학상(Deutscher Jugend-literaturpreis)'을 수상하였습니다.

과 사회의 시간을 마음대로 통제하려고 합니다. 크리스토퍼 폴릿은 과거로부터 시작하는 시간을 들이지 않는 정책이 재앙이 된다는 것을 논증했습니다. 시계를 부수어 놓고 차를 마실 시간이 필요합니다. 앨리스는 모든 사물이 거꾸로 가는 '거울(looking-glass)'을 마주합니다. '화이트 퀸(White Queen)'은 시간을 거꾸로 사는 것의 이점들을 나열합니다. 그리고 앨리스는 그녀가 원하는 곳에 가기 위해서는 반드시 뒤로(backwards) 걸어가야 합니다. 과거의 시간 속에 펼쳐진 세세한 정책오류들을 들여다보지 않는 정부는 앞으로 나갈 수 없습니다.

'그레이 젠틀맨들(Grey Gentlemen)'은 시간을 절약하는 조건으로 '미래의 시간(time in the future)'을 더 주겠다고 약속합니다. 그리고 시간을 아끼는 방법들은 일에 속도를 내고, 사회적 시간을 중단하는 것이라 합니다. 그 시간의 도둑들(Time Thieves)은 우리에게서 받은 시간을 모아 자신들을 위한 모든 것을 시장의 물품으로 내놓습니다. 시간을 물질화(materialization)하는 것과 같습니다. 이는 모든 것을 시장에서 거래될 수 있는 자원들로 전환하고 그것들을 교환가치에 따라 평가하는 자본주의의 상업화(commodification)와 같습니다. 우리는 시간을 팔았기 때문에 우리에겐 '나의 시간'이란 것이 없습니다. 그레이 맨들이 도착하기 전에는 우리는 화합 속에 조급함이 없이 살았습니다. '모모(Momo)'의 친구 '베포(Beppo)'는 당황하게 됩니다. 전에는 긴 거리를 쓰는 것이 지독하게 싫었는데, 시간이 없기 때문에 이제는 한 번의 빗질(one stroke)만 할 수 있습니다. 이제 긴 길의 깨끗함은 완성되지 않습니다. 과거로부터 시작되는 충분한 시간을 들이지 않으면 정책이 만들어지지 않은 것과 마찬가지입니다. '마스터 호라(Master Hora)'가 아마도 말을 할 것 같습니다. 일을 하는 데 시간을 줄여 아낄(saving time) 수 있습니다. 그러나 그것은 결국

'아무것도 절약하지 않은 것(saving nothing)'이 됩니다. 미래의 시간이 중요할 수 있습니다. 그런데 미래의 시간을 얻기 위해선 현재는 물론 과거의 시간을 버리면 안 됩니다. 회색의 인간들(Men in Grey)은 우리를 지배하는 계급사회일 수도 있고, 국가와 정부일 수도 있습니다. 그러나 시간의 도둑은 그것들보다 먼저 칼 융이 밝힌 내 속에 존재하는 '다른 자아(the other self)'일 수 있음을 인지해봅니다.

　미래의 바다가 중요하다고 필자도 자주 떠들어 댔습니다. 그런데 과거의 도자기, 자개장, 전주 한옥마을, 영주 부석사의 무량수전, 정선아리랑이 좋다고 합니다. 낡은 과거의 시간을 우리는 다 버려야 하는 것일까요?

　(그는 우리가 과거의 길을 걸어야 할 이유를 알고 있었던 것 같습니다.)

"길은 아침에서 저녁으로
저녁에서 아침으로 통했습니다.

돌담을 더듬어 눈물짓다
쳐다보면 하늘은 부끄럽게 푸릅니다.

풀 한 포기 없는 이 길을 걷는 것은
담 저쪽에 내가 남아 있는 까닭이고,

내 가 사는 것은. 다만.
잃은 것을 찾는 까닭입니다."

　　－ 윤동주, 시집 『하늘과 바람과 별과 시』의 「길」(1941.9월) 중에서[10] －

---

10) 윤동주. 1941. "길." *하늘과 바람과 별과 시*(1948). 정음사.

앞 <6강>에서 잠시 소개한 윤동주(1917-1945)의 유고시집 『하늘과 바람과 별과 시』(3판, 1976)에는 「길」, 「별 헤는 밤」 이외에 「서시」, 「자화상」, 「슬픈 족속」, 「소년」, 「태초의 아침」, 「새벽이 올 때까지」, 「십자가」, 「간판 없는 거리」 등의 시들이 실려 있습니다.

7강과 관련된 글을 더 읽어보기
(FOR FURTHER READING)

네덜란드의 크리스토퍼 폴릿(Christopher Pollitt, 1946-2018)은 영국, 미국, 벨기에, EU, OECD, World Bank 등 주요 정부 및 국제공공기관들에서 공직자 및 교수로 활동하면서 공공행정과 공공관리 분야의 탁월한 연구들을 수행한 사회과학자입니다. 본 <7강>에서 다룬 저서 ●『Time, Policy, Management: Governing with the Past』(2008)에서 그는 국가가 정책과 행정을 통해 다루어야 할 '시간(특히, 과거)'에 대한 접근을 하면서, 경로의존성(*path dependency*), 성과관리(*performance management*), 존 킹던(John Kingdon, 1984 & 1995)의 정책형성과 관련된 '기회의 창(*Windows of Opportunity*)', '*e-Government*' 등 중요 개념들과 이론들도 다루고 있습니다.

미국 미시간대학교(University of Michigan)의 정치학과 명예교수인 존 킹던(John W. Kingdon, 1940-현재)은 행정학의 고전적 작품으로 평가받는 『Agendas, Alternatives, and Public Policies』[의제들, 대안들, 그리고 공공정책들](1984 & 1995)이라는 저서에서 공공정책에서 의사결정(decision making)에 대한 경험적이고 이론적 논거들을 전개합니다. 그에 따르면, 공공정책은 의제의 설정(setting of the agenda), 대안들의 구체화(specification of alternatives), 대안의 권위적 선택(authoritative choice), 그러한 결정의 집행(implementation)이라는 4가지 과정들을 거쳐 형성된다고 하면서, 이러한 의사결정(decision making) 체계에 대한 3가지 접근법을 비교합니다.

첫째, '합리성 모델(rational model)'을 정책결정자들이 따른다면, 그들은 먼저 목표들(goals)을 정의하고 그것들을 만족시킬 수 있는 달성수준들을 설정하며, 목표 달성을 위한 가능한 모든 대안들(alternatives)을 철저히 검토(canvass)한 후, 대안들을 체계적으로 비교함으로써 최소 비용으로 목표들을 달성하게 될 대안을 선택합니다. 이러한 모델은 대부분의 경우에서 비현실적이고 비실용적이라고 비판됩니다. 둘째, '점진주의(incrementalism)'를 따르는 의사결정자들은 현재 행동에 있어서 작고, 점진적이며, 최저 한계에 가까운 (marginal) 조정 및 보정을 합니다. 그들은 목표를 설정하는데 과도한 시간을 투입하지 않으며, 결과적으로 정책 '대안들(alternatives)'은 작은 단계들을 거치는 매우 '점진적인 진화(gradual evolution)'가 일어납니다. 그러나 점진주의는 '의제들(agendas)'이 가지는 비연속적이거나 갑작스러운 변화의 속성을 묘사하지 못합니다. 셋째, "조직화된 무질서 또는 무법 상태(organized anarchy)"라고 명명한 조직들(특히, 대학교)의 의사결정체계는 '결정되지 못하는 선호들 (problematic preferences)', '불명확한 기술(unclear technology)', '유동적 참여(fluid participation)'라는 특징들을 갖는다고 하면서, 문제들(problems), 해결책들(solutions), 참여들(participants)이 '선택기회(choice opportunity)' 라는 "쓰레기통(Garage Can)" 안으로 흘러 들어가 결합(coupling)됨으로써 의사결정이 일어납니다. 이에 대해서는 ●Cohen, Michael, James March, and John Olsen. 1972. "A Garbage Can Model of Organizational Choice." *Administrative Science Quarterly* 17: 1-25.를 참조해주시기 바랍니다.

킹던은 이러한 Cohen- March-Olsen의 '쓰레기통모델(garbage can model)' 의 개정된 버전을 연방정부에 있어서의 의제설정(agenda setting)과 대안생성 (alternative generation)을 설명하는 데 사용합니다. 그는 문제들(problems), 정책제안들(policy proposals), 정치(politics)라는 3가지 개별적 '흐름들 (streams)'이 어떠한 '중대한 시점들(critical junctures)'에서 합류된 후, '정책의 창들(policy windows)', 즉 '기회들(opportunities)'이 열릴 때 문제-정책-정치의 결합(coupling)이 가능해지며 이런 결합으로부터 정책 변화들 (policy changes), 특히 가장 커다란 의제(agenda) 변화가 발생된다고 합니다. 이러한 킹던의 논리는 다음의 저술에서 확인하실 수 있습니다: ● Kingdon, John W. 1984. *Agendas, Alternatives, and Public Policies*. TBS The Book Service Ltd. ●Kingdon, John W. 1995. *Agendas, Alternatives, and Public Policies* (2nd ed.). New York: HarperCollins College

Publishers. ●Haston, Bruce M. 1974. "Book Reviews: Congressmen's Voting Decisions By John W. Kingdon (New York: Harper and Row, 1973)." *Political Research Quarterly* 27(4): 749-750. ●Rawat, Pragati, and John Charles Morris. 2016. "Kingdon's "Streams" Model at Thirty: Still Relevant in the 21st Century?" *Politics & Policy* 44(4): 608-638.

여기서 킹던의 '기회의 창들(Windows of Opportunity)' 및 '중대한 시점들(critical junctures)'이라는 개념은 '경로의존성(Path Dependency: PD)' 이론의 '단절점들(punctuations)'이라는 개념의 사촌에 해당하는데, PD이론은 연속적인 긴 문장, 즉 경로(paths)에서 갑작스런 단절점들(punctuations)에서 극단적인 변화들(extreme changes)이 일어남에 주목합니다. 이러한 경로의존성에 대한 논거는 다음의 저술들에서 소개됩니다: ●Arthur, W. Brian. 1994. *Increasing Returns and Path Dependence in the Economy*. Ann Arbor, MI: University of Michigan Press. ●Clemens, Elisabeth S., and James M. Cook. 1999. "Politics and Institutionalism: Explaining Durability and Change." *Annual Review of Sociology* 25: 441-466. ●Baumgartner, Frank R., and Bryan D. Jones (eds.). 2002. *Policy Dynamics*. Chicago/London: University of Chicago Press.

또한, 폴릿은 다른 학자들과 함께 성과감사에 대한 주요 저서인 ●『Performance or Compliance?: Performance Audit and Public Management in Five Countries』(1999)를 출간하였으며, 공공관리 및 그 개혁에 대해서는 ●『The Essential Manager』(2003), ●『Advanced Introduction to Public Management』(2016), ●『Public Management Reforms』(2017) 등의 책들에서 다루고 있고, 공공서비스의 품질평가를 ●『Quality Improvements in European Public Services』(1995)에서 소개하고 있으며, 정부기관의 역할에 대해서는 ●『Agencies: How Governments Do Things through Semi-Autonomous Organizations』(2004)에서 분석하고 있고, 공공정책에서 맥락(context)의 중요성을 ●『Context in Public Policy and Management:

The Missing Link?』(2013)에서 강조하고 있습니다.

　형상사회학자(figurational sociologist)인 노르베르트 엘리아스(Norbert Elias, 1897-1990)의 이론과 연구는 권력(power), 행위(behavior), 감정(emotion), 지식(knowledge)의 관계가 오랜 시간을 거쳐 정립되고 진행되는 과정에 초점을 둡니다. ●『*Über die Zeit*』[시간이 지남에 따라](1984) 이전에 저술한, ●『*Über den Prozeß der Zivilisation*』[The Civilizing Process; 문명화 과정](1939)에서는 인간사회가 문명화되는 과정에 대한 이론을 정립하였습니다. 문명화 과정에 대한 분석에서 '사회적 형상들(social figurations)', 즉 "사람들 간의 상호의존성의 네트워크"라는 개념을 커다란 사회구조들의 등장과 기능을 설명하는 데 사용하고 있습니다.

8강

인간의 본성과 동물의 본성은 다른 것인가?:

이간(李柬)과 임마누엘 칸트(Kant)

8강

인간의 본성과 동물의 본성은 다른 것인가?: 이간(李柬)과 임마누엘 칸트(Kant)

"이것을 치면 저것이 솟아나고 저것을 치면 이것이 솟아나고 지금의 나라 꼴이 그 모양일세 … 삼강오륜의 법은 몰라도 그네들은 뭐가 옳고 그른가. 무엇을 막아야하고 무엇을 몰아내야 하는가를 심장으로 느끼거든 … (중략) … 양반이 썩었고 체통만 태산 같다 하지만 그놈의 체통이 있어서 짐승으로 떨어지지 않아! 그것들이 천민으로 떨어지기까지는. 흥 오히려 짐승 편이 슬기롭지 … (중략) … 비겁하고 천한 것들이 옳고 그르고를 알어? 용감하고 잽싸고 심장으로 느껴? 흥. 혼자 일어서서 저도 당당한 인간임을 과시하고 양반한테 대항해오는 놈이 있다면 내 천 석 쯤 떼어주지 … (중략) … 다 같이 사람으로 태어나서 아무리 상하구별이 있다고는 하지마는 … (중략) … 한 솥에 밥을 묵고 한 사람우 정리도 모른다말가."

– 박경리, 『토지』(1969-1994) 1부 제3편(종말과 발아) 중에서1) –

---

1) 박경리. 2012. *토지(土地)*. 파주: 마로니에북스, 331-332.

    박경리 선생님(본명 박금이, 1926-2008)은 1969년부터 1994년까지 25년 동안 5부 25편으로 구성된 대하소설(大河小說) 『토지』를 집필하였습니다. 토지에는 대부분 최참판가의 인생사, 일제 전후의 한국사회 및 국내외 정치 현실에 대한 기술 및 논평들이 녹아있습니다. 이외 대표적인 소설로는 중편소설 『김약국의 딸들』(1962), 장편소설 『파시』(1964), 『시장과 전장』(1965) 등이 있으며, 미완의 장편소설 『나비야 청산가자』(2003)가 있습니다.

    참고로 대하소설(大河小說)[saga; roman-fleuve(로망플뢰브)]이란, 특정 인물과 가족이 성장해 가는 역사를 사회적 배경과 시대적 흐름에 따라 방대하고 넓은 시야로 서술하는 장편소설의 유형으로, 서양의 경우 19세기에 처음 탄생했습

1.

중학교 때부터인가 어렴풋이 서양철학의 권위 있고 정통적인 학자들의 이름들과 그들의 난해한 작품의 일부를 접한 적이 생각납니다. 플라톤(Plato, 428-347 B.C.), 아리스토텔레스(Aristotle, 384-322 B.C.), 토마스 홉스 (Thomas Hobbes, 1588-1679), 르네 데카르트(René Descartes, 1596-1650), 데이비드 흄(David Hume, 1711-1776), 장자크 루소(Jean-Jacques Rousseau, 1712-1778), 임마누엘 칸트(Immanuel Kant, 1724-1804), 칼 마르크스(Karl Marx, 1818-1883), 프리드리히 니체(Friedrich Nietzsche, 1844-1900), 지그문트 프로이드(Sigmund Freud, 1856-1939), 에드문트 후설(Edmund Husserl, 1859-1938), 마르틴 하이데거(Martin Heidegger, 1889-1976), 알베르 카뮈 (Albert Camus, 1913-1960) 등.[2] 저는 이들이 무슨 이야기를 했는지 완벽

니다. 대표적인 초기 대하소설로는 미국 제임스 페니모어 쿠퍼(James Fenimore Cooper, 1789-1851)의 『The Last of the Mohicans: A Narrative of 1757』[모히칸족의 최후](1826)와, 프랑스 오노레 드 발자크(Honoré de Balzac, 1799-1850)의 『La Comédie humaine』[The Human Comedy; 인간희극] (1829-1948)과 『Le Père Goriot』[Father Goriot](1834-1835), 영국 앤서니 트롤로프(Anthony Trollope, 1815-1882)의 『Chronicles of Barsetshire』[바셋셔의 연대기](1855-1867)가 대표적입니다. 한국의 경우는 황석영(黃晳永)의 『장길산(張吉山)』(1974-1984), 김주영(金周榮)의 『객주(客主)』(1979-1984), 조정래(趙廷來)의 『태백산맥(太白山脈)』(1983-1986), 박경리(朴景利)의 『토지(土地)』 (1969-1994) 등이 바로 '그칠지 모르고 흐르는 큰 강', 즉 대하(大河)적인 장편소설들입니다.

2) Stevenson, Leslie, David L. Haberman, and Peter Matthews Wright. 2013. *Twelve Theories of Human Nature* (6th ed.). Oxford, UK: Oxford University Press.

스코틀랜드 세인트앤드루스대학교(University of St Andrews)의 스티븐슨 (Leslie Stevenson) 등이 저술한 이 책은 인간 본성(human nature)에 대한 이론들을 소개하고 있습니다. 이 책에는 플라톤(Plato, 427-347 B.C.)에서부터, 아리스토텔레스(Aristotle, 384-322 B.C.), 성 아우구스티누스(St. Augustine of Hippo 또는 Aurelius Augustinus, 354-430), 토마스 아퀴나스(Thomas

하게 이해하지 못한 채, 단지 위대하다고만 들었습니다.

그러나 하나는 확실합니다. 이들은 모두 인간(human)에 대한 이야기, 그중에서도 인간의 본성(nature) 및 본질(essence)에 대한 깊은 고민과 논거들에 사로잡혀 있었습니다. 특히, 위대한 서양철학자들의 일치된 논거는 "우리 인간들은 절대 고양이나 다람쥐는 아니다!"이며, 인간을 다른 모든 동물들보다 더 나은 생명체로 만드는 무엇인가에 대해 정신적인 탐색을 시도했습니다. 서양철학의 전체 역사는 인간을 지구상의 다른 종(種)들(species)로부터 분리하려는 시도였고, 특히 수많은 다른 종들에 비해 인간생명(human-being)의 "우월성(superiority)"에 관한 사고와 이론의 입증으로 밤을 새웠습니다. 필자는 그분들의 사고의 논리적 깊이와 구조적 해석에 압도당하고 그 우수성을 칭찬하는 교육을 받아왔던 것 같습니다. 이제서야 저는 다른 생각을 해봅니다. 그들의 사상에서 펼쳐지고 주장된 그 '인간의 위대성'이 놀랍게도 문명인이라 자부하는 우리 인간의 정신에서 불평등(inequality)의 실체를 고착시켰으며, 그것이 정치(politics) 및 국가(the state)의 개념에 연결되면서 현대사회 및 국가에서 발생한 재

Aquinas, 1224-1274), 마르틴 루터(Martin Luther, 1483- 1546), 존 칼뱅(John Calvin, 1509-1564), 토마스 홉스(Thomas Hobbes, 1588-1679), 르네 데카르트(René Descartes, 1596-1650), 베네디트 스피노자(Benedict de Spinoza, 1632-1677), 데이비드 흄(David Hume, 1711-1776), 장자크 루소(Jean-Jacques Rousseau, 1712-1778), 임마누엘 칸트(Immanuel Kant, 1724-1804), 헤겔(Georg W. Friedrich Hegel, 1770-1831), 칼 마르크스(Karl Marx, 1818-1883), 프리드리히 니체(Friedrich Nietzsche, 1844-1900), 지그문트 프로이드(Sigmund Freud, 1856-1939), 에드문트 후설(Edmund Husserl, 1859-1938), 마르틴 하이데거(Martin Heidegger, 1889-1976), 사르트르(Jean-Paul Sartre, 1905-1980), 등 서양철학의 위대한 거물들이 주장한 인간본성에 대한 논거들이 기술되고 있으며, 유교(Confucianism), 힌두교(Hinduism), 불교(Buddhism), 성경(The Bible), 이슬람교(Islam), 진화론(Dawinism)에 대해서도 설명되고 있습니다.

양적 제도의 원인이 됩니다.

그리스의 철학자 아리스토텔레스(Aristotle, 384-322 B.C.)는 그의 정치철
학서인 『Politiká』[Politics; 정치학](4C B.C.)3)에서 인간사회는 곳곳에서
상하의 계층제(hierarchy)로 구성되어 있다고 하면서, 그러한 계층제를 사
람과 동물의 관계, 정신과 육체의 관계의 비유로 보았습니다. 그는 정신과
육체 사이에는 차이가 있으며, 사람과 동물 사이에도 차이가 있는데, 계층
에서 낮은 존재들인 육체(body)와 동물(animal)은 본질적으로 노예(slave)
이며, 이 열등한 존재들인 육체와 동물들은 규율(order) 및 규칙(rule) 아

---

3) ●Aristotle. 4C B.C. *Politiká*. [Politics; 정치학]. <http://www.iep.utm.edu
/aris-pol/> Retrieved 1 August 2023. ●Saunders, Trevor J., and T. A.
Sinclair (trans.). 1981. *Aristotle, The Politics*. London: Penguin Books. ●
Goodman, Lenn E., and Robert B. Talisse. 2007. *Aristotle's Politics
Today*. Albany: State University of New York Press. ●Lord, Carnes.
2013. *Aristotle's Politics* (2nd ed.). Chicago: The University of Chicago
Press.
　아리스토텔레스(Aristotle, 384-322 B.C.)의 『Politiká』[Politics; 정치학](4C
B.C.)은 정치철학서로 8개의 책으로 구성되어 있습니다. 제1권에서 그는 도시
(polis) 또는 '정치공동체(koinōnía politikē; political community)'를 토론합
니다. 제2권에서는 최상의 정권(regime)이 무엇인지에 대한 다양한 관점을 고
찰합니다. 제3권에서는 누가 시민이 될 수 있는지에 대한 논하고, 정치체제 또
는 '정체(政體; constitution)'의 분류와 공익(common good), 정치적 권력의
정당한 배분, 민주주의 유형에 대해서도 다룹니다. 제4권에서는 정치이론의 임
무, 많은 유형의 정체가 있는 이유, 민주주의의 유형과 소수 독재(즉, 과두) 정
치의 유형, 가장 높은 형태의 정부인 'Polity'(즉, 헌법적 정부)를 논합니다. 제5
권에서는 정체의 변화와 '전제주의(tyrannies)'의 무능(無能; incompetency)에
대해 다룹니다. 제6권에서는 민주정(democratic constitution)과 과두정(oligarchic
constitution)을 비교합니다. 제7권에서는 "에우다이모니아(eudaimonia)"를 논하
는데, 이는 인간의 행복, 복지, 번영의 조합을 말하며, 최상의 삶(life)은 무엇
이고 최상의 국가(state)가 무엇인지와 그 중요 요소(인구, 영역, 위치)에 대하
여 논하며, 결혼과 아이들의 의미에 대해서도 설명합니다. 마지막 제8권에서는
이상적인 국가에서의 양육과 교육을 지칭하는 "파이데이아(paideia)"에 대해
논합니다.

래 있는 것이 더 낫다고 하였습니다. 그런데 사실상 그의 사상적 핵심은
동물과의 비교에서 인간의 우월성(superiority)을 말한 것이 아니라, 인간
이라는 같은 종(種) 내에서 어떤 사람들이 다른 사람들에 비해 우월하다는
것에 초점을 두었던 것입니다. 이러한 논조는 영국의 철학자 토마스 홉스
(Thomas Hobbes, 1588-1679)에게도 이어졌는데, 그는 『Leviathan』[리바
이어던](1651)에서[4] 절대군주에 의한 사회계약(social contract)의 형성과
그 영향력에 대해 설명하였습니다. 논의의 전개에서 그는 무정부상태
(anarchy)를 동물성(animality)에 해당하는 것으로 보았고, 시민들의 자연
적 권리가 계약에 의해 군주에게 위임된 국가를 문명(civilization)으로 규
정하면서, 우리 인간을 명확한 계층제의 질서 내에 위치시켰습니다. 그런
데 이러한 아리스토텔레스 및 홉스의 사상들이야말로 인간 역사의 곳곳에
서 문명화되지 못한 종족들을 인간모습을 가진 짐승들(beasts)로 격화시키

---

4) ●Hobbes, Thomas. 1651. *Leviathan, or The Matter, Forme and Power of
a Commonwealth Ecclesiasticall and Civil*. London: Oxford University
Press. ●Shapiro, Ian (ed.). 2010. *Thomas Hobbes, Leviathan: Or The
Matter, Forme, & Power of a Common – Wealth Ecclesiasticall and Civill
(Rethinking the Western Tradition)*. New Haven, CT: Yale University
Press.
　　영국의 철학자 토마스 홉스(Thomas Hobbes, 1588-1679)는 1651년에 출간
한 이 책에서 절대적인 주권자(sovereign), 즉 절대군주에 의한 사회계약(social
contract)과 규약(rule)의 형성, 그리고 그 영향력에 대해 설명합니다. 이로 인해
홉스의 논의는 영향력 있는 초기 사회계약이론(social contract theory)으로도
간주됩니다. "리바이어던(Leviathan)"이란 용어는 히브루(Hebrew) 성서 등 여
러 성서에 나오는 거대한 바다의 뱀에서 따온 것으로. 성서에서는 악마
(demom)와 무질서(chaos) 등으로 상징됩니다. 홉스는 당시 지상의 국가에 대
해 총지배권을 가지고 있던 교황과 로마가톨릭교회에 대한 비판에서 이 논의를
시작했으며, 교회의 국가에 대한 지배권으로부터 국가의 독립을 원했습니다. 그
리하여 계약에 의해 사람들의 자연적 권리가 군주에게 위임된 국가를 리바이어
던이라는 거대한 창조물에 비유하면서, 강하고 분리되지 않은 정부 즉, 절대주권
을 확립함으로써 자연 상태의 야만적인 상황, 즉 "모두에 대한 모두의 전쟁(the
war of all against all)"을 피할 수 있다고 보았습니다.

고, 이들을 식민지화하거나 멸종시키는 것을 정당화하는 잘못된 사고와 제도를 낳게 됩니다.

플라톤, 데카르트, 프로이드 그리고 칸트를 따라가 볼까요. 그리스 철학자 플라톤(Plato, 427-347 B.C.)은 그의 저서 『De Republica』[The Republic; 국가](375 B.C.)에서,[5] 인간은 이성(reason)을 통해 계산을 하는 존재로 보면서, 인간은 우리 자신을 억제할 수 있고 우리 속에 존재하는 동물의 실체를 충분히 통제할 수 있다고 하였습니다. 그런데 바로 이

---

5) ●Plato. 375 B.C. *De Republica*. Paris: Bibliothèque Nationale. ●Spens, Harry. 1763. *The Republic of Plato in Ten Books*. Glasgow, Scotland: Robert and Andrew Foulis. ●Taylor, Thomas. 1804. *The Republic*. London: R. Wilks. ●Burges, George (trans.). 1854. *Plato, The Republic. London*: H. G. Bohn. ●Sayers, Sean. 1999. *Plato's Republic: An Introduction*. Edinburgh, Scotland: Edinburgh University Press. ●Griffith, Tom (trans.). 2000. *Plato, The Republic*. Cambridge, UK: Cambridge University Press. ●Lee, Desmond (ed.). 2007. *Plato, The Republic*. London: Penguin Classics. ●Rowe, Christopher (trans.). 2012. *Plato, The Republic*. London: Penguin Books.

플라톤(Plato, 427-347 BC)의 저서 『De Republica』[Republic; 국가](375 B.C.)는 소크라테스(Socrates)와의 대화 형태로 전개되는 총 10부작으로 구성되어 있습니다. 이 책에서 소크라테스는 정의(justice)의 의미, 그리고 과연 정의로운 자(just man)는 정의롭지 못한 자보다 더 행복한가에 대해 아테네 사람들 및 외국인들과 토론합니다. 그리고 기존에 존재하는 정권들(regimes)의 특질을 고려하고 비교한 결과, '철학자 왕'이 통치하는 유토피아적인 도시국가(city-state), "칼리폴리스(Kallipolis)"가 이상적이라는 결론을 도출합니다. 또한 그들은 '어떤 사물을 다른 것과 구별하는 본질적인 특징'인 'forms[형태와 모습; 형상(形相)]'의 이론, 영혼(정신)의 불멸성(immortality), 사회에서의 철학자와 시(poetry)의 역할에 대해서도 토론합니다. 이러한 대화의 시점은 '펠로폰네소스 전쟁(Peloponnesian War)'의 기간으로 추정되고 있는데, 펠로폰네소스 전쟁은 고대 그리스(Greek)에서 431-404 B.C. 동안 아테네(Athens)의 동맹과 스파르타(Sparta)의 동맹 사이에서 일어난 전쟁으로, 결국엔 페르시아 제국(Persian Empire)의 도움을 받은 스파르타가 그리스에 대한 헤게모니(hegemony)를 잡게 됩니다.

러한 플라톤의 사고는 우리 인간들 각자는 짐승이기도 하고 동시에 사람
이기도 하다는 것을 의미합니다. 그에게 있어 인간(human-being)으로서
의 삶이란 합리성(rationality)을 가지고 우리의 욕망을 억제하며, 동물성을
벗어나 궁극적으로 우리를 정화시키는 데 있습니다.

 이렇게 자아(self)를 인간과 야수로 분리하는 사고는 프랑스의 르네 데
카르트(René Descartes, 1596-1650) 철학('Cartesian')의 정신(mind)과 육체
(body)의 이원론(dualism)에서도 나타납니다.[6] 데카르트는 인간을 정신과
육체의 결합체로 보면서, 정신(mind) 및 영혼(soul)은 사고(thinking)의 실
체로 정의하였고, 육체(body)를 물질(matter)과 비사고(unthinking)의 실체
로 정의함으로써, 정신을 육체보다 더 중요한 것으로 보았습니다. 그리고
정신은 분할할 수 없는(indivisible) 것으로 육체가 없이도 존재할 수 있는
것으로 본 반면에, 육체는 정신없이는 존재할 수 없는 것으로서 이러한
육체는 오로지 "우연적 사건들(accidents)"로 구성되어 있는 낮은 실체라
고 하였습니다.

---

 6) ●Watson, Richard A. 1982. "What Moves the Mind: An Excursion in
   Cartesian Dualism." *American Philosophical Quarterly* 19(1): 73-81. ●
   Gobert, R. D. 2013. *The Mind-Body Stage: Passion and Interaction in
   the Cartesian Theater.* Redwood City, CA: Stanford University Press. ●
   Cunning, David. 2014. *The Cambridge Companion to Descartes'
   Meditations.* Cambridge, UK: Cambridge University Press.
   　르네 데카르트(René Descartes, 1596-1650)는 프랑스의 카톨릭 철학자, 과
   학자, 수학자로 알려져 있는데, 철학과 과학에 있어서 그의 탐구 방법은 수학,
   특히 기하학(geometry)을 사용하는 것이었습니다. 그의 정신-육체의 이원론
   (mind-body dualism)은 서양철학에 지속적으로 영향을 미쳤는데, 그는 신
   (God)과 인간(Human-being)의 구별은 물론, 인간의 정신(mind)과 육체
   (body)의 구별을 시도하였습니다. 서로 간의 차이에도 불구하고 그 둘은 밀접
   하게 연결되어 있으며, 상호작용하고 있다고 주장했습니다. 그러나 구체적으로
   그러한 상호작용이 어떤 것인지에 대해선 설명하지 못했고, 그것은 후속하는
   철학자들의 과제가 되었습니다.

또한, 인간의 자아(self)를 낮은 동물성과 높은 인간성으로 분리하려는 시도는 지그문트 프로이드(Sigmund Freud, 1856-1939)의 이드(Id)와 에고(Ego)의 구별에서 계속해서 재형성화되었습니다. 프로이드는 그의 저서 『The Ego and the Id』(1923)에서, "이드(Id 또는 Ich)"는 원초적인 본능으로 성적인 본능인 '에로스(Eros)'와 공격적인 본능인 '타나토스(Thanatos)'가 포함된 영역으로서, 주변 상황을 고려하지 않은 아기들의 행동이나 동물들의 돌발적 행동의 원인이 되는 무의식(unconsciousness)의 영역에 머물고 있다고 하였습니다. 그런데 시간이 지나면서 이러한 이드(Id)의 욕구를 통제하여 규범 및 예절을 바탕으로 행동방식을 결정할 수 있게 되는 이성적이며 의식적(conscious)인 자아(自我)의 영역인 에고(Ego 또는 Es)가 발달하게 된다고 하였습니다.[7)

그리고 위대한 독일의 철학자로 17-18세기의 유럽을 휩쓴 '계몽주의(the Enlightenment)'를 정점에 올린 임마누엘 칸트(Immanuel Kant, 1724-1804)[8)

---

7) ●Freud, Sigmund. 1923. *Das Ich und das Es*. Vienna, Austria: Inter-matinaler Psycho-analytischer. ●Freud, Sigmund. 1923. *The Ego and the Id*. New York: W. W. Norton & Company. ●Rickman, John. 1957. *A General Selection from the Works of Sigmund Freud*. New York: Liveright Publishing Co. ●Strachey, James. 1999. *The Standard Edition of the Complete Psychological Works of Sigmund Freud*. London: Hogarth Press.

　　오스트리아의 신경과 의사이고 '정신분석학(psychoanalysis)'을 창시한 프로이드(Sigmund Freud, 1856-1939)는 이드(id)와 에고(ego)의 관계를 말(horse)과 기수(rider)의 관계적 역동성에 비교하였는데, 기수인 에고는 말인 이드를 반드시 통제하여야 하지만, 때때로 기수(에고)는 말(이드)이 가기 원하는 곳으로 말을 이끌어 갈 수밖에 없다고도 하였습니다. 그에 따르면, 에고는 이드의 수정된 부분(modified portion)으로서 경험적 세계를 인식(perception)할 수 있는 영역입니다. 그리고 그는 에고를 "body-ego"라고도 부르는데, 이것은 에고를 인간의 물리적인 육체적 표면을 정신적으로 표출한 것이라고 본 것입니다.

8) ●Kant, Immanuel. 1784. "Beantwortung der Frage: Was ist Aufklärung?"

는 『Kritik der praktischen Vernunft』[Critique of Practical Reason; 실천이성비판](1788)에서, 인간에게는 '도덕법칙'이 있으며, 그러한 도덕성(morality)은 '실천이성(practical reason)'으로부터 발휘된다고 믿었습니다. 이러한 실천이성은 억제되어서는 안 되며 오히려 배양(cultivation)되어야 한다고 하면서, 인간은 유한한 존재이긴 하나 절대적인 가치를 지닌 인격체로서 단순한 사물들과는 구별된다고 하였습니다. 따라서 인간은 다른 목적을 위한 수단(means)이 아니라, 그 자체가 '목적(ends)'으로 그에 합당한 존엄한 대우를 받아야 한다고 했습니다. 즉, 칸트는 인간에게 존엄성(dignity)을 주고자 했는데, 그러한 위대한 존엄성을 부여하는 원천은 이성(reason)이고 도덕성(morality)이라 했습니다. 그는 "도덕법칙은 절대적이며 의무적인 정언명령(categorical imperative)으로, 그것이 나에게 동

Berlinische Monatsschrift 12. ●Kant, Immanuel 1784. "An answer to the question: What is enlightenment?" In Mary J. Gregor (ed.). 1999. *Practical Philosophy. The Cambridge Edition of the Works of Immanuel Kant.* Cambridge, UK: Cambridge University Press. ●Kant, Immanuel. 2010. *An Answer to the Question: What is Enlightenment?'* London: Penguin Books.

임마누엘 칸트(Immanuel Kant, 1724-1804)는 1784년에 베를린 월보(Berlinische Monatsschrif) 12월호에 실은 에세이, "Beantwortung der Frage: Was ist Aufklärung?(질문에 대한 답변: 계몽이란 무엇인가?)"에서 '계몽주의(the Enlightenment)'를 소개하고 있습니다. 17세기와 18세기 유럽을 지배했던 지적 및 철학적 움직임인 계몽주의는 인간행복의 가치, 이성(reason)과 감각의 증거에 의해 얻어지는 지식(knowledge)의 추구, 자유·진보·관용·우애·헌법적 정부·교회와 국가의 분리와 같은 이상적 아이디어들의 범주를 지향하였습니다. 대표적인 계몽주의 철학자로는 유대계 네덜란드 철학자 바뤼흐 스피노자(Baruch Spinoza, 1632-1675), 잉글랜드의 존 로크(John Locke, 1632-1704), 영국의 아이작 뉴턴(Sir Isaac Newton, 1643-1727), 프랑스의 피에르 벨(Pierre Bayle, 1647-1706) 등이 있습니다. 역사적으로 계몽주의 사상은 미국의 독립전쟁(American War of Independence, 1775-1783)과 프랑스 혁명(French Revolution, 1789-1799) 등 18세기 말에 발생한 정치적 사건과 사회적 변혁들에 커다란 영향을 준 것으로 나타납니다.

물(성)과는 독립적인 생명적 가치를 부여해 준다(The moral law reveals to me a life independent of animality)."고 했습니다.[9]

---

9) ●Kant, Immanuel. 1788. *Kritik der praktischen Vernunft*. [Critique of Practical Reason; 실천이성비판]. Berlin & Libau: Verlag Lagarde und Friedrich. ●Abbott, Thomas Kingsmill (trans.). 2009. *Immanuel Kant, Critique of Practical Reason*. Seven Treasures Publications. ●Rohlf, Michael. 2020. "Immanuel Kant." In Edward N. Zalta (ed.). *The Stanford Encyclopedia of Philosophy*. Stanford, CA: Metaphysics Research Lab, Stanford University. ●최재희 (역). 2018. *칸트, 실천이성비판*. 서울: 박영사.
　임마누엘 칸트(Immanuel Kant, 1724-1804)의 철학적 사상은 인간의 이성 (reason)에 대한 것으로, 그는 이론적 또는 사변적(speculative)이고, 실천적 또는 실행적(practical)인 이성의 모든 것을 종합하는 3가지 질문을 제시하였습니다. 첫 번째 질문은 "나는 무엇을 알 수 있는가?(What can I know?)", 두 번째 질문은 "나는 무엇을 해야 하는가?(What ought I to do?)", 세 번째 질문은 "나는 무엇을 바랄 수 있는가?(What may I hope?)"입니다. 그는 이러한 3가지 질문에 대한 토론과 고민들을 그의 3가지 비판철학저서인 『Kritik der reinen Vernunft』[Critique of Pure Reason; 순수이성비판](1781), 『Kritik der praktischen Vernunft』[Critique of Practical Reason; 실천이성비판](1788), 『Kritik der Urteilskraft』[Critique of Judgment; 판단력비판](1790)에서 차례로 각각 다루고 있습니다.
　두 번째 질문인 "나는 무엇을 해야 하는가?(What ought I to do?)"에 대해서 칸트는 『Kritik der praktischen Vernunft』[Critique of Practical Reason; 실천이성비판](1788)에서 실천적 이성의 사상을 다루면서 자신의 도덕철학(moral philosophy)을 전개합니다. 그에 따르면, 인간은 유한한 시간에서 자신의 행복을 추구하려 하지만, 내부에서는 도덕적 정언명령(定言命令; categorical imperative)을 받는다고 하였습니다. 정언(定言)이란 '만일', '혹은' 따위의 조건을 붙이지 않고 단정하여 말하는 명제, 주장, 판단을 말하며, 이에 정언명령(categorical imperative)이란 때와 장소에 따라 달라지는 조건적인 명령이 아니라, 어떠한 상황에서도 무조건 따라야만 하는 의무로서 다음 두 가지가 있다고 합니다. 첫째는, "그대는 그대가 하려는 바가 누구나 이행해야만 할 의무인가를 생각하고, 그렇다면 그것을 하라!" 이 명령은 누구든지 어떤 행동을 할 때 다른 모든 사람이 그와 같은 행동을 해도 괜찮다고 생각되는 행동을 해야 한다는 뜻입니다. 둘째는, "너 자신과 다른 모든 사람의 인격을 언제나 동시에 목적으로 대하도록 행위 하라!" 칸트는 인간이 자연법칙의 지배를 받는다고 한 자연론적인 인간관을 부정하면서, 모든 인간의 평등한 존엄성을 주장했습니다.

이러한 사상가들의 위대한 논거처럼 인간은 분명 자기의식적이고 (self-conscious), 합리적이며(rational), 자유로우며(free), 우월한(superior) 이성적 생명체인 것 같고 동물들은 그렇지 않은 것 같습니다. 그런데 칸트 등이 논거한 이성과 도덕법칙이 모든 순간에서 그리고 모든 인간에게 똑같이 작동된다고 볼 수 있을까요? 인간은 야만적인 짐승적 욕망에도 사로잡힙니다. 인간이 동물로부터 분리될 수 있는 자격이 있는지, 그래서 인간이 아마도 우월한지를 증명해내지도 못한 채, 생물체의 영역 내에서 인간으로부터 동물을 분리하고, 나아가 동물을 평가절하하려 했던 그 저명한 서양철학자들의 사고는 사실상 인간에게만 모든 권한을 주었고, 인간은 자연에게 아무 빚(debt)도 지지 않아도 되는 자격을 주어 왔습니다. 나아가 서양철학의 역사는 인간들 사이의 불공평한 구별(distinction), 나아가 사악한 차별(discrimination)을 이끌기 위해 모든 시공간을 사용해 왔습니다. 인간의 역사에서 노예체계(slavery)와 인종차별(racism)은 그 이름과 형식과 양태를 달리해서 계속해서 생성되어 오고 있으며, 그에 반대하는 시민운동의 푯말들은 거리마다 존재합니다.

2.

미국 펜실베니아주(Commonwealth of Pennsylvania)에 있는 디킨슨대학교 (Dickinson College)의 철학 교수 크리스핀 사트웰(Crispin Sartwell)도 그의 저서『Entanglement: A System of Philosophy』[얽힘 또는 함정: 철학의 체계](2017)에서,[10] 서양철학의 기원이 된 아이디어는 바로 다른 동물들로부터 인간을 우월적 존재로 분리하려 하였던 것으로, 그것은 철학적 사상의 전개에서 좋은 출발점으로서의 역할을 하였으나 동시에 그것은 가장 최악의 사고라고 지적합니다. 그는 서양철학이 우리 인간들은 절대 다람쥐(squirrel)가 아니라는 것을 증명하는 데 얼마나 무자비한 왜곡을 시도하고 있는지를 보면 놀랍다고 하였습니다. 그리고 위대한 서양철학자들에게는 동물들의 존재 자체를 인정하는 것은 받아들일 수 없는 것으로, 특히 동물들이 인간들과 다양한 면에서 유사하다는 사실들은 인정할 수 없는 '모욕(insult)'이 된다고 하였습니다. 즉, 다람쥐가 인간처럼 눈과 귀가 있고, 땅 위를 종종걸음으로 달리고, 어떤 인간들은 나무를 능숙히 타고 올라가는 등 이러한 유사성들은 그 잘난 서양철학자들에게 혼란스러움과 동요를 준다고 하였습니다. 왜냐하면 위대한 서양철학자들에게는 인간이란 '신(God)'의 이미지를 따라 창조된 존재로 정신적으로는 영원한 실체인 데 반해, 다람쥐 같은 동물은 단순한 물질적 유기체(physical organism)이며, 타고난 본능(instincts)의 꾸러미 자체 이외는 아무것도 아니기 때문입니다.

사트웰 교수는 위대한 그분들과는 다른 생각을 합니다. 그는 인간생명체가 다른 동물과 구별되는 점이 있다는 것은 의심할 여지는 없지만, 인간이

---

10) Sartwell, Crispin. 2017. *Entanglement: A System of Philosophy*. Albany, NY: State University of New York Press.

다른 동물들과 비교해서 훨씬 더 다른 점이 있다고는 볼 수 없으며, 언젠가 인간이 다람쥐보다 나무를 오르는 데 더 나은 동물적 존재가 될 수 있을지도 모른다고 하였습니다. 하지만 그는 서양철학의 오랜 사고 속에 고착되어 온 동물과 구별되는 인간의 탁월성, 그리고 인간의 자아 속에 존재하는 동물과 인간의 이중적 논거에 대해서는 자신이 어떻게 정확히 반박할 수 있는지에 대해서는 자신이 없다고 고백합니다. 이에 대한 답을 주기 위해 필자는 사트웰 교수를 우리 선조들의 철학세계로 데려가겠습니다.

1392년 조선왕조의 사상적 기반은 주자학(또는 성리학)을 기반으로 한 유학자들에게서 나왔으며, 대표적인 유학자 정도전(1342-1398)은 이방원(1367-1422)과의 권력투쟁에서 사라졌지만, 유학자들의 철학적 사고는 정치적 권력 투쟁, 즉 당쟁의 소용돌이 속에서 계속되었습니다. 특히, 조선 중기 퇴계 이황(1501-1570)과 고봉 기대승(1527-1572) 사이의 '사단칠정(四端七情) 논쟁'[11]은 바로 인간의 본성에 대한 철학적 논쟁이었고, 이러

---

11) 한국학중앙연구원. 2022. *한국민족문화대백과사전.*
　　성리학에서 정(情)은 외부에 감응하여 발현한 것으로, 그 발현한 결과에 따라 사단(四端)과 칠정(七情)으로 분류됩니다. 사단(四端)은 맹자가 주장한 인의예지(仁義禮智)의 각 단초가 되는 측은지심(惻隱之心), 수오지심(羞惡之心), 사양지심(辭讓之心), 시비지심(是非之心)을 지칭하며, 칠정(七情)이란 사람이 갖고 있는 일곱 가지 감정, 즉 희·노·애·구·애·오·욕(喜怒哀懼愛惡欲)을 말합니다.
　　주희(1130-1200)의 성리학은 고려 말에 유입되기 시작하여 조선시대에는 정통사상으로서 자리 잡았고, 이기론은 사칠론과 얽히어 조선시대 유교계에 있어서 논쟁의 초점이 되었습니다. 주희는 음양오행(陰陽五行)이 착종(錯綜)하여 조리(條理)를 잃지 않는 것"이 '이(理)'이고, '기(氣)'는 우주 구성의 소재(素材)로서 음양(陰陽)의 기운 또는 힘으로서 자연과학상의 에너지라 하였습니다. 다시 말해, 이(理)는 기(氣)의 운동이나 작용의 조리(條理)에 해당하는데, 현대 용어로는 원리(principle), 로고스(logos), 이데아(idea), 규범(norm), 법칙(law) 등을 뜻합니다. 주희는 "이(理)는 동(同)하고 기(氣)는 다르다."고 하였습니다.
　　사단칠정(四端七情) 논쟁은 조선 중기, 성리학자인 퇴계 이황(李滉, 1501-

한 철학적 사고는 정치적 당파 체제로 영남학파인 동인(東人)과 기호학파
인 서인(西人)을 대립적으로 설정하게 하였습니다. 광해군(1575-1641)을
몰아낸 인조반정(1623)을 통해 정권을 장악한 서인은 조선의 외교정책 이
념으로서, 한족의 '명나라(Ming dynasty, 1368-1644)'를 조선과 같은 인간
의 반열로 규정한 반면, 만주족과 몽골족을 중심으로 새롭게 등장한 '청
나라(Qing dynasty, 1636-1912)'는 오랑캐, 즉 야만인들로 보았습니다. 이
러한 인간 사이의 우열을 구분한 것은 마치 서양철학의 사상과 같으며,
다른 정치적 명분과 이해가 있었다 하더라도 청나라 사람들을 격하시킨
이러한 인성적 사고로 말미암아 정묘호란(1627)[12]과 병자호란(1636-16

1570)과 고봉 기대승(奇大升, 1527-1572) 사이에서 일어난 인간의 본성에 대
한 논쟁입니다. 이황은 정지운(鄭之雲)이 지은 『천명도설(天命圖說)』의 내용
을 수정하여, 사단(四端)은 사물의 '이(理)'에 해당하는 마음의 본연지성(本然
之性)에서 발현되고, 칠정(七情)은 사물의 '기(氣)'에 해당하는 마음의 기질지
성(氣質之性)에서 발현된다는 '이기호발(理氣互發)'을 주장하였습니다. 이에 비
해 기대승은 이(理)와 기(氣)는 구체적인 마음의 작용에서 서로 분리되지 않는
다고 하면서 '이기공발(理氣共發)'을 주장합니다. 이러한 두 사람의 논변은
서로 편지를 주고받는 방식으로 8년 이상(1559.1.-1567.5.) 이어졌습니다.

12) ●강만길 외. 한국사. 파주: 한길사. ●장정수. 2022. "정묘호란시 조선과 후금
   의 교전 및 교섭에 대한 단계별 검토(Analysis on Combat and Negotiation
   Phases during the First Manchu Invasion of Choson in 1627)." 지역과 역
   사(Journal of Korean History) 50: 77-135.
      1616년 중국대륙에서는 여진족 '누르가치(또는 누루하치)'(1대 천명제)가 몽
   골족 및 만주족을 통일하여 '후금(後金)'을 건국하였고, 그의 아들 '홍타이지'(2
   대 숭덕제)가 왕권을 물려받은 1636년에 국호를 '청나라(Qing dynasty)'로 바
   꾸었으며, 1644년에는 명나라의 수도 북경(베이징)을 점령하여 황제를 사로잡
   기까지 하였습니다. 이러한 국제정세 속에서 조선은 1623년 광해군을 몰아낸
   인조반정으로 서인들이 권력을 잡았고 '향명배금(向明排金)' 정책으로 후금을
   배척하였습니다. 이에 1627년(인조 5년) 3월에 후금(後金)의 '누르가치'가 3만
   명의 군사로 조선을 침입해 의주를 점령하고 평양성에 도착함으로써 인조는
   강화도로 피난하게 되었으며, 1627년 4월에 강화(講和; amicable settlement)
   가 성립됨으로써 조선은 후금과 '형제관계'를 맺게 됩니다. 이것이 '정묘호란
   (丁卯胡亂)'으로 당시 후금을 배척한 조선에 대한 보복과 후금의 남진 정책으
   로 인한 전쟁이었으며, 이로 인해 후금은 조선과 교역하는 길을 얻게 됩니다.

37)13)이 발생하였으며, 이로 인해 국가 주권의 치욕과 백성들에게는 혹독한 시간을 가져왔습니다.

이후 서인은 노론(老論)과 소론(少論)으로 분파되었고, 이 중 노론들 사이에서 사람의 본성과 동물의 본성, 즉 '인성(人性)'과 '물성(物性)'이 과연 다른 것인가에 대한 철학적 논쟁인 '인물성(人物性) 논쟁'이 발생하였습니다. 그런데 이러한 논쟁의 내용들은 그 위대한 서양철학자들이 다루지 못한 깊은 사고들로서, 필자는 왜 그토록 인간에 대한 접근을 서양학문에서 먼저 배우게 되었는지 안타깝기만 합니다. 우리 선조들의 논쟁은 인(仁)·의(義)·예(禮)·지(智)·신(信)의 오상(五常)을 금수(禽獸: 새와 동물인 짐승)도 가지느냐 못 가지느냐 하는 문제, 그리고 사람의 희노애락(喜怒哀樂)의 정(情)이 발동하지 아니하였을 때의 상태, 즉 심체(心體)에 기질(氣質)이 있느냐 없느냐 하는 문제 등에 대한 것이었습니다. 본격적인 논쟁은 권상

장정수도 그의 연구(2022)에서, 정묘호란(1627)이 전개된 국면들을 단계적으로 분석해보면, 그것이 침입과 화친이라는 단순한 구도가 아니라 양측 모두의 타협적 성격이 드러난 전쟁이었으며, 조선이 후금과의 국교(國交)를 공식화 한 계기가 되었다고 합니다.

13) 강만길 외. 한국사. 파주: 한길사.
정묘호란(丁卯胡亂, 1627) 이후에도 조선은 명나라와의 관계를 그대로 유지하였고, 1636년에 후금 '홍타이지'가 국호를 '청나라(Qing dynasty)'로 바꾸면서 2대 숭덕제로서 황제로 즉위하였는데, 이때 황제즉위식에 참석한 조선 사신이 배례를 하지 않은 사건이 발생하였습니다. 조선의 친명정책에 변화가 없는 것을 상징적으로 확인한 '홍타이지'는 같은 해인 1636년 12월에 직접 12만 군사를 이끌고 조선을 침공하여 약 10일 만에 한양으로 들어왔습니다. 인조는 남한산성으로 피신하여 항쟁하였으나, 소현세자빈과 봉림대군(뒤의 효종)이 피난해있던 강화도가 함락됨으로써 1637년 2월에 항복하게 됩니다. 이것이 병자호란(丙子胡亂, 1636.12.28.-1637.2.24.)으로 청나라는 군신(君臣)관계를 요구하였으며, 소현세자와 봉림대군 부부를 비롯해 조선의 관리와 많은 자녀들이 인질로 중국 심양으로 잡혀갔고, 종로와 광통교 일대만 보더라도 약탈과 방화로 그 피해는 상당한 것으로 기록되어 있습니다.

하(權尙夏, 1641-1721) 문하에서 공부하던 이간(李柬, 1677-1727)과 한원진(韓元震, 1682-1751) 사이에서 시작되었습니다.[14]

---

14) ●이간(李柬). (시기미상). *외암유고(巍巖遺稿)*. ●한원진. 1765. *남당집(南塘集)*. 서울: 한국고전번역원. ●현상윤. 1949. *조선유학사(朝鮮儒學史)*. 서울: 민중서관. ●배종호. 1974. *한국유학사*. 서울: 연세대학교출판부. ●이남영. 1980. "호락논쟁(湖洛論爭)의 철학사적(哲學史的) 의의(意義)." 동양문화국제학술회의 논집. 성균관대학교 대동문화연구원. ●이애희. 1990. "朝鮮後期의 人性과 物性에 대한 論爭의 研究." 박사학위논문. 일반대학원 철학과. 고려대학교. ●윤사순. 2007. "人間과 他物에 대한 洪大容의 脫程朱學的 哲學." *한국사상과 문화* 39: 191-224. ●유영희. 2011. "人物性同異論 研究 成果를 통해 본 '같음'과 '다름'의 의미." *한국사상과 문화* 58: 333-351. ●한국학중앙연구원. 2022. *한국민족문화대백과사전*.

이황과 기대승 사이의 '사단칠정 논쟁' 이후 한동안 잠잠했던 사단칠정 논변이 주리(主理)와 주기(主氣)의 논변으로 이행됨으로써 성리학의 불꽃이 재연되었습니다. 그것은 주기적인 이이 계통의 기호학파(畿湖學派) 안에서 다시 주리와 주기로 대립하여 논쟁이 일어난 것입니다. 이것이 권상하(權尙夏, 1641-1721)의 문하에서 야기된 이른바 '호락논쟁(湖洛論爭: 호론과 낙론의 논쟁)'을 말합니다. 즉, 외암(巍巖) 이간[李柬, 1677(숙종 3년)-1727(영조 3년)]의 논리를 지지하는 이재(李縡), 박필주(朴弼周), 어유봉(魚有鳳) 등의 '낙하(洛下)' 학자들은 인성(人性)과 물성(物性)은 다 같이 오상을 가진다는 '인물성구동론(人物性俱同論)'과 미발한 마음의 본체는 기질의 선악이 없으므로 본래선(本來善)이라 하여 '미발심체본선론(未發心體本善論)'을 주장하였습니다. 다만, 인성과 물성이 상이한 것 같이 보이는 것은 그들 기질의 국한성, 즉 차이에 따라서 상이하게 드러날 뿐이라고 하였습니다. 이것을 낙론(洛論) 또는 낙학(洛學)이라 부르게 되었는데, 그 이유는 이간은 호서(湖西: 충청도)에 살았지만 이간의 설을 지지하는 학자들은 낙하(洛下: 경기도와 서울)에 많이 거주하고 있었기 때문이었습니다.

이와 반대로 남당(南塘) 한원진[韓元震, 1682(숙종 8년)-1751(영조 27년)]의 논리를 찬동하는 권상하, 윤봉구(尹鳳九), 최징후(崔徵厚), 채지홍(蔡之洪) 등의 호서학자(湖西學者)들은 인성은 오상을 가지지만 물성은 그 오상을 모두 가지지는 못한다면서, 인성과 물성은 서로 다르다는 '인물성상이론(人物性相異論)'과 미발한 마음의 본체에도 기질의 선악이 있다는 '미발심체유선악론(未發心體有善惡論)'을 역설하였습니다. 이들의 이론을 호론(湖論) 또는 호학(湖學)이라 부릅니다.

여기서 저는 송시열계의 유학자 이간(李柬)의 사상에 주목해봅니다.[15] 이간은 사람의 본성(인성)과 동물의 본성(물성)은 같다고 주장합니다. 그는 중국 남송의 유학자 주희의 『중용(中庸)』을 인용하면서, 본성은 '이(理)'이며 음양과 오행이라는 '기(氣)'가 모여서 만물들의 형체가 만들어진다고 하였습니다. 사물의 형체가 어떻든지 간에(즉, 인간이건 동물이건 간에) 그 사물에 내재하는 '이(理)', 곧 본성은 모두 동일하다고 합니다. 음양오행으로 상징되는 기(氣)들 중에서 "바르고 소통되는" 기(氣)를 얻으면 사람이 되고, 그렇지 않고 "치우치고 막힌" 기(氣)를 얻으면 동물이 됩니다. 사람과 동물의 차이는 각각의 형체를 규정하는 기(氣)의 차이 때문에 있는 것이지, 그 본성인 이(理)의 차이는 없는 것입니다. 칸트 등 대부분의 서양철학자들의 시기보다 앞서서 우리 선조 이간(李柬)은 벌써 이(理)와 기(氣)라는 개념을 사용하여 인간의 본성을 논의하였고, 나아가 동물의 본성과 사람의 본성이 다르지 않다고 했습니다. 더욱이 사회에 존재하는 모든 계층제의 인간들 사이의 본성은 다를 수가 없다는 것입니다. 서울 노론들은 이러한 이간(李柬)의 논리를 통해 청나라 사람도 조선 사람과 동일한 인간임을 정당화하고자 했습니다.

이제 우리는 동물과 인간을 구별하고자 했던 서양철학의 사상이 궁극적으로 인간과 인간을 차별하게 함으로써 재앙적인 인류역사를 가져왔는지를 이해할 수 있으며, 그러한 인간의 우월성에 세월을 바친 위대한 서

---

15) ●한국학중앙연구원. 2022. *한국민족문화대백과사전*. ●배종호. 1974. *한국유학사*. 서울: 연세대학교출판부.

　　이간(李柬)은 후기 조선 종부시정 등을 역임한 문신으로, 특히 세자시강원(世子侍講院)의 자의(諮議)(정7품)를 역임하였는데, 세자시강원은 조선 시대 왕세자의 교육을 담당하기 위하여 설치되었던 예조 소속의 관서로 그는 이곳에서 왕세자를 모시고 경서(經書)와 사적(史籍)을 강의하며 도의(道義)를 가르치는 임무를 담당하였습니다.

양철학에 대한 반박 논거를 이제 사트웰 교수도 확인할 수 있을 겁니다.

> "가을날 조용한 밤에 여러분이 물결 하나 없는 잔잔한 호수 앞에 서 있
> 다고 생각해 보십시오. 보름달이 그 호수의 표면에 비칩니다. 호수에 비
> 친 보름달의 그림자는 원래의 달처럼 둥그럽습니다. 이제 여러분은 급히
> 흐르는 계곡의 물가에 갑니다. 그 흐르는 물에 비친 달그림자의 모양은
> 울퉁불퉁합니다. 잔잔한 호수에 비친 달의 겉모습과 흐르는 물에 비친
> 달의 겉모양은 분명 다릅니다. 그렇다면 호수 위 하늘에 떠 있는 실제의
> 달과 흐르는 계곡물 위 하늘에 떠 있는 달은 다른 달일까요?"

- 심의린(沈誼潾) -

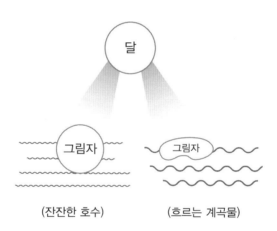

(잔잔한 호수)   (흐르는 계곡물)

인간의 본성에 대한 동서양의 철학적 사고가 난해하더라도, 필자에게 하나
는 확실합니다. 우리 인간과 동물 사이에서, 그리고 우리 인간들 사이에서
차이를 둘 수 없는 공통적인 절대적 사실이 있습니다. 동물과 인간은 모두
여러 부분들에서 관계를 맺고 생물학적 성장을 하는 유기적 생물체

('organic body')로서 모두 '죽음(death)'이라는 현상에 도달한다는 것입니다. 그런데 만약 의식과 자아가 있고 합리적인 인간이 삶의 기간 동안에 무의미하게(meaninglessly) 살아가고, 삶의 끝자락에서 목적 없이(purposelessly) 죽어간다면, 인간은 동물에게 무슨 차이를 주장할 수 있을까요?

(그녀는 무생물에도 미치지 못하는 인간생명체의 존재에 한탄했습니다.)

> "… (중략) …
> 후함으로 하여
> 삶이 풍성해지고
> 인색함으로 하여
> 삶이 궁색해 보이기도 하는데
> 생명들은 어쨌거나
> 서로 나누며 소통하게 돼 있다.
> 그렇게 아니하는 존재는
> 길가에 굴러 있는
> 한낱 돌멩이와 다를 바 없다."

- 박경리(1926-2008), 「사람의 됨됨이」(2008) 중에서[16] -

---

16) 박경리. 2008. "사람의 됨됨이." *버리고 갈 것만 남아서 참 홀가분하다.* 파주: 마로니에북스.
　박경리 선생님(본명 박금이, 1926-2008)의 『버리고 갈 것만 남아서 참 홀가분하다』(2008)는 그녀의 유일한 사후 시집이며, 그녀의 다른 시집으로는 『못 떠나는 배』, 『우리들의 시간』, 『도시의 고양이들』 등이 있습니다. 또한 그녀의 수필집으로는 『Q씨에게』, 『꿈꾸는 자가 창조한다』, 『생명의 아픔』 등이 있으며, 대표적인 소설로는 중편소설 『김약국의 딸들』(1962), 장편소설 『파시』(1964)와 『시장과 전장』(1965), 1969년부터 25년 동안 집필한 5부작 대하소설(大河小說)인 『토지』(1994), 그리고 미완성으로 남아있는 장편소설 『나비야 청산가자』(2003)가 있습니다.

8강과 관련된 글을 더 읽어보기
(FOR FURTHER READING)

공통적으로는 인간으로부터 동물을 분리하고 나아가 인간들 사이의 차별을 이끈 그 위대한 서양 철학가들의 사상의 세부 내용들을 ●Stevenson, Leslie, David L. Haberman, and Peter Matthews Wright. 2013. *Twelve Theories of Human Nature* (6th ed.). Oxford, UK: Oxford University Press.에서 확인하실 수 있습니다.

아리스토텔레스(Aristotle, 384-322 B.C.)의 정치철학서 『Politiká』 [Politics; 정치학](4C B.C.)]에 대한 영역, 해석과 분석의 내용들에 대해서는 다음의 책들에서 확인하실 수 있습니다: ●Barker, Sir Ernest (trans.). 1962. *The Politics of Aristotle*. Oxford, UK: Oxford University Press. ●Miller, Fred D. 1995. *Nature, Justice, and Rights in Aristotle's Politics*. New York: Oxford University Press. ●Simpson, Peter L. P. 1997. *The Politics of Aristotle: Translation, Analysis, and Notes*. Chapel Hill: University of North Carolina Press. ●Goodman, Lenn E., and Robert B. Talisse. 2007. *Aristotle's Politics Today*. Albany: State University of New York Press. ●Lord, Carnes. 2013. *Aristotle's "Politics"* (2nd ed.). Chicago: University of Chicago Press.

토마스 홉스(Thomas Hobbes, 1588-1679)의 『Leviathan, or The Matter, Forme and Power of a Commonwealth Ecclesiasticall and Civil』(1651)에 대한 번역, 해석 및 비판에 대해서는 다음의 책들을 권합니다: ●Baumrin, Bernard Herbert (ed.). 1969. *Hobbes's Leviathan: Interpretation and Criticism*. Belmont, CA: Wadsworth. ●Rogers, G.

A. J., and Karl Schuhmann. 2005. *Thomas Hobbes Leviathan: A Critical Edition*. London: Bloomsbury Publishing. ●Bagby, Laurie M. 2007. *Hobbes's Leviathan: Reader's Guide*. New York: Continuum. ●Shapiro, Ian (ed.). 2010. *Leviathan, or the Matter, Forme, and Power of a Commonwealth Ecclesiasticall and Civill (Rethinking the Western Tradition)*. New Haven, CT: Yale University Press. ● Zagorin, Perez. 2009. *Hobbes and the Law of Nature*. Princeton, NJ: Princeton University Press.

플라톤(Plato, 427-347 B.C.)의 저서 『De Republica』[Republic; 국가] (375 B.C.)에 대한 자세한 해석, 논의 및 비평들은 다음의 책들에서 확인하실 수 있습니다: ●Annas, Julia. 1981. *An Introduction to Plato's Republic*. Oxford, UK: Oxford University Press. ●Sayers, Sean. 1999. *Plato's Republic: An Introduction*. Edinburgh, Scotland: Edinburgh University Press. ●Rosen, Stanley. 2005. *Plato's Republic: A Study*. New Haven, CT: Yale University Press. ●Santas, Gerasimos. 2010. *Understanding Plato's Republic*. Hoboken, NJ: Wiley-Blackwell. ●Piechowiak, Marek. 2021. *Plato's Conception of Justice and the Question of Human Dignity*. Berlin: Peter Lang.

임마누엘 칸트(Immanuel Kant, 1724-1804)는 인간의 이성(reason)에 대한 3가지 질문을 제시하였습니다. 첫 번째 질문은 "나는 무엇을 알 수 있는가?(What can I know?)", 두 번째 질문은 "나는 무엇을 해야 하는가?(What ought I to do?)", 세 번째 질문은 "나는 무엇을 바랄 수 있는가?(What may I hope?)"입니다. 두 번째 질문에 대해서는 칸트가 『Kritik der praktischen Vernunft』[Critique of Practical Reason; 실천이성비판](1788)에서 논의한 내용을 앞에서 이미 소개한 바 있습니다.

첫 번째 질문에 대해서는 칸트는 『Kritik der reinen Vernunft』[Critique

of Pure Reason; 순수이성비판](1781)에서, 인간의 이성(reason)이 지닌 한계를 비판하면서 논의를 전개합니다. 그는 기존의 형이상학적 탐구 (metaphysical inquiry)가 "인간이 죽은 후 영혼은 어떻게 되는지", "이 세계는 시작과 끝이 있는 것인지", "신은 전지전능하며 과연 존재하는 것인지"에 대한 것들을 객관적인 대상들로 규정하여 이성을 통해 인식하려는 것을 비판하였습니다. 특히, 신과 같은 초경험적이고 초감각적인 것을 이성을 통해 인식하려는 것을 비판하면서, '신의 존재'와 같은 형이상학적 명제는 참인지 거짓인지는 알 수 없다고 하였습니다. 그리하여 칸트는, 앞 <2강>에서 언급한 것처럼, 데이비드 흄(David Hume, 1711-1776)의 경험주의를 도전하여 그 자신의 경험론(theory of experience)을 개발하였는데, 경험과 독립적으로 어떤 지식(knowledge)은 인간의 마음속에 선험적으로 존재한다고 하였습니다. 즉, 칸트는 이성론과 경험론을 종합한 자신만의 '선험적(a priori) 관념론'을 제시하였는데, 그는 선험적 종합판단을 통해 객관적 지식이 성립될 수 있다고 보았습니다. 그는 '순수이성(pure reason)'의 형식들인 '감성(sensivility)'과 '지성 또는 오성(悟性; Verstand)'이라는 2가지 인식작업이 작동되어야 표상들(appearances)에 불과한 사물들의 현상을 분류하고 정리할 수는 있다고 하였습니다. 그러나 그 현상 너머에 숨어 있는 '사물의 본질(nature of things)'은 우리에게 알려지지 않는다고 하였습니다. 따라서 순수이성이 그것의 적정한 영역을 벗어나 적용될 경우에는 혼동된 논쟁들을 불러일으키기 때문에 순수 이론적 이성은 억제되어야 한다고 하였습니다. 이러한 칸트의 순수이성에 대한 논거들은 다음의 저술들에서 확인할 수 있습니다: ●Kant, Immanuel. 1781. *Kritik der reinen Vernunft.* [Critique of Pure Reason; 순수이성비판]. Berlin & Libau: Verlag Lagarde und Friedrich. ●Pluhar, Werber S. (trans.). 1996. *Immanuel Kant, Critique of Pure Reason* (unified edition). Indianapolis, IN: Hackett Publishing. ●Guyer, Paul, and Allen W. Wood (trans.). 1999. "Kant, Immanuel. Critique of Pure Reason." *In The Cambridge Edition of the Works of Immanuel Kant.* Cambridge, UK: Cambridge University

Press. ●Gardner, Sebastian. 1999. *Kant and the Critique of Pure Reason*. London: Routledge. ●Luchte, James. 2007. *Kant's 'Critique of Pure Reason': A Reader's Guide*. London: Bloomsbury Publishing. ●Rohlf, Michael. 2020. "Immanuel Kant." In Edward N. Zalta (ed.). *The Stanford Encyclopedia of Philosophy*. Stanford, CA: Metaphysics Research Lab, Stanford University. ●최재희(역). 2023. *칸트, 순수이성비판*. 서울: 박영사.

마지막으로 세 번째 질문에 대해서 칸트는 『Kritik der Urteilskraft』[Critique of Judgment; 판단력비판](1790)에서 그의 사상을 다루고 있는데, 그는 미적 감각 또는 미학(aesthetics)은 공평무사하고 사욕없는 판단(judgment)의 능력으로부터 일어난다고 믿었고, 통제성 있는 판단력은 '고급 이성'의 능력이며, 이성과 감성을 조화롭게 중재하는 판단력의 능력을 인정하였습니다. 이에 대해서는 다음의 저서들에서 확인하실 수 있습니다: ●Kant, Immanuel. 1790. *Kritik der Urteilskraft*. [Critique of Judgment; 판단력비판]. Berlin & Libau: Verlag Lagarde und Friedrich. ●Bernard, J. H. (trans.). 2019. *Critique of Judgment by Immanuel Kant*. Digireads.com Publishing. ●Rohlf, Michael. 2020. "Immanuel Kant." In Edward N. Zalta (ed.). *The Stanford Encyclopedia of Philosophy*. Stanford, CA: Metaphysics Research Lab, Stanford University. ●이석윤(역). 2020. *칸트, 판단력비판*. 서울: 박영사.

9강

분류기계(sorting machine)와 그 공모자들:

마이클 샌델(Michael J. Sandel)과의 너무 늦은 만남

9강

분류기계(sorting machine)와 그 공모자들:
마이클 샌델(Michael J. Sandel)과의 너무 늦은 만남

"가을이 되면 우리는 농촌과 들녘에서 어르신들이 탈곡기(thresher), 도
리깨(flail), 선별기(sorter)를 사용하여 좋은 곡식과 좋은 과일을 골라
내고, 보잘 것 없는 것들을 버려내는 풍경을 종종 보면서 그러한 분류행
위는 당연한 것으로 여겼습니다. 그런데 인생의 흐름 속에서 그 볼품없
고 규격에 맞지 않아 버려진 곡물이 바로 '나'였다는 사실과 그 버려진
이유는 "내 탓이 아니었구나."라는 사실을 확인하게 됩니다."

– 심의린(沈誼潾) –

1.

인간이 만든 교육제도와 문화는 '실적(merit)'과 '성적(grade or record)'이 좋은 사람들을 분류해서 선발하는 것을 너무나도 당연한 것으로 주입하였고, 성적과 실적이 좋은 자가 좋은 대학과 좋은 자리에 가는 것이 타당하고 옳은 것이라는 논거에는 다른 비판과 반론없이 살아오고 있는 것 같습니다. 저도 대학에서 학생들 앞에서 그런 소리를 자주 했었고, 이곳저곳 잘난 인물들과 정부의 제도들도 실력과 성적이야말로 사람을 분류하는 절대적인 잣대(yardstick)라고 떠들어 댑니다. 필자가 20세의 어린 시절, 가을학기 대학의 한 수업에서 행정학의 한 부류인 '인사행정(public personnel administration)'[1]을 수강하면서 알게 된 선진국의 제도가 하나 있습니다. 공직자를 선발하고 승진시킬 때 실적에 입각하여 결정하는 미국의 "The Merit System(실적제, 실적본위제도 또는 실적주의)"이라는 것입니다.[2] 저는 그 화려한 제도를 찬양하면서 우리는 왜 그러한 시스템을 도

---

1) ●Hays, Steven W. 1983. *Public Personnel Administration: Problems and Prospects*. Hoboken, NJ: Prentice Hall. ●Nigro, Lloyd G., Felix A. Nigro, and J. Edward Kellough. 2013. *The New Public Personnel Administration* (7th ed.). Boston, MA: Cengage Learning.

　　공공부문에 있어서 인사행정(public personnel administration)은 공공조직에 필요한 인력에 대한 수급 및 교육, 보상(compensation)과 수당(benefits), 성과평정(performance appraisal), 단체교섭(collective bargaining), 소수민족 및 여성에 대한 차별 철폐(affirmative action), 직장 내외 성적 괴롭힘(sexual harassment), 직장 내 폭력(workplace violence), 약물과 알코올 남용(substance and alcohol abuse), 정치적 요소와의 관계 등에 대해 관리적 및 제도적 행위를 수행하는 것을 말하며, 관련 이론의 이해와 대안의 기획 그리고 정책의 변화를 수반합니다.

2) ●Mcllhenny, John A. 1917. "The Merit System and the Higher Offices." *American Political Science Review* 11(3): 461-472. ●Sageser, Adelbert Bower. 2013. *The First Two Decades Of The Pendleton Act: A Study Of Civil Service Reform*. Whitefish, Montana: Literary Licensing, LLC.

입하여 제도화하지 않았는지를 아쉬워하고 비판하였던 그 청명한 것 같았던 지성(intellect)의 시간이 떠오릅니다. 이러한 실적주의 제도에 대한 저의 찬양은 맞는 것일까요?

●Stancetic, Veran. 2020. "Spoils System Is Not Dead: The Development and Effectiveness of the Merit System in Western Balkans." *Croatian and Comparative Public* Administration 20(3): 415-438. ●Gajduschek, Gyorgy, and Katarina Staronova. 2023. "Politicization beyond the Merit-system Façade. The Intricate Relationship between Formal and Informal Institutions of the Senior Civil Service Systems in Central and Eastern Europe." *International Journal of Public Administration* 46(9): 647-658.

　공공부문의 인사행정에 있어서, 'The Merit System(실적제; 實積制)'는 정부 관료 및 공공기관 직원들의 승진과 고용을ー그들이 가진 정치적 연계 및 관계(political connection)의 기준이 아닌ー그들의 업무수행 능력(ability)과 성과(performance)의 측정(measure)에 기반하여 결정하는 제도입니다. 반면에, 'The Spoils System(또는 Patronage System; 엽관제; 獵官制)'란, 선거에서 이긴 정당(political party)이 승리를 이끈 보상(reward)과 계속해서 당을 위해 일하도록 하는 유인책(incentive)으로서 그의 지지자, 친구[*이 경우 '정실 인사(cronyism)'라 함], 집안 및 친척[*'친족 등용(nepotism)'] 등에게 정부의 관료 자리를 선사하는 제도입니다.

　미국의 경우는 공무원제도(civil service)는 민주당(Democratic Party) 소속의 앤드류 잭슨(Andrew Jackson)이 제7대 대통령으로 취임한 1829년에 'The Spoils System(엽관제)'으로 시작해서 1837년까지의 재임기간과 그 뒤 45년 동안 길게 이어졌습니다. 그러던 중 미국 전역을 흔든 사건이 일어납니다. 1881년 3월에 미국의 20대 대통령으로 선출된 공화당(Republican Party) 소속의 제임스 가필드(James A. Garfield)가 같은 해 7월 어느 날, 선거승리로 공직을 받을 것으로 생각했으나 아무런 자리도 얻지 못한 40세의 정치후보자인 찰스 귀토(Charles J. Guiteau)에 의해 워싱턴(Washington) D.C.의 기차역(Baltimore and Potomac Railroad Station)에서 저격당한 후 사망하는 사건이 일어납니다. 이 충격적인 사건은 바로 'The Spoils System(엽관제)'의 위험성을 증명하는 계기가 되었습니다. 이에 민주당 상원의원(senator)인 조지 펜들턴(George H. Pendleton)이 발의한 '펜들턴공무원개혁법(Pendleton Civil Service Reform Act)'이 연방의회를 통과하고, 21대 대통령인 공화당소속의 체스터 아더(Chester Alan Arthur)가 1883년에 이 법에 서명하기에 이릅니다. 이 법이 바로 미국 연방정부의 공직을 임명하는 시스템을 'The Merit System(실적제)'으로 전면 전환하였던 법적 체계였으며, 그것은 현재까지 이어지고 있습니다.

"당신의 생각은 절대적으로 틀렸오!" 이는 그 선진화된 미국의 제도하에 살면서 저명한 브랜다이스대학교(Brandeis University)를 나와 하버드대학교 법대에서 정치철학(political philosophy)을 가르치고 있는 마이클 샌델(Michael J. Sandel, 1953-현재) 교수의 답입니다. 그는 2020년에 출간한 저서 『The Tyranny of Merit: What's Become of the Common Good?』[실적의 폭정: 공익은 어떻게 된 것인가?]에서,3) 그 '실적(merit)'이라는 기준과 '실적주의(merit system)'야말로 바로 미국 민주주의를 망친 포학행위이며 압제(tyranny)라고 일침을 놓습니다. 제가 몰랐던 많은 학자들, 즉 앤서니 카니발레(Anthony Carnevale)와 스티븐 로즈(Stephen Rose) (2004), 매들린 레빈(Madeline Levine)(2006), 찰스 머레이(Charles Murray) (2012), 수니야 루타르(Suniya S. Luthar)(2013), 재커리 골드파브(Zachary Goldfarb)(2014), 라지 체티(Raj Chetty)(2017), 앤드류 페리(Andrew Perry) (2019), 폴 터프(Paul Tough)(2019), 대니얼 마코비츠(Daniel Markovits) (2019), 마티아스 도프커(Matthias Doepke)와 파브리치오 질리보티(Fabrizio Zilibotti) (2019)4)도 이미 샌델 교수와 같은 목소리를 오랫동안 내고 있었음을 그

---

3) Sandel, Michael J. 2020. *The Tyranny of Merit: What's Become of the Common Good?* New York, NY: Farrar, Straus and Giroux.

4) ●Carnevale, Anthony P., and Stephen J. Rose. 2004. "Socioeconomic Status, Race/Ethnicity, and Selective College Admissions." In Richard B. Kahlenberg (ed.). *America's Untapped Resource: Low−Income Students in Higher Education.* New York: Century Foundation. ●Levine, Madeline. 2006. *The Price of Privilege: How Parental Pressure and Material Advantage Are Creating a Generation of Disconnected and Unhappy Kids.* New York: HarperCollins. ●Murray, Charles. 2012. *Coming Apart: The State of White America, 1960−2010.* New York: Crown Forum. ●Luthar, Suniya S., Samuel H. Barkin, and Elizabeth J. Crossman. 2013. "'I Can, Therefore I Must': Fragility in the Upper Middle Class." *Development and Pscychopathology* 25: 1529-1549. ● Goldfarb, Zachary A. 2014. "These Four Charts Show How the SAT Favors Rich, Educated Families." *The Washington Post* (March 5, 2014).

를 통해 알게 되었고, 더구나 그러한 실적주의의 폐해가 가장 심한 나라가 지구상에 둘이 있는데, 놀랍게도 그것은 바로 미국(USA)과 한국(South Korea)이라는 사실도 그들의 분석적 연구결과들에서 확인하게 되었습니다. 저는 이제 샌델 교수와 그들의 의미 있는 분석의 세계로 여러분을 모시고 가고자 하며, 먼저 지난 대학시절 책상에 앉아 있던 저의 어린 자아와 현재의 우리 학생들에게 너무나 미안하고 안타까운 마음이 듭니다.

그들의 공통된 주장은, 2000년대 이르러 미국의 부모들이 아이들의 숙제를 돕는 데 헌신하는 비율이 상당히 증가하고 있고, 좋은 대학을 입학시키는 데 들어가는 투입비용이 점점 증가함에 따라 아이들의 생활에 도발적으로 개입하는 부모의 양육행태(parenting)가 만연되었는데, 이는 아이들과 부모 모두에게 고통과 박해가 되고 있다고 합니다. 이러한 지나친 부모역할은 마치 공장에서 상품을 찍어내는 행위와 같은데, 그 개발된 상품(즉, 대학입학을 위한 실적이 주입된 아이들)의 품질 차이는 팔길이 정도로 거의 없으며, 더욱 심각한 것은 이러한 성적주의를 향한 경주는 상대적으로 가난한 사람들에게 비우호적이고 불리한 경쟁으로 기울어 버립니다.

●Chetty, Raj, John N. Friedman, Emmanuel Saez, Nicholas Turner, and Danny Yagan. 2017. "Mobility Report Cards: The Role of Colleges in Intergenerational Mobility." *NBER Working Paper* No. 23618. ●Perry, Andre M. 2019. "Students Need More Than an SAT Adversity Score, They Need a Boost in Wealth." *The Hechinger Report* (May 17, 2019). ●Tough, Paul. 2019. *The Years That Matter Most: How College Makes or Breaks Us*. Boston: Houghton Mifflin Harcourt. ●Markovits, Daniel. 2019. *The Meritocracy Trap: How America's Foundational Myth Feeds Inequality, Dismantles the Middle Class, and Devours the Elite*. New York: Penguin Press. ●Doepke, Matthias, and Fabrizio Zilibotti. 2019. *Love, Money & Parenting: How Economics Explains the Way We Raise Our Kids*. Princeton, NJ: Princeton University Press.

아파치(Apache) 헬기이건 코브라(Cobra) 헬기이건 성능이 좀 다를 뿐, 부모들은 헬리콥터를 타고 아이들의 머리 위를 빙빙 돌면서 아이들의 삶의 모든 면을 감시하고, 궁극적으로는 아이들이 가진 '결정권(right of decision)'을 부모 자신의 것으로 대체함으로써 안도와 위안을 갖게 됩니다. 이러한 "헬리콥터 부모들(helicopter parents)"이 1980년대 후반 이후 급격히 증가한 이유에 대해서 독일계 경제학자이면서 미국 노스웨스턴대학교(Northwestern University)의 교수인 마티아스 도프커(Matthias Doepke)와 이탈리아계 경제학자이면서 미국 예일대학교(Yale University)의 교수인 파브리치오 질리보티(Fabrizio Zilibotti) 교수가 그들의 공동 저서인 『Love, Money & Parenting: How Economics Explains the Way We Raise Our Kids』[사랑, 돈, 양육: 어떻게 경제학은 우리가 아이들을 기르는 방식을 설명하는가?](2019)에서,[5] 그러한 시간집중적인 통제방식인 헬리콥터 양육행태야말로 민주주의 사회에서 치솟고 있는 '불평등(inequality)'의 존재를 입증하는 것이며, '교육에 대한 수확체증(increasing return to education)'의 반응이라고 합니다. 즉, 사회 및 제도 저변에 깔려 있는 불평등을 인식하고 있는 부모들은 우리 아이가 (아마도 자신도 겪은) 불평등을 당하지 않도록 하고 싶고, 그래서 아이 교육을 위해 투입된 요소(특히, 돈 및 재정)가 많으면 많을수록 산출량(즉, "준비된 실력 있는 아이들")이 '기하급수적으로' 늘어날 것이라는 경제적 사고를 마음속에 갖게 된다고 합니다. 이렇게 시간과 재정을 집중적으로 투입하는 헬리콥터 부모의 행태는 전 세계적으로 많은 나라에서 증가해왔는데, 특히 불평등이 가장 심한 나라에서 이러한 행태가 두드러진다고 하면서, 바로 그런 나라가 '미국(US)'과 '한국(South Korea)'이라고 논증하고 있습니다. 앞으로 치고 나갈

---

5) Doepke, Matthias, and Fabrizio Zilibotti. 2019. *Love, Money & Parenting: How Economics Explains the Way We Raise Our Kids.* Princeton, NJ: Princeton University Press.

게 없어 이러한 사회적 불평등과 지나친 양육행태를 우리 한국이 선두주
자로 나아가고 있었음을 외국의 학자들로부터 확인하게 된 것이 수치스
럽고 안타깝습니다.

그런데 심리학자인 매들린 레빈(Madeline Levine) 박사의 『The Price
of Privilege: How Parental Pressure and Material Advantage Are
Creating a Generation of Disconnected and Unhappy Kids』[특권층
의 대가: 어떻게 부모의 억압과 물질적 이점이 단절적이고 불행한 아이들
의 세대를 만들어내는가?](2006)에 따르면,[6] 아이들의 삶을 성적과 실적
중심의 성공으로 몰아가는 부모의 행태는 아이들에게는 물론 사회에도
매우 심각한 문제를 발생시키게 된다고 하였습니다. 그러한 문제는 특히
부유한 가정에서 부모의 지나친 도움으로 성공한 (즉, 좋은 대학과 직장에
들어간) 아이들에게서 상당한 비율로 나타나고 있는데, 그 아이들은 '불행
함(unhappiness)'을 자주 느끼게 되며, 주위와 아무 관계도 없는 '단절적
인(disconnected)' 인간으로 살아가고, '독립성(independence)의 결여
(lacking)'가 삶의 곳곳에서 나타난다는 것입니다. 특히, 독립성의 상실 양
태는 매우 심각한데, 부모의 지나친 개입으로 성공한 아이들은 부모, 교
사, 코치의 견해에 지나치게 의존하게 되고, 나아가 자신에게 주어지는
어려운 과업들을 헤쳐나가는 경우에도 다른 사람들에게 쉽게 의존하게
되는 등 주체 상실의 인간이 되어갑니다. 이러한 위험에 빠진 십대들은
캘리포니아와 샌프란시스코의 부유하고 교육을 잘 받은 가정의 경우에
더 심각하게 나타나고 있는데, 그녀는 이러한 아이들의 독립성 상실이야
말로 부유한 "특권층의 쓸쓸한 대가(The Bitter Price of the Privilege)"라

---

6) Levine, Madeline. 2006. *The Price of Privilege: How Parental Pressure
and Material Advantage Are Creating a Generation of Disconnected and
Unhappy Kids.* New York: HarperCollins.

고 하였습니다.

한국에서도 아이들이 이렇게 결정 장애 등 독립성 상실의 행태가 나타나고 있는 것으로 보이는데, 서로에게 위안이 될 수는 있겠으나 카톡과 문자를 수시로 주고받으며 내일 어떤 옷을 입고 갈 것인가, 어떤 물건을 고를 것인가, 몇 문장의 내용을 어떻게 작성할 것인가 등 혼자서도 충분히 결정할 수 있는 일상생활의 '일거수일투족(一擧手一投足)'마저도 주변의 다른 누군가에게 의존해야만 하는 존재로 되어가고 있는 것은 아닌지 우려가 됩니다. 물론 저도 어린 시절 이런 행태가 자주 있었던 것 같긴 합니다만, 더욱 4차 산업의 기계체들이 허용해 준 다양한 교류의 쉬운 방식들이 21세기의 아이들에게 너무 많은 것을 의존하게 만들고 있는 것은 아닌지, 그리고 그러한 행태가 학창시절은 물론 사회에 나간 직장생활에서도 이어지는 것은 아닌지에 대해서 우리만의 상세한 접근과 분석이 필요해 보입니다.

다른 연구 결과들을 보겠습니다. 콜롬비아대학교의 수니야 루타르(Suniya S. Luthar), 사무엘 바킨(Samuel H. Barkin), 엘리자베스 크로스만(Elizabeth J. Crossman) 교수들은 2013년의 연구논문인 「I Can, Therefore I Must': Fragility in the Upper Middle Class」['나는 할 수 있다, 고로 나는 해야 한다': 중상위층에서의 깨어지기 쉬움]에서,[7] 저명한 대학에 입학하고 월급을 많이 받는 직장에 들어가는 길을 택한 경제적으로 중상위권 가정의 아이들은 '성공'에 도달하기 위해 계속해서 성과를 내고 무엇인가를 달성해야만 한다는 압박을 받게 되며, 그리하여 매우 극단적인 '정신적 고통

---

7) Luthar, Suniya S., Samuel H. Barkin, and Elizabeth J. Crossman. 2013. "'I Can, Therefore I Must': Fragility in the Upper Middle Class." *Development and Pscychopathology* 25: 1529-1549.

(distress)'을 겪고 있다는 것을 경험적으로 증명하였습니다. 루타르 교수 등은 이러한 실적지상주의로 인해 아이들에게 극도의 정신적 고통을 가져오게 한 하나의 원인을 언급하고 있습니다. 그것은 바로 부유한 부모들과 아이들 모두의 마음속에 초기시간부터 "아름답게 장식된(emblazoned)" 그래서 그들이 일생을 살면서 무시할 수 없게 된 다음과 같은 하나의 확고한 메시지라고 합니다. "우리는 궁극적으로 행복에 도달해야 한다. 그것에 가는 유일한 길은 돈을 벌어 소유하는 것(having money)이다."

  우리는 왜 '성공'을 하려는 것일까요? 분명 그것은 '행복(happiness)'하기 위해서입니다. 그 성공이라는 것을 위해서 만약 성과추구라는 정신적 고통을 감내하는 시간이 인생의 기간에서 짧으면 그나마 괜찮습니다. 그렇지만 자본주의 물질경제가 생산한 사회구조와 제도들은 우리를 일생 내내 그러한 실적주의의 고통 속으로 끌고 갈 수 있습니다. 아이러니하게도 실적주의와 성과추구를 선택할 것인가 말 것인가는 딜레마이지만 분명 우리의 선택에 달려있습니다.

  성공해야 한다는 실적주의의 제도적 압박은 정신적 고통을 넘어 더욱 불행한 결과를 낳고 있음을 뒤에 논의하는 '분류기계'인 대학, 기업, 정부 그리고 저와 같은 학자들이 주목해야 합니다. 신디 루(Cindy Liu) 등이 수행한 연구인 「The Prevalence and Predictors of Mental Health Diagnoses and Suicide Among U.S. College Students」[미국 대학생들 사이의 정신건강진단과 자살의 유행과 예측요인들](2018)에 따르면,[8]

---

8) Liu, Cindy H., Courtney Stevens, Sylva H. M. Wong, Miwa Yasui, and Justin A. Chen. 2018. "The Prevalence and Predictors of Mental Health Diagnoses and Suicide Among U.S. College Students: Implications for Addressing Disparities in Service Use." *Depression & Anxiety* 36(1): 8-17.

2015년의 경우 108개 대학의 67,308명의 학부 학생들이 성적 및 실적 달성에 대한 우울과 걱정 등 전례 없는 정신적 고통의 압박을 받고 있으며, 이로 인해 4명 중 1명이 정신건강장애로 진단을 받았고, 자살을 생각하는 대학생의 비율이 5명 중 1명이라는 심각한 조사결과를 내놓았습니다. 그리고 미국 국가건강통계센터(National Center for Health Statistics: NCHS)의 샐리 커틴(Sally C. Curtin)과 멜로니 헤론(Melonie Heron) 박사는 2019년에 발표한 통계보고서인 『Death Rates Due to Suicide and Homicide Among Persons Aged 10-24: United States, 2000-2017』[10-24세의 자살과 살인에 의한 사망률]에서,[9] 그러한 성과의 달성에 대한 정신적 압박감으로 인해 실제 자살한 젊은 학생들(20-24세)의 비율이 2000년에서 2017년 사이에 무려 36%나 증가하였으며, 2017년의 경우 범죄로 인해 죽

---

9) Curtin, Sally C., and Melonie Heron. 2019. "Death Rates Due to Suicide and Homicide Among Persons Aged 10-24: United States, 2000-2017. *NCHS Data Brief* 352: 1-8.

한국의 보건복지부에 해당하는 미국의 'Department of Health and Human Services(HHS)'는 조지아(GA)주의 주도 애틀랜타(Atlanta)시에 질병통제예방센터인 'Centers for Disease Control and Prevention(CDC)'을 두고 있으며, CDC 산하로 메릴랜드(MD)주 하이엇츠빌(Hyattsville)시에 있는 국가건강통계센터인 'National Center for Health Statistics(NCHS)'는 각종 공공건강과 관련된 통계보고서인 「NCHS Data Brief」를 매달 3~4개 정도를 발간하여 웹(https://www.cdc.gov/nchs/products/databriefs.htm)을 통해 국민에게 제공하고 있습니다.

필자가 인용한 내용의 보고서를 작성한 샐리 커틴(Sally C. Curtin)과 멜로니 헤론(Melonie Heron) 박사는 NCHS의 직원으로 인구동태통계(vital statistics)에 대한 업무를 담당하고 있습니다. 이들의 통계조사 및 분석에 따르면, 20세에서 24세에 해당하는 대학생들 10만 명당 자살률은 2000년 12.5%에서 2017년 17.0%로 7년 사이 36%나 증가하였으며, 특히 2013년에서 2017년 사이에는 매년 평균 6%씩 자살률이 증가하였습니다. 특히 2017년의 경우, 살인범죄로 죽은 대학생의 수치는 10만 명당 13.9%인 13,900명인 데 비해, 자살로 생을 마감한 대학생의 수치는 10만 명당 17.0%인 17,000명으로, 범죄보다 자살로 인한 사망이 절대적인 숫자에서도 많은 것으로 나타났습니다.

는 수치보다 자살로 생을 마감한 대학생들이 더욱 많다는 매우 충격적인
분석결과를 내놓은 바 있습니다.

 그렇습니다. 실적과 성적의 전쟁터(battlefield)에서 성공한 학생들은 의
기양양하지만 상처가 매우 큽니다. 샌델 교수는 자신이 가르친 학생들에
게서 다음과 같은 행태를 목격하게 되었다고 합니다. 부모를 포함한 '중
요한 타자들(significant others)'10)로부터 실적지상주의의 강박관념이 아이

---

10) ●Giddens, Anthony, Mitchell Duneier, Richard P. Appelbaum, and Deborah
 Carr. 2021. *Introduction to Sociology*. New York: W. W. Norton & Company.
 ●Nolan, Patrick, and Gerhard Lenski. 2014. *Human Societies: An Introduction
 to Macrosociology*. New York: Oxford University Press. ●Heimer, Karen, and
 Ross L. Matsueda. 1994. "Role-taking, Role Commitment, and Delinquency:
 A Theory of Differential Social Control." *American Sociological Review* 59(3):
 365-390. ●Woelfel, Joseph, and Archibals O. Haller. 1971. "Significant
 Others: The Self-Reflexive Act and the Attitude Formation Process."
 American Sociological Review 36(1): 74-87.
  기든스 외(Anthony Giddens, et al., 2021), 놀란과 렌스키(Patrick Nolan &
 Gerhard Lenski, 2014), 하이머와 마쭈에다(Karen Heimer & Ross Matsueda,
 1994) 등 사회학 및 심리학에서 '중요한 타자(significant other)'에 대한 개념과
 이론적 논의가 오랫동안 있어 왔습니다. 심리학에서는 '중요한 타자(significant
 other)'를 개인의 삶에 커다란 중요성(importance)을 갖는 어떤 사람으로 정의
 합니다. 사회학에서는 '타자들(others)'을 "문화의 중재자들(mediators of culture)"
 로 보면서, 이러한 개인들과 집단들이 개인의 태도, 가치, 자아상 및 자아개념,
 다른 심리적 구조들에 미치는 영향을 분석하고 있습니다. 특히, '중요한 타자
 (significant other)'를 개인의 자아상(self-concept)의 정립에 강한 영향력을
 미치는 어떤 한 사람 또는 사람들로 묘사합니다.
  이러한 중요한 타자의 영향력을 실제 측정한 흥미로운 연구가 오래전에 있었
 습니다. 1971년 조셉 울펠(Joseph Woelfe)과 아치볼스 할러(Archibals O.
 Haller)는 그들의 공동 연구에서, 중요한 타자들(Significant Others)을 "개인들
 의 태도에 중요한 영향을 행사하는 사람들"로 정의하면서, 회귀분석(regression
 analysis) 방법을 통해 100명의 고등학교 3학년 학생들의 교육적 열망들
 (aspirations)과 직업적 열망들에 가장 강력한 영향을 미치는 요인이 바로 중요
 한 타자들의 기대(expectations)와 유사함을 경험적으로 증명하였습니다.

들의 머릿속에 심어지게 되면, 그 아이들은 무엇인가를 달성하기 위해서 자신에게 필요하지도 않은 많은 것들을 시키는 대로 하는 존재로 살아가게 됩니다. 특히 부모가 원하는 성과를 위해 무엇인가를 배우러 다니는 것에 익숙해진 아이들은 대학이라는 매우 중요한 시절에 "내 자신이 누구인지" 그리고 "내가 관심을 가질 가치가 있는 것들이 무엇인지"를 생각하며, 탐험하고, 비판적으로 숙고해야 하는 시간들을 갖지 못하게 된다고 합니다.

저의 경험으로도 아이들은 대학에서 무엇인가를 달성해야 한다는 생각에 남이 하는 것을 보고 그것을 그대로 따라서 "해야 한다(Must Do)"는 강박관념(obsession)을 갖게 됩니다. 대학을 떠나고 시공간을 지나 저에게 찾아온 학생들은 자신의 본질이 무엇인지, 어떻게 하는 것이 좋은 것인지에 대해 대학시절 조용히 앉아서 고민한 시간들을 사실상 갖지 못했다고 말합니다. 특히 부모가 돈을 들여 쉽게 성적과 실적을 쌓게 해준 아이들은 자기 것이 없습니다. 그래서 대학의 끝에서 그리고 대학을 떠난 후에서야 자기 것을 하고자 마음먹게 됩니다. 그래도 그 아이들은 다행입니다. 자칫 나의 것을 찾지 못하는 상황은 사회에 나가 어려운 직장을 들어가서도 그리고 그 후 인생의 중반에 도달하는 훨씬 뒤의 시간에서도 지속될 수도 있습니다.

업적과 성적 중심의 실적지상주의가 의미하는 것은 바로 우리가 어릴 때부터 곡식처럼 '분류되고(sorted)', '등급이 매겨져서(ranked)', '버려질 수 (abandoned)' 있다는 것을 의미합니다. 센델 교수는 이러한 객체(object)로 우리를 만든 것은 바로 무자비한 "분류기계들(sorting machines)"과 그들의 "공모자들(conspirators)" 때문이라고 합니다. 그중 핵심적인 분류기계가 바로 '대학'이 라고 지적합니다. 그렇습니다. 대학은 아이들을 분류만 하고 있습니다. 그는 민주주의 사회에서 대학의 역할이란 '기회의 평등(equality of opportunity)'을 제공하는 자이며, '사회적 이동(social mobility)'의 촉진자가 되어야 함에도 불구하고, 이 고등교육기관은 입학 이전과 입학 이후의 상황 모두에서 그러한 역할에 실패하고 있다고 주장하였습니다.

미국의 경우, 유기화학자(organic chemist)인 제임스 코난트(Janmes B. Conant, 1893-1978) 박사는 40세인 1933년에 23대 하버드대학교(Harvard University)의 총장으로 부임하자, 부(wealth)의 세습으로 인한 상속자가 더 이상 대학에 들어오는 것을 막고, 누구든 실력이 있는 학생들이 대학에 들어오는 기회를 주겠다는 '아주 순진한' 희망하에 'SAT(Scholastic Aptitude Test)'를 대학입학시험제도로 채택하였습니다. 사실상 SAT는 프린스턴대학교(Princeton University)의 칼 브리검(Carl C. Brigham, 1890-1943) 심리학 교수가 1926년에 만든 일종의 IQ테스트에 불과한 것인데, 하버드대학교의 도입으로 이것이 십대를 분류하고 측정하는 기본 메커니즘으로 전 미국 대학의 입학시험으로 자리 잡게 되었습니다. 코난트는 하버드대학교의 총장으로 있던 20년 동안(1933-1953) SAT를 통해 미국 민주주의의 원리인 기회의 평등과 사회적으로 상승 이동할 수 있는 개인의 자유를 구현하겠다고 공공연히 주장하였습니다.[11]

---

11) Conant, James Bryant. 1940. "Education for a Classless Society: The Jeffersonian Tradition." *The Atlantic*. New York: Henry Holt and Co.
      제임스 코넌트(James Bryant Conant, 1893-1978)는 미국의 화학자이며, 서독의 대사를 역임하였고, 박사학위를 받고 화학과 교수로 재임 중이던 1933년 40세의 나이로 23대 미국 하버드대학교(Harvard University)의 총장으로 부임한 후, 20년 동안(1933-1953) 하버드대학교를 획기적으로 개혁한 인물로 알려져 있습니다.

그러나 바로 이 SAT가 민주주의 사회에 불평등(inequality)을 더욱 확고하게 하는 주범이 됩니다. 카니발(Carnevale)과 로즈(Rose)(2004), 머레이(Murray)(2012), 골드파브(Goldfarb)(2014), 마코비츠(Markovits)(2019), 페리(Perry)(2019), 터프(Tough)(2019) 등 2000년 이후 많은 학자들의 연구에 따르면,[12] SAT 같은 대학입학시험제도에서 나타난 학생들의 성적은 그들의 부모들이 보유한 높은 사회적 지위, 높은 경제적인 부, 높은 교육수준과 따로 분리해서 볼 수 있는 독립적인 요소들이 아니라는 것을 증명하였습니다. 즉, SAT 점수는 부(wealth)와 매우 높은 상관관계가 있는데, 가정의 소득이 높으면 높을수록 학생의 SAT 성적은 높다는 것이 이들의 모든 연구에서 밝혀졌습니다. 무슨 이유에서인지 애초부터 '가진 자(the haves)'와 '가지지 못한 자(the have-nots)'의 경제적 격차가 지속되고 있으며, 부유한 계층의 자제들에게는 저명한 대학들에 들어가게 하는 기회가 더 높게 부여되고 있습니다.

하버드, 프린스턴대학교 등은 물론 한국의 저명한 대학교들은 입학성적이 높고 경쟁률이 높다는 것을 자랑하며 유명세를 탑니다. 그런데 SAT나

---

12) ●Carnevale, Anthony P., and Stephen J. Rose. 2004. "Socioeconomic Status, Race/Ethnicity, and Selective College Admissions." In Richard B. Kahlenberg (ed.). *America's Untapped Resource: Low−Income Students in Higher Education*. New York: Century Foundation. ●Murray, Charles. 2012. *Coming Apart: The State of White America, 1960−2010*. New York: Crown Forum. ●Goldfarb, Zachary A. 2014. "These Four Charts Show How the SAT Favors Rich, Educated Families." *The Washington Post* (March 5, 2014). ●Markovits, Daniel. 2019. *The Meritocracy Trap: How America's Foundational Myth Feeds Inequality, Dismantles the Middle Class, and Devours the Elite*. New York: Penguin Press. ●Perry, Andre M. 2019. "Students Need More Than an SAT Adversity Score, They Need a Boost in Wealth." *The Hechinger Report* (May 17, 2019). ●Tough, Paul. 2019. *The Years That Matter Most: How College Makes or Breaks Us*. Boston: Houghton Mifflin Harcourt.

대학입학시험의 난이도 등 대학 문턱이 높으면 높을수록, 선행학습을 제공
하는 시장의 사설학원들, 개인교사들, 컨설턴트, 예체능 코치들은 잘 팔리
는 상품들을 생산해내는 '거대한 공장들(gigantic factories)'로 되어 갑니다.
더글라스 벨킨(Douglas Belkin)(2019), 다나 골드스타인(Dana Goldstein)과
잭 힐리(Jack Healy)(2019), 제임스 웰리마이어(James Wellemeyer)(2019)의
조사에 따르면,13) 2019년의 경우 미국 뉴욕 맨해튼(Manhattan)에서 SAT의
일대일 개인지도 수업료가 1시간에 1,000달러까지 달했으며, 대학입학을
위한 성적지상주의는 사교육 제공자들을 수십억 달러의 기업(enterprise)과
산업(industry)으로 전환하고 있다고 논평하고 있습니다.

언제부터인가 한국의 상황도 맨해튼의 모습입니다. 자본주의가 낳은
경제적 불평등 상태는 사교육 제공자들에 대한 접근기회를 모든 가정에
게 동일하게 허용하지 않습니다. 만약에, 부유층이 아이들의 대학입시를
위해 투입하는 재정 수준과 동일한 양만큼 가난한 부모들이 자신들의 아
이들에게 투입하고자 한다면, 그들은 상대적으로 더 많은 재정이 필요하
게 됩니다. 그런데 상황은 더 악화됩니다. 무슨 이유에서인가(*아마도 돈
을 들이는 데 아이의 성적이 올라가지 않는 것을 걱정하거나, 아니면 다른 부유층
에 비해 더 부유하게 보이고 싶은) 부유층이 아이들에게 들이는 사교육 비용
은 점점 더 많아지는 상황이 되며, 이로 인해 부자 부모와 가난한 부모와
의 격차는 계속해서 벌어집니다. 그럴 경우 그나마 가지고 있었던 가난한
부모의 경제적 수준은 몰락하게 될 수 있습니다.

---

13) ●Belkin, Douglas. 2019. "The Legitimate World of High-End College
Admissions." *The Wall Street Journal* (March 13, 2019). ●Goldstein,
Dana, and Jack Healy. 2019. "Inside the Pricey, Totally Legal World of
College Consultants." *The New York Times* (March 13, 2019) ●
Wellemeyer, James. 2019. "Wealthy Parents Spend Up to $10,000 on SAT
Prep for Their Kids." *MarketWatch* (July 7, 2019).

2.

대학에 들어온 아이들은 어떻습니까? 샌델 교수는 대학이 아이들의 손상
된 영혼을 치유해야 하는데, 성적(GPA)을 기준으로 아이들을 분류하는 기
계인 '대학'은 오히려 또 다른 양극화된 삶을 만들어내고 그들을 치유하지
못하고 있다고 합니다. 그에 따르면, 대학은 두 가지 방향에서 가혹한 '폭
정(tyranny)'을 행사하고 있는데, 하나는 대학에 들어와 다행히 실적체계의
꼭대기에 안착하고 아이들에게까지 실적주의와 완벽주의를 지속적으로 강
요함으로써 결국에는 그들의 자아가치(self-worth)를 깨지게 한다는 것이
며, 또 하나는 실적지상주의의 뒤에 남겨진 아이들에게는 실패하고 있다
는 비참함(misery)과 굴욕감(humiliation)을 남기게 한다는 것입니다.

더구나 실적주의를 표방하는 대학들에서도 대학이 갖는 근본적 목표
자체도 비참하게 무너지고 있습니다. 체티(Chetty) 등 여러 경제학자들은
그들의 공동연구(2017)에서,[14] 높은 학문 수준, 과학적 기여, 다양하고 풍
부한 교육이라는 기능을 제공하는 미국의 주요 명문대학들도 그들이 목
표로 했던 '사회적 이동(social mobility)', 특히 경제적 지위와 신분에 있
어서의 '상승이동(upward mobility)'을 증진하는 데는 거의 기여하지 못했
다는 것을 증명했습니다. 이들의 조사에 따르면, 하버드, 프린스턴, 미시
간대학교(University of Michigan)의 경우, 학생의 3분의 2가 소득수준 상
위 20%의 부유한 가정 출신으로 이들이 졸업한 후 들어간 직장에서 가장
낮은 월급 수준에서 시작해서 가장 높은 월급 수준까지 도달하는 비율은
하버드대학교 졸업생은 1.8%이고, 미시간대학교 출신은 1.5%, 프린스턴

---

14) Chetty, Raj, John N. Friedman, Emmanuel Saez, Nicholas Turner, and
    Danny Yagan. 2017. "Mobility Report Cards: The Role of Colleges in
    Intergenerational Mobility." *NBER Working Paper* No. 23618.

대학교 졸업생은 단지 1.3%에 불과하였습니다.

한국의 상황은 제가 볼 때 더 심각합니다. 대학은 무엇을 분류하고 있
는 것인가요? 사교육 시장에서 돈을 들인 아이들을 분류하고, 대학을 나
가는 아이들에게 무엇을 제공하고 있는 것입니까? 분류도 제대로 못 하면
서 사회적 상승이동이라는 기본적 기능도 못 하고 있습니다. 부유한 가정
의 아이들조차 대부분 사회의 직장에 들어가서도 자신의 월급으로 삶을
제대로 영위할 수 없습니다. 이는 부모의 도움이 계속되거나 은행 등 금
융업체의 빚이 늘어나는 사실에서 알 수 있습니다. 한국은행의『금융안정
보고서』에 따르면,15) 2018년 이후 20-30대 청년층의 '빚'을 가늠해주는
'LTI(Loan to Income Ratio)', 즉 '소득 대비 금융부채의 비율'이 200%를
꾸준히 상회하고 있으며, 이러한 현상은 40대까지도 이어지고 있는 것으
로 분석되고 있습니다. 가난한 가정의 출신으로 은행에서 돈을 빌릴 신용
도 없는 젊은 날의 아이들은 어떻게 해야 합니까? 새로운 정부가 들어 설

---

15) 한국은행. 2020-2021. *금융안정보고서*.
　　한국은행(The Bank of Korea)은 매년 상반기와 하반기에 2번『금융안정보
　고서』를 발간하고 있는데, 이 보고서에서 한국의 금융안정 상황을 짚어보고,
　한국 금융시스템의 취약성과 리스크를 집중적으로 살펴보고 있으며, 이 내용을
　2003년 4월부터 국민에게 공개하고 있습니다. 여기서 한국은행이 정의하고 있
　는 '금융안정(financial stability)'이란 금융기관들이 정상적인 자금중개기능을
　수행하고 금융시장에서 시장참가자의 신뢰가 유지되는 가운데, 금융자산가격
　이 기초경제여건(fundamental)으로부터 크게 벗어나지 않은 상태를 말합니다.
　　이러한 한국은행의 『금융안정보고서』에 따르면, 'LTI(Loan to Income
　Ratio)'를 "소득 대비 금융부채의 비율"로 정의하면서, 20-30대 청년층의 LTI
　가 2020년 3/4분기 말에는 221.1%, 4/4분기 말에는 228.9%, 2021년 1/4분기
　말에는 233.4%, 2/4분기 말에는 237.3%로 계속해서 200%를 상회하면서 증가
　하고 있는데, 이는 40대는 물론 40대 이상 연령층의 평균보다도 높은 상태에
　해당합니다. 한국은행은 이러한 현상의 주요 원인으로, 취업을 못 하는 경우나,
　취업을 했어도 생활비를 마련하거나, 빚내서 투자를 하기 위해 20-30대 청년
　층이 심각하게 은행권 등에서 돈을 빌리고 있는 것으로 분석하였습니다.

때마다 국민을 위해 일한다고 합니다. 정부는 왜 존재하는 것일까요?

실적주의 기반의 분류기계들이 만드는 가혹한 폭정은 사회진출 이후에도 계속되고 있는데, 샌델 교수는 그러한 실적주의 폭정의 주체는 고등교육기관인 '대학'은 물론이고, 사회에서는 '회사들(firms)'과 '공공기관들(public agencies)'이라 합니다. 그런데 소득과 인간가치의 불평등, 그리고 사회적 상승이동 기회의 박탈을 가져온 책임은 이들 "분류기계들"에게만 있는 것이 아니며, 이들을 돕는 "공모자들(conspirators)"이 있기 때문이라고 합니다. 그 공모자들은 첫 번째가 "화폐시장 주도의 세계화(monetary market-driven globalization)"의 추구이며, 두 번째 공모자는 "기술과학중심의 정치관료화(technocratic turn of politics)"이고, 세 번째 공모자는 "특정 소수에 의한 민주주의 제도들의 포획 행태(oligarchic capture of democratic institutions)"라고 주장합니다.

이것들을 자세히 음미해 보시면 이해하실 수 있을 겁니다. 이 세 가지는 모두 분류기계들인 대학은 물론 기업 및 공공기관들과 공모하고(complicit) 있습니다. 대학에서부터 벌써 그리고 사회에 나아가 곳곳에서 이 공모자들의 기치(旗幟) 아래 우리는 실적과 성적이라는 깃발을 펄럭이기 위해 아침마다 출근하고 있습니다. 필자는 같은 맥락에서 인간사회가 지난 시기에 거친 변혁(reform) 및 혁명(revolution)의 예들을 봅니다. 모든 사회는 이전 사회와는 다른 혁명(예: 프랑스혁명, 과학혁명, 산업혁명 등)이라는 이름하에 급변하고 있으며, 분류기계로서 기업과 정부는 그 혁명의 이름들에 올라타서 새로운 업적주의를 강요하고 우리를 또다시 분류하고 있습니다. 정보통신기술의 융합을 바탕으로 인공지능과 빅데이터, 메타버스(Metaverse) 등으로 구성되는 현재의 4차 산업혁명은 조직인에게 새로운 능력과 실적을 요구하게 되는데, 이것들은 역시 돈이 많이 드는 수단체들입니다. SAT의 또 다른 모습들이라 하겠습니다. 없는 자는 학교를 졸업한 후에도 또다시 이런 수단체들을 확보할 기회를 제대로 가질 수 없게 되고, 결국 직장이 원하는 수준의 능력과 실적을 결핍한 자로 낙인찍혀 여전히 곡식기계에서 분류되는 악순환을 겪을 수 있습니다.

여기서 끝이 아닙니다. 정말 심각한 문제가 다른 국면에서 나타납니다. 분류기계들과 공모자들로 인해 분류되는 우리 모두는 한 가지 공통적인 '도덕적 지향(moral stance)'을 정립하게 됩니다. 그것은 바로 우리의 정신세계에서 실적과 성적을 쌓고 준수하는 것은 "나의 책임과 의무"이며, 나의 운명은 오로지 "나의 탓"에 의해 결정된다고 믿는 도덕적 자아(moral self)의 태도입니다. 내가 성공을 하면, 그것은 나 자신이 해낸 일 덕분입니다. 내가 실패하면 그 탓도 나 자신 이외에는 다른 데에는 없습니다. 나에게 모든 기회가 주어져 있었는데, 그 기회를 살리지 못한 것은 바로 나이고 "나의 잘못(my fault)"입니다. 이렇게 모든 일을 나의 탓으로 돌리려는 것은 당연한 것일까요? 그렇지 않습니다. 나의 탓으로 모든 것을 돌리려는 강한 관념은 논리적이지도, 타당하지도 않습니다. 앞에서 논거한 많은 학자들의 분석결과에서도 알 수 있습니다. 시작부터 기회 자체가 주어져 있지 않은 경우가 무수히 많습니다. "나의 탓"이 맞는 것이라면, 그러한 심각한 불평등(inequality)에 함께 맞서기 위한 사회적 연대(social solidarity), 상호적 의무감(mutual obligation), 그리고 정부의 정책적 해결책(policy measures) 따위들은 필요가 없는 것이지요.

'완벽주의(perfectionism)'[16]라는 보이지 않는 유행병이 있습니다. 실적주의의 또 다른 상징으로, 마치 바이러스와 같습니다. 이는 어린 시절에 주입된 성적-실적-업적 달성(achievement)에 대한 걱정을 대학과 사회를 거쳐 일생을 사는 동안 지속적으로 하게 되고, 부모-교사-대학-직장으로 이어지는 '중요한 타자들'의 엄격한 판단(exacting judgment)에 노출되거나 이를 강하게 의식하는 우리가 갖는 태도적 지향입니다. 영국 바스(Bath) 대학교의 토마스 커랜(Thomas Curran)과 요크 성 존(York St John) 대학교의 앤드류 힐(Andrew P. Hill) 교수의 연구(2019)에 따르면,[17] 그러한 개인은 '완벽한 자아(perfect self)'라는 불합리한 모습을 이상화하여 바람직한 것으로 규정하고, 자신에 대해서는 비현실적 기대들을 설정해놓고, 스스로를 평가하여 그 완벽에 다가가지 못할 때 자신에게 벌을 가하게 됩니다. 두 학자는 4만여 명의 미국, 캐나다, 영국 대학생들을 대상으로 한 분석에서, 특히 1989년부터 2016년까지 27년 동안 그러한 완벽주의가 32%나 급증하였다는 현상을 확인하였는데, 더욱 놀라운 것은 이러한 완벽주의의 증가비율이 그들의 부모가 아이들에게 기대한 비율과 일치했다는 사실이었습니다. 부모들은 분명 사람은 누구나 완벽하지도 않고, 완벽할 수 없다는 것을 알고 있으며, 나는 그러한 완벽을 너에게 바라지 않는다고 자신의 아이들에게도 항상 말하고 있는데도 말입니다.

한국의 문학가 강석경(1951-현재)이 1985년에 발표한 중편소설인 『숲속의 방』을 보면,[18] 분류기계들의 횡포가 남긴 "나의 탓"이라는 도덕적

---

16) McBain, Sophie. 2018. "The New Cult of Perfectionism." *New Statesmen* 147(5417): 34-37.
17) Curran, Thomas, and Andrew P. Hill. 2019. "Perfectionism Is Increasing Over Time: A Meta-Analysis of Birth Cohort Differences from 1989 to 2016." *Psychological Bulletin* 145(4): 410-429.
18) 강석경. 1985. "숲속의 방." *세계의 문학* 73호(가을호). 서울: 민음사.

압박이 벌써 1980년대의 한국사회에도 실존하고 있었음에 멍한 마음이 듭니다. 소설은 1980년대 한국 중산층 가정에서 은행을 다니는 '나(미양)'의 일인칭 시점에서 동생인 여대생 '소양'의 생활을 묘사하고 있습니다. 소양은 학교를 휴학한 채 카페 아르바이트를 하지만, 광산으로 쉽게 벼락부자가 된 아버지의 가치관에 혐오감을 느끼며, 정당한 노력 없이 쉽게 부를 창출한 아버지의 세속주의와 가족의 출세지상주의에 대해 비판과 방황의 삶을 이어갑니다. 친구였던 '명주'처럼 1980년대의 학생운동에 동참하려고 했지만 그들의 이념에 동조하지 못했고, '희중'과 '경옥' 같은 친구들의 낭비적 생활과 그들과의 의미 없는 만남들에도 적응하지 못한 채, 그녀는 가정, 대학, 사회의 어떤 곳에서도 삶의 가치를 찾지 못하고 자살에 이르게 됩니다.

한국사회가 보여준 이념의 대립, 미완성된 제도의 틈을 타 일확천금을 얻어 부자가 된 세력들, 그리고 우리의 젊은 세대가 느끼기 시작한 세속주의와 물질만능주의의 폐해들 속에서 한국 사회의 주인공은 스스로를 그 작은 방에 가두고 사회에서 분류될 두려움 속에서 자아의 본질을 찾고자 그리고 그 잘못된 세상을 바로 잡고자 고뇌의 시간을 가집니다. 샌델 교수 등이 그토록 우려했던 "나의 잘못"이 아닌데도 말입니다. 그리고 이것이 1980년대에만 있었던 우리 사회의 폭정일까요?

강석경(1951-현재)은 23세 대학시절인 1974년에 '문학사상'의 제1회 신인상을 수상한 작가이며, 1985년에 발표한 중편소설 『숲속의 방』은 1980년대 한국 중산층 가정에서 은행을 다니는 '나(미양)'의 일인칭 시점에서 동생인 여대생 '소양'의 생활을 묘사하고 있습니다. 작가는 이 책으로 제6회 '녹원문학상'과 제10회 '오늘의 작가상'을 받았으며, 이 책은 제12차 '오늘의 책'으로도 선정된 바 있습니다.

"자유의 회오리바람이 잠들지 않은 대학광장은 신성했지만 … 그들의 광
장은 잠시 주어진 유예된 특권의 땅이었다 … (중략) … 명주는 이렇게
운을 떼곤 요즘 자기는 사회의 불평등에 관심이 많다고 서두를 꺼냈다.
우리 같은 과도적 산업 사회의 구조상으로는 권력이나 경제에서 한 집
단의 승리는 다른 집단을 희생시켜 얻어진 것이고 … 사회에서 불리한 위
치를 가진 사람들이 그들 스스로에게 보다 나은 소득을 약속해주는 규
범 체계를 세우려고 노력하는 것은 당연하다 … 대학생이란 어쨌든 선택
받은 환경의 사람들인데 … 자기 자신도 잘 모르면서 어떻게 남을 깨우
치고 나서느냐 … 자기는 가짜로 살고 있는 것 같다고, 학교도 껍데기고
자기도 껍데기라는 것. 또 아무것도 잡을 것이 없다고 했다."

- 강석경, 소설 『숲속의 방』(1985) 중에서 -

9강과 관련된 글을 더 읽어보기
(FOR FURTHER READING)

마이클 샌델(Michael J. Sandel) 교수의 2010년도 저서인 ●『Justice: What's the Right Thing to Do?』(New York: Farrar, Straus and Giroux)는 『정의란 무엇인가?』라는 제목으로 한국어로 번역되어 문화체육관광부의 추천도서 및 학생들의 필독서가 되기도 했습니다. 그러나 이 책을 읽고 독후감을 쓰고 에세이를 써서 하나의 실적과 성적 증진의 대상으로 전락된다면, 그것 또한 SAT의 기능과 별반 다르지 않은 것이며, 그러한 상황은 마이클 샌델 교수가 분명 원하지 않는 것일 겁니다. 그 이유는 본 <9강>에서 필자가 다룬 그의 2020년 작품인 ●『The Tyranny of Merit: What's Become of the Common Good?』(New York: Farrar, Straus and Giroux)에서, 그는 학생들에게 가해진 그러한 실적주의 폭정과 폐해에 대해 강력히 경고하고 있기 때문입니다. 그리고 그는 책의 어딘가(Sandel, 2020: 188-195)에서 분류기계를 해체하고 실적주의에 벌을 주는 방법에 대해서도 제안해 두었습니다.

　실적지상주의가 기회의 불평등을 해소하고 사회적 계층제에서 상승이동을 가능하게 하는 것이 아니라 오히려 그 반대임을 경험적으로 분석한 내용들은 특히 다음의 책들에서도 확인하실 수 있습니다: ●Chetty, Raj, John N. Friedman, Emmanuel Saez, Nicholas Turner, and Danny Yagan. 2017. "Mobility Report Cards: The Role of Colleges in Intergenerational Mobility." *NBER Working Paper* No. 23618. ●Markovits, Daniel. 2019. *The Meritocracy Trap: How America's Foundational Myth Feeds Inequality, Dismantles the Middle Class, and Devours the Elite.* New York: Penguin Press. ●Tough, Paul. 2019. *The Years*

That Matter Most: How College Makes or Breaks Us. Boston: Houghton Mifflin Harcourt.

마치 헬리콥터를 타고 아이들의 모든 것을 통제하려는 부모의 행태가 실적주의의 허상을 대량생산하게 되고, 사회진출 이후에도 독립성이 상실된 인간으로 영속화시키게 되는 폐해에 대한 자세한 논거와 분석내용들에 대해서는, 경제학자인 마티아스 도프커(Matthias Doepke)와 파브리치오 질리보티(Fabrizio Zilibotti)의 2019년도의 저서인 『Love, Money & Parenting: How Economics Explains the Way We Raise Our Kids』(Princeton, NJ: Princeton University Press)에서 확인하실 수 있습니다. 그리고 그러한 폐해가 "특권층의 대가"라고 한 심리학자 매들린 레빈(Madeline Levine)의 2006년의 저서인 『The Price of Privilege: How Parental Pressure and Material Advantage Are Creating a Generation of Disconnected and Unhappy Kids』(New York: HarperCollins)를 특히 권해 봅니다.

재량(discretion)의 딜레마:

자유(freedom) 그리고 법의 지배
(Rule of Law)와의 충돌인가?

10강

재량(discretion)의 딜레마:
자유(freedom) 그리고 법의 지배(Rule of Law)와의 충돌인가?

"법은 모든 것을 지배할 수도 없으며 세상의 행위를 모두 일반화시킬 수 도 없습니다. 아마도 자연의 법칙들은 그럴 수 있을 것 같습니다. 인간 사회의 법은 갈등을 최소화하는 데 그 의미가 있으며,[1] 인간 행태의 모 든 것을 규율할 수 없습니다. 사회과학의 영역에서는 법의 틈새에 재량 이 작동됩니다. 자연의 법칙에 있어서 주인은 자연이고 동물입니다. 그 러나 사회의 법에 있어서 주인은 인간입니다. 인간은 자유를 선고받은 특별한 동물이기에 '법의 지배'는 항상 우세하지 않습니다."

— 심의린(沈誼潾) —

---

1) Dawkins, Richard. 2015. *Brief Candle in the Dark: My Life in Science.* London: Bantam Press.
   이 저서에서 진화생물학자인 리처드 도킨스(Richard Dawkins, 1941-현재) 는 "*The goal of law, unlike that of science, is not to determine truth; its primary aim is to minimize conflict.*"라고 했습니다. 즉, 그에 따르면 과학 (science)의 목표는 진실 또는 사실의 실태(truth)를 확인하고 결정하는 것인 데 비해, 법(law)의 주요 목적은 진리 또는 사실이 무엇인지를 결정하려는 것 이 아니라, 갈등(conflict)을 최소화하는 것이라고 하였습니다.

1.

인간에겐 재량(discretion)이 얼마나 부여되어 있을까요? 미국의 사회학자
피터 버거(Peter L. Berger, 1927-2017)의 『Invitation To Sociology: A
Humanistic Perspective』[사회학에의 초대: 인본주의적인 관점](1963)과
그가 독일의 사회학자 한스프리드 켈너(Hansfried Kellner, 1934-2017)와
공동으로 수행했던 연구인 「ARNOLD GEHLEN AND THE THEORY
OF INSTITUTIONS」[아놀드 겔른과 제도들의 이론](1965)에 따르면,[2]
'제도(institution)'는 인간의 행위를 이끄는 통로의 역할을 하며, '본능
(instinct)'은 동물의 행동에 명령을 전달하는 주파수의 역할을 합니다. 여
기서 동물은 자신의 행동은 본능에 따라 한 것으로 어떠한 선택의 여지가
없었다고 말하며, 인간도 자신의 행위는 제도의 명령에 따를 수밖에 없었
던 것으로 다른 선택이 없었다고 말을 합니다. 그런데 여기서 이 둘의 차

---

2) ●Berger, Peter L. 1963. *Invitation To Sociology: A Humanistic
  Perspective*. New York: Anchor Books. ●Berger, Peter L., and Hansfried
  Kellner. 1965. "ARNOLD GEHLEN AND THE THEORY OF
  INSTITUTIONS." *Social Research* 32(1): 110-115.
  　피터 버거(Peter Ludwig Berger, 1929-2017) 교수는 지식사회학(Sociology
  of Knowledge)과 종교사회학(Sociology of Religion)의 탁월한 연구자이며, 사
  회학의 이론적 기여를 한 철학적인 연구자입니다. 오스트리아에서 태어난 그는
  1938년 독일 나치(Nazi)의 점령을 피해 팔레스타인(Palestine)을 거쳐 미국으로
  이주하였으며, 1981년부터 약 20년 동안 보스턴대학교(Boston University)에서
  사회학 및 종교학 교수로 재직하였으며, 보스턴대학교 내에 창립한 '문화, 종
  교, 국제문제에 관한 연구소(Institute on Culture, Religion and World
  Affairs: CURA)'의 소장으로서 80세에 이르기까지 사회학의 이론적 발달과 공
  공문제 해결을 위한 연구를 지속하였습니다. 그리고 한스프리드 켈너
  (Hansfried Kellner, 1934-2017)는 독일 프랑크푸르트(Frankfurt)에 있는 '요
  한 볼프강 괴테 대학교(Johann Wolfgang Goethe University)'의 이론사회학
  교수였습니다. 마침 'New York New School for Social Research'에서 일하
  고 있던 그의 누나인 브리짓(Brigitte Berger, 1928-2015)이 1959년에 피터
  버거와 결혼함으로써 세 사람은 공동으로 연구도 수행하게 됩니다.

이가 있습니다. 그것은 동물은 진실을 이야기하고 있는 반면에, 인간은
자신을 속이고 있다는 것입니다. 왜냐하면, 인간은 사회제도에 대해서
"아니오(NO)"를 말할 수 있으며, 사실상 종종 그리해왔습니다. 그런데도
인간은 그의 사회적 역할이 부여하는 행위 이외에는 다른 방도가 없는 것
처럼 행동합니다. 사회의 명령을 따르지 않으면 매우 불편한 결과들이 있
기 때문일 겁니다. 그리하여 사회제도에 대한 복종을 당연한 것으로 여기
며, 사회의 명령 이외의 어떠한 다른 행위들에 대해서는 일말의 가능성조
차 생각하려 하지 않습니다.

　장 폴 사르트르(Jean-Paul Sartre)를 앞 <5강>에서 만난 적이 있습니
다. 그에 따르면, '배신(bad faith)' 또는 '자기기만(self-deception)'이란, 사
실상 자유의지로 행하거나 행하지 않을 수 있는 자의적인(arbitrary) 것을
마치 반드시 해야 하는 것('Must Do')이고 필요한 것처럼 가장하는 것
(pretend)을 말합니다. 따라서 그러한 배신은 자유로부터의 도망이고, 선
택의 고통을 부정직하게 도피하는 것을 의미합니다. 범죄자에게 형을 선
고하는 판사는 "나는 다른 선택의 여지가 없다. 반드시 그리해야 한다."
고 말할 것입니다. 그러나 그는 제도가 부여한 판사의 자리를 사임하고
선고를 내리지 않을 자유(freedom)도 그에게는 부여되어 있는 것입니다.
사르트르의 1943년 저서 『Being and Nothingness: An Essay on
Phenomenological Ontology』[존재와 무(無): 현상학적 존재론에 관한
에세이]에 따르면,3) 인간은 자신의 '사회적 역할'을 자신의 '인간적 실존'

---

3) ●Sartre, Jean-Paul. 1943. *L'être et le néant L'Être et le néant : Essai
d'ontologie phénoménologique.* [Being and Nothingness: An Essay on
Phenomenological Ontology]. Paris: Gallimard. ●Barnes, Hazel E.
(trans.). 1984. *Being and Nothingness.* New York: Washington Square
Press. ●Heidegger, Martin. 1927. *Sein Und Zeit.* [Being and Time; 존재
와 시간]. Frankfurt am Main, Germany: Vittorio Klostermann.

과 동일한 것으로 믿습니다. 인간이 사회적, 종교적, 경제적 역할 및 직업에 의해 정의된 삶을 산다는 것 자체가 자신이 처한 상황을 초월할 수 없는 조건이 되며, 이로 인해 자신은 직업인이라는 존재가 하나의 인간 자체라는 것을 깨닫지 못하게 됩니다. 따라서 사르트르는 그렇게 사회적, 종교적, 경제적 계급 및 직업이 명령하는 삶을 사는 것이 '배신'의 본질이라 합니다. 그리고 인간의 자아(self) 속에는 '존재(being)'와 '무(nothingness)'가 동시에 있는데, 배신(자기기만)의 상태에서는 존재와 무 사이에 있는 빈 공간에 다리를 놓아 그 둘을 연결할 수 없습니다. 따라서 우리가 인간으로서 존재하기 위해서는 우리의 개별적 자아가 '무(無)'라는 마음의 상태에서 "나는 내가 바라는 어떤 것도 될 수 있다."는 것을 깨달아야 한다고 했습니다. 왜냐하면, 그것은 인간은 태어날 때부터 '자유를 선고받은 존재'이기 때문에 가능한 것입니다.

장 폴 사르트르(Jean-Paul Sartre, 1905-1980)의 1943년 저서 『Being and Nothingness: An Essay on Phenomenological Ontology』[존재와 무: 현상학적 존재론에 관한 에세이]는 그의 실존주의(existentialism) 철학을 대표하는 철학서입니다. 이 저서에서, 특히 무(無; nothingness)라는 개념은 우리가 '경험한 현실'로서, "친구가 없다, 돈이 없다"는 것에 해당합니다. 즉, 무는 경험적인 구체적인 것으로, 단순히 "추상적으로 존재하지 않는 것(abstract in existence)(예: '사각형 원')"과는 다른 것임을 이해할 수 있습니다. 그는 '현상학(phenomenology)'과 '해석학(hermeneutics)'의 발전에 기여를 한 또 다른 실존주의자인 독일철학자 하이데거(Martin Heidegger, 1889-1976)의 『Sein und Zeit』[Being and Time; 존재와 시간](1927)으로부터 영향을 받았으며, 이 책에서는 오스트리아계 독일 철학자 에드문트 후설(Edmund Husserl, 1859-1938)이 '존재론(ontology)'을 검증하기 위한 렌즈로 고려했던 '현상학적 환원(phenomenological reduction)'이라는 방법론을 사용하고 있습니다.
그리고 이 책을 미국 콜로라도대학교 철학과 교수였던 헤이즐 반즈(Hazzel E. Barnes, 1915-2008)가 1984년에 영역하였는데, 그녀는 사르트르의 많은 글들을 영역하여 실존주의를 알리는 데 큰 기여를 하였습니다. 그녀가 사르트르의 글들을 영역하지 않았다면, 프랑스어를 전혀 모르는 저는 사르트르가 던진 그 많은 실존주의적 지적 사고들을 만나지 못했을 것이며, 이 <정책에세이: 진고자금>을 쓸 수 없었을 것입니다.

그런데 이러한 자유의 존재가 우리에게 있는지 없는지에 대해서는 어떠한 과학적 방법들에 의해서 경험적으로 증명될 수도 없는 것이며, 칸트의 순수이성(pure reason)에 기반을 둔 철학적 방법들에 의해서도 논증될 수 없습니다. 사실상 자유의 존재를 인식하는 방법은 개인의 주관적인 '내적 확실성(inner certainty)' 이외에는 없을 것인데, 이럴 경우 과학적 분석의 도구들에 의해 공격을 당하게 되는 딜레마적인 성격을 갖고 있습니다. 그런데 자유의 존재를 확인하지 못했다 해도 자유는 분명 기능을 하고 있습니다. 사회제도는 객관적 사실로서 우리를 강제하고 우리를 창조하기까지 합니다. 그러나 사회는 우리를 압도하는 전제적인(dspotic) 힘을 가지고 있지 못합니다. 세상은 그리고 사회제도는 결코 이전과 같은 상태로 그대로 존재하지 못합니다. 사회제도는 우리 인간에 의해서 재정의(redefine)됩니다. 그것은 인간이 가진 자유의지의 힘 때문입니다. 사회제도가 만들어 놓은 '당연시된 세계(world-taken-for-granted)'를 깨는 주인, 거장(masters), 스승들이 분명히 있었습니다.

이러한 자유는 바로 '재량(discretion)'이라는 개념과 맥을 같이 합니다. 재량이란 사전적 정의로 "의사결정을 하는 자유"를 말합니다. 재량은 바로 인간이 행하는 자유의 표출이며, 재량은 제도에 속한 모든 인간이 내리는 결정 행위에서 존재합니다. 정부 관료제에게 재량이 없으면 자유와 유연성이 상실될 수 있습니다. 그런데 이러한 재량을 잘못 쓰는 경우 큰 재앙을 이끌게 되며, 재량의 지나침은 민주주의 원리인 '법의 지배(Rule of Law)'를 파괴할 수도 있다는 것을 인식해야 합니다.

관료제(bureaucracy)는 로마신화의 야누스(Janus)처럼 두 얼굴을 가지고 있습니다. 한 면은 '자비로운(benign)' 얼굴이며, 다른 한 면은 '사악한

(malevolent)' 얼굴을 가지고 있습니다. 정부 및 공공기관의 존재 이유 중 하나는 국민에게 필요한 공공재(public goods)를 제공한다는 데 있습니다. 그런데 이러한 공공재의 생산과 분배에 있어서 관료제 얼굴은 재량행위를 어떻게 사용하느냐에 따라 달리 나타납니다. 자비로운 재량은 성서의 하나인 루가복음(Gospel of Luke)에서 예수가 말한 '선한 사마리아인(Good Samaritan)'에 의해 발휘된 재량에 비유될 수 있습니다. 강도를 당한 유대인을 구할 수 있는 재량은 유대인 제사장과 레위인(Levite)에게도 있었으나, 그들은 '법의 지배'의 원리에 기반하여 율법을 따랐고, 오히려 유대인과 사이가 좋지 않았던 사마리아인이 실제 선한 재량을 발휘하여 곤경에 처한 유대인을 구합니다. 특정 개인이 복지수혜의 자격이 되는지의 여부를 최종결정하는 것은 담당 관료의 재량이며, 속도위반을 부주의하게 한 운전자를 훈방하는 것도 교통경찰의 재량행위입니다.

그런데 이러한 선한 사마리아인의 재량행위에는 딜레마(dilemma)가 있습니다. 미국의 경제학자인 제임스 뷰캐넌(James M. Buchanan, 1919-2013) 교수는 1975년에 발표한 에세이 「The Samaritan's Dilemma」[사마리아인의 딜레마]에서,[4] 사마리아인의 선한 행위는 현재의 자선(charity) 행위

---

4) Buchanan, James M. 1975. "The Samaritan's Dilemma." In Edmund S. Phelps (ed.). *Altruism, Morality and Economic Theory.* New York: Russell Sage Foundation.

    미국 버지니아(Virginia)주에 있는 조지메이슨대학교(George Mason University)의 경제학자인 제임스 뷰캐넌(James M. Buchanan, 1919-2013) 교수는 '공공선택이론(public choice theory)'의 주요 창시자이자 연구자로서, 앞 <6강>에서 만난 고든 툴럭(Gordon Tullock, 1922-2014)과 공동으로 1962년에 『The Calculus of Consent: Logical Foundations of Constitutional Democracy』[동의/합의의 계산: 입헌민주주의 논리적 기반]을 발표하였으며, 이 연구로 그는 1986년에 노벨경제학상(Nobel Memorial Prize in Economic Sciences)을 받았습니다. 뷰캐넌 교수의 초기 연구들은 정치가와 관료들이 갖는 사적 이해와 효용극대화(utility maximization) 등이 그들의 정책결정에 어떻게 영향을

로 볼 수 있는데, 자선을 받는 사람들은 자신들의 상황을 개선하기 위하여 받은 자선을 사용하기도 하지만, 오히려 생계의 수단으로 자선에 점점 의지하게 되는 '도덕적 해이(moral hazard)'가 발생한다고도 하였습니다. 즉, 자비로운 개인, 조직 및 기구가 어려움에 처한 사람들에게 돈을 이전하지만, 수혜를 받은 사람들은 그들의 상황을 개선하는 데 그 돈을 사용하지 않기도 합니다. 대신에, 짧은 기간 동안 지원을 받은 이후에 수혜자들은 자립을 상실할 수 있고, 더 많은 도움을 요구하기도 하며, 결과적으로 그들의 부(wealth)가 증가되지 않는 상황이 됩니다. 그렇습니다. 자선의 수혜자들은 그들이 받은 도움으로부터 이익보다는 손해를 더 볼 수 있습니다. 이렇듯 선한 재량행위에도 예상치 않은 비용이 발생할 수 있는 것입니다.

반대로 사악한 재량은 반유대주의(anti-Semitism), 인종차별주의, 전체주의적 나치즘(Nazism)하에서 1930-40년대에 벌어진 홀로코스트(Holocaust) 대학살과 같은 인간정신의 미신적이고 광란적이며 저급한 창조물을 낳게 되었고, 결국 물리적 재앙과 인간의 파괴를 가져옵니다. 존스홉킨스대학교(Johns Hopkins University)의 정치학 교수인 프랜시스 루크(Francis E. Rourke, 1922-2005)는 그의 저서 『Bureaucracy, Politics, and Public Policy』[관료제, 정치, 그리고 공공정책](1969)에서,5) 재량이란 행정관료

미치는 데에 관심을 가졌습니다.
 5) Rourke, Francis E. 1969. *Bureaucracy, Politics, and Public Policy*. Boston: Little, Brown and Company.
　　미국 메릴랜드(Maryland)주 볼티모어(Baltimore)시에 있는 존스홉킨스대학교(Johns Hopkins University)의 정치학과 교수였던 프랜시스 루크(Francis Edward Rourke, 1922-2005)는 미국 정치와 대통령의 지위(presidency), 그것들과 정부관료제(government bureaucracy)의 관계를 중점으로 연구한 학자입니다. 그의 다른 주요 저술로는 ●Rourke, Francis E. 1961. *Secrecy and Publicity: Dilemmas of Democracy*. Baltimore, Maryland: The Johns

제의 생명을 유지시켜주는 혈액(blood)과 같은 것이지만, 재량을 잘못 사용할 때는 사회는 물론 개별 시민에게 확실히 치명적인 악한 결과를 미친다고 하였습니다.

이러한 비참한 인간파괴의 역사는 특히 이데올로기(ideology)가 관료제(bureaucracy)의 재량과 부정적으로 결합될 때 나타나기도 합니다. 칼 만하임(Karl Mannheim)(1929), 막스 베버(Max Weber)(1946), 로버트 머튼(Robert Merton)(1957), 스타크 베르너(Stark Werner)(1958), 엘리엇 크라우스(Elliot A. Krause)(1968), 폴커 메자(Volker Meja)와 니코 스테어(Nico Stehr)(1988) 등 많은 사회과학자들은 지식(knowledge)과 이데올로기(ideology)의 영역은 관료제(bureaucracy)의 영역과 분리되어져야 함을 강조합니다.6) 그 이유는 이데올로기와 가치판단은 관료제에 의해 재량적으로 왜곡되는 경우가 있고, 그리하여 그것들은 거짓, 현혹, 선동(instigation), 속임수(legerdermain)

Hopkins Press. ●Rouke, Francis E. 1978. *Bureaucratic Power in National Politics* (3rd ed.). Boston, MA: Little Brown and Company.가 있습니다.

6) ●Mannheim, Karl. 1929. *Ideologie und Utopie*. [Ideology and Utopia; 이데올로기와 유토피아]. Bonn, Germany: Cohen. ●Wirth, Louis, and Edward Shils (trans.). 2015. *Karl Mannheim, Ideology And Utopia: An Introduction to the Sociology of Knowledge*. Eastford, Connecticut: Martino Fine Books. ●Weber, Max. 1946. "Bureaucracy." In H. H. Gerth and C. Wright Mills. *From Max Weber: Essays in Sociology*. New York: Oxford University Press. ●Merton, Robert K. 1957. *Social Theory and Social Structure*. Glencoe, Illinois: The Free Press. ●Krause, Elliott A. 1968. "Functions of a Bureaucratic Ideology: 'Citizen Participation'." *Social Problems* 16(2): 129-143. ●Werner, Stark F. 1958. *The Sociology of Knowledge: An Essay in Aid of a Deeper Understanding of the History of Ideas*. New York: Routledge. ●Meja, Volker, and Nico Stehr. 1988. "Social Science, Epistemology, and the Problem of Relativism." *Social Epistemology* 2(3): 263-271.

로 전환될 수 있기 때문입니다. 특히, 막스 베버(Max Weber)는 그의 저서 『Bureaucracy』[관료제](1946)에서,[7] 본질적으로 정치적 문제들과는 독립적으로 작동되고 정치적인 활동들을 회피할 수 있는 이상적인(ideal) 유형의 관료제를 상정했으나, 그러한 관료제를 현실에서 찾는 것을 기대하지 않았습니다. 그 이유 중 하나는 이데올로기가 정치적 정당과 정치적으로 관련된 이해집단의 도구라는 그의 주장에서 찾을 수 있습니다. 또한, 엘리엇 크라우스(Elliot A. Krause)의 연구 「Functions of a Bureaucratic Ideology: 'Citizen Participation'」[관료적 이데올로기의 기능들: '시민참여'](1968)에 따르면,[8] 관료제는 정치적인 이데올로기의 사용자로서, 자신의 이해에 따라 대상집단이 행동하는 데 활력을 불어넣고자 이데올로기를 고안하기도 하고 사용하기도 합니다. 그런데 이데올로기의 사용은 의도하지 않은 결과들을 낳게 되는데, 그 이유는 그들이 맘대로 처분할 수 있는 힘, 즉 '재량적 권력(discretionary power)'이 있기 때문입니다. 이에 정부관료제는 국민에게 '직접적으로' 영향을 미치는 유일한 사회제도이기에 이데올로기의 정의 및 고안과 사용에 주의를 하여야 합니다.

따라서 자유와 독립성(independence)을 의미하는 재량은 시간과 공간을 초월해서 누구에게나 통용되는 '도덕법칙(moral law)'의 기준과 울타리 안에서 행해져야 한다고 생각합니다. 그러나 절대적인 도덕률이라는 것이 가능할 수 있는지, 또한 실천될 수 있는 것일까요? 아마도 절대적인 도덕적 행위의 구현을 하는 것에는 어느 사회의 개인이나 국가의 관료는 자신이 없습니다. 그렇다면 최소한, 사악한 재량은 민주주의 근간인 '법의 지

7) Weber, Max. 1946. "Bureaucracy." In H. H. Gerth and C. Wright Mills. *From Max Weber: Essays in Sociology*. New York: Oxford University Press.

8) Krause, Elliott A. 1968. "Functions of a Bureaucratic Ideology: 'Citizen Participation'." *Social Problems* 16(2): 129-143.

배'의 논리를 강화하면 제거될 수 있는 것일까요?

영국의 저명한 판사였던 톰 빙햄(Tom Bingham, 1933-2010)은 그의 저
서 『The Rule of Law』[법의 지배](2010)에서,9) "법의 지배란 입법부를
통해 공개적으로 만들어지고 사법부에 의해 공적으로 집행되는 법의 이
익에 한 나라의 모든 사적 및 공적 개인들과 조직들이 구속되며, 그러한
법의 이익을 받을 권리가 있다는 것"을 의미한다고 하였습니다. 그리고
이런 법의 지배는 국제적으로도 적용된다고 하였습니다. 얼핏 보면, 법의
지배는 만병통치약이며 해결자인 것 같습니다. 그러나 빙햄도 인정했듯
이, 법은 똑같이 동일하게 무엇에든 적용될 수 있는 것이 아니며, '예외
(exception)' 및 '단서조항(conditional clause)'을 허용하게 됩니다. 이것들
이 바로 관료의 부정적 재량행위가 작동되는 여지를 주는 문제점이자 딜
레마입니다. 아이러니하게도 민주주의 근본원리인 '법의 지배' 자체가 본
질적으로 재량을 낳는 근본 모체가 됩니다.

그럼에도 재량은 중요한 기능을 합니다. 앞서 재량의 잘못된 사용을 경
계한 프랜시스 루크(Francis E. Rourke)(1984)도 정책결정에 있어서 권력
의 중심이 입법부에서 행정관료제로 이동해왔고, 집행관료의 많은 재량적
결정들이 공공정책에 큰 기여를 하고 있는 현실을 언급합니다.10) 관료의
재량이란 많은 정책대안들 중에서 '선택(selection)'을 할 수 있는 능력을
말하는데, 다시 말해 정부정책이 특정한 사례 내에서 어떻게 집행되어야
하는지를 효과적으로 결정하는 능력입니다. 특히 무한히 다양하고 급속도
로 변화하는 현대 행정 환경에서는 이러한 관료에 의한 재량권 행사가 없

---

9) Bingham, Tom. 2010. *The Rule of Law*. London: Penguin Books.
10) Rourke, Francis E. 1984. *Bureaucracy, Politics, and Public Policy* (3rd
    ed.). Boston: Little, Brown and Company.

다면 효과적인 정부가 불가능할 수도 있을 것입니다.

　미국 예일대학교(Yale University)의 정치학 및 경제학 명예교수였던 찰스 린드블롬(Charles Lindblom, 1917-2018) 교수는 그의 저서 『The Policy-Making Process』[정책형성과정](1968)에서,[11] 행정관료는 단순히 규칙(rule)을 따라 정책내용을 그대로 집행하는 수동적 존재가 아니며, 오히려 정책의 많은 구체적 부분들을 집행과정에서 완성하는 존재라고 합니다. 즉, 관료가 정책을 집행하는 행위 자체가 정책결정행위가 됩니다. 관료의 집행자체가 정책형성이 되는 이유는 관료가 집행과정에서 발휘하는 '재량권(authority of leeway)'이 매우 구체적이며 결정적이기 때문입니다. 말씀 드렸다시피, 관료의 재량행위는 선택행위를 담고 있습니다. 관료는 집행과정의 시작점에서 국민으로부터 허가받은 정책의 세부사업들 중에서 어느 세부사업들이 필요한 예산과 인력을 할당받지 못할 것인지를 결정하여 그것들을 삭제하고, 나머지 남은 세부 사업들을 선택하여 그것들을 어떻게 열정적으로 집행할 것인지를 결정해야 하는 위치에 놓이게 됩니다. 따라서 그러한 관료의 선택행위는 재량행위이며 정책을 만드는 행위자체가 됩니다.

---

11) Lindblom, Charles E. 1968. *The Policy-Making Process.* Englewood Cliffs, NJ: Prentice-Hall.
　찰스 린드블롬(Charles Edward Lindblom, 1917-2018)은 미국 예일대학교에서 정치학, 경제학 두 분야의 명예교수로서 공공정책과 의사결정 분야에서 '점진주의(incrementalism 또는 gradualism)' 이론을 창시하였습니다. 그는 정책변화란 혁명적(revolutionary)이기보다는 '진화론적(evolutionary)'이라는 견해를 갖고 있었으며, 정책결정과정이 'baby-steps' 또는 'muddling-through (즉, 그럭저럭 헤쳐나감 또는 어물어물 마침)'의 행태를 취한다고 보았습니다. 이에 대해서는 다음 논문들을 참조하시면 좋습니다: ●Lindblom, Charles E. 1959. "The Science of "Muddling Through"." *Public Administration Review* 19: 79-88. ●Lindblom, Charles E. 1979. "Still Muddling, not yet through." *Public Administration Review* 39: 517-526.

한국에서도 필자가 여러 정부정책의 개선을 위한 연구들을 수행하는 과정에서 경험한 바를 돌이켜 보면, 관료는 집행과정에서 나름대로 정책에 대한 해석(interpretation)을 통해 정책결정행위를 하게 됩니다. 관료는 어떨 때는 포괄적 성격의 법규를 매우 엄격하게 해석하기도 하고, 반대로 유연하게 해석하기도 합니다. 이래도 되는 것일까요? 정답은 아마도 이럴 수밖에 없다는 본질적 한계를 갖고 있습니다. 왜냐하면 입법부와 고위관료층의 합작품인 공공정책(public policy)이라는 것은 성격상 일반적이고 (general) 미래지향적인(future-oriented) 것으로 그 내용 자체가 흐릿하고 모호하여, 구체적이고 개별사례에 특정적인 사례들(cases)과는 애초부터 거리가 멉니다. 따라서 관료들(bureaucrats)은 구체적인 집행현장에서 이미 만들어진 관련 법규와 정책을 구체적으로 해석해야 하는 현실에 부딪히는데, 물론 그러한 해석은 법적 테두리하에서 시도하려고 노력하지만, 그 해석과 적용에서 선하거나 사악한 재량행위가 부수되며, 결과적으로 그 재량은 실제로 정책형성을 하는 강력한 힘으로 작용하게 됩니다.

2.

아이러니하게도, 이러한 재량이라는 것은 먼저 존재하거나 논할 수 있는 것이 아니고, 사회제도가 우리에게 부여한 역할들(roles)과 법들(laws)이 먼저 있고, 그 법과 역할들이 규정하는 테두리(border)와 경계(boundary)가 있고 나서야 논할 수 있는 개념입니다.

노벨경제학상 수상자인 워싱턴대학교(University of Washington)의 더글러스 노쓰(Douglass North) 교수는 그의 1993년 연구 「Institutions」[제도들]에서,[12] 제도란 인간이 고안한 구속(restriction) 및 제약(constraints)으로 그러한 제약이 정치적, 경제적, 사회적 상호작용을 구조화(structuring)시키며, 구속 및 제약의 공식적인 형태 중 하나가 '법(law)'이라고 하면서 법은 인간 사회 및 시장의 질서와 안전을 영속화하는 데 기여한다고 하였습니다. 그런데 공식적인 제도인 법이 그러한 기여를 하려면 우선 법의 정립이 무엇보다 중요한데, "법에 합치하거나 적합(compliance with the law)"하다는 합법성 및 적법성의 원리는 우리 사회에서 잘 정의되어 지켜지고 있는 것일까요? 미국 예일대 법심리학 교수인 톰 타일러(Tom Tyler)

---

12) North, Douglass. 1991. "Institutions." *Journal of Economic Perspectives* 5(1): 97-112.
　　미국 워싱턴대학교(University of Washington)의 경제학 교수였던 더글러스 노쓰(Douglass C. North, 1920-2015)는 이 논문에서 인간이 고안한 '제약들(constraints)'인 제도들(Institutions)을 공식적인 규칙들(헌법, 법, 재산권)과 비공식적인 구속들(제재, 금기, 관습, 전통, 행동수칙)로 분류하고 있습니다. 그리고 그는 경제사(economic history) 분야의 세계적 연구자인 시카고대학교(University of Chicago) 내 '인구경제학연구소(Center for Population Economics)'의 로버트 포겔(Robert W. Fogel, 1926-1913)과 공동으로 1993년에 노벨경제학상(Nobel Memorial Prize in Economic Sciences)을 수상합니다. 두 학자는 경제적 및 제도적 변화를 설명하기 위하여 경제이론과 계량적 방법론을 적용함으로써 경제사 분야에서의 연구들을 새롭게 정립하는 데 기여를 하였습니다.

의 저술들(1990 & 2006)에 따르면,[13] 사람들이 법에 복종하는 이유는 사람들이 법을 지키지 않은 것에 대한 벌(punishment)을 두려워하기 때문이 아니라, 법이 '합법적(legitimate)'이라고 그들이 믿기 때문이라고 합니다. 따라서 법이 '존경(respect)'을 받을 만한 가치가 있게끔 의회의원들과 행정부 관료들은 법의 제정과 법의 적용에 있어서 더욱 역할을 제대로 해야 합니다. 이를 위해서는 다음과 같은 3가지 '합법성'의 원리가 잘 정의되고 실제 적용되어야 할 것입니다. 첫째, 법(law), 권위(authority), 규칙(rule)을 지킬 것을 요구받은 우리들이 그 순응의 대가로 법이나 권위에 무엇인가를 호소하게 될 경우 그에 대한 답이나 해결책을 들을 수 있어야 합니다. 둘째, 법은 예측가능(predictable)해야 합니다. 즉, 내일의 규칙은 오늘의 규칙과 대략적으로 같은 것이 될 것이라는 합리적인 기대가 가능해야 합니다. 셋째, 법, 권위, 규칙은 어느 한쪽에 치우치지 않게 공정(impartiality)하거나 공평(fairness)해야 합니다. 이는 법 및 권위는 한 집단을 다른 집단들과 다르게 취급하지 말아야 한다는 것을 의미합니다. 특히, 법적 처벌이 재량적이고 자의적으로 다르게 적용된다면, 우리는 법이나 규칙을 따라야 할 가치나 의미를 버리게 될 것입니다.

오스트리아 요하네스 케플러 대학교(Johannes Kepler University of Linz)의 경제학 교수인 프리드리히 슈나이더(Friedrich G. Schneider)는 그의 연구들(2010a & 2010b)에서,[14] 왜 국민들이 세금을 내지 않으려고 자

---

13) ●Tyler, Tom R. 1990. *Why People Obey the Law*. New Heaven, CT: Yale University Press. ●Tyler, Tom R. 2003. "Procedural Justice, Legitimacy, and the Effective Rule of Law." *Crime and Justice* 30: 283-357.

14) ●Schneider, Friedrich. 2010a. "New Estimates for the Shadow Economies all over the World." *International Economic Journal* 24(4): 443-461. ● Schneider, Friedrich. 2010b. *The Influence of the Economic Crisis on the Underground Economy in Germany and the other OECD−countries in 2010: a (further) increase*. Cambridge, UK: Cambridge University Press.

산을 은닉하거나, 시장에서 생산하는 재화와 서비스를 숨기려고 하는지에
주목을 했습니다. 그는 OECD 21개 국가들의 국민들이 세금을 내지 않기
위해 현금으로 재화와 서비스를 거래하고 있는 양을 기반으로 하여 공식
적 경제의 지표 중 하나인 GDP(gross domestic product; 국내총생산)에서
차지하는 '지하경제(shadow or underground economy)'의 규모를 추정하
였습니다. 그 결과 2010년도의 경우 지하경제의 비율이 미국이 가장 낮
은 7.8%인 데 비해, 그리스(Greece)가 25.2%로 가장 높은 비율로 추정되
었습니다. 즉, 미국시민들이 가장 정직한 것으로 나타난 반면, 그리스 국
민들이 가장 법을 지키지 않는 것으로 나타났습니다. 그런데 미국사람들
이 상대적으로 법을 잘 준수하는 이유가 미국에서 불법적인 탈세(tax
evasion)로 인한 손실 및 처벌이 이익보다 훨씬 크기 때문이 아니었습니
다. 분석 결과, 미국인들은 미국의 세금부과체계가 대단히 '합법적'이라고
인식하고 있었기 때문이었습니다. 반면에, 그리스는 미국에 비해 지하경
제의 규모가 3배나 큰 나라로, 그리스의 세금코드는 뒤죽박죽이어서 부자
는 특별한 내부 거래로 혜택을 받고 있었으며, 세금 관련 규정은 하루하
루가 다르게 변화되고 있었습니다. 또한, 슈나이더의 연구는 이렇듯 상대
적으로 부유한 OECD 국가들 간의 지하경제 비율의 격차도 보여주지만,
아시아와 아프리카와의 지하경제의 규모가 상당히 큰 것으로 밝혀냈습니
다. 1999년에서 2007년 사이 지하경제의 비율이 OECD는 평균 13.4%인

오스트리아 요하네스 케플러대학교(Johannes Kepler University of Linz)의
경제학 교수인 프리드리히 슈나이더(Friedrich G. Schneider)는 2010년에 발표한
위 2편의 연구논문들에서, '지하경제(shadow economy 또는 underground
economy)'란 소득의 지출과 각종 유형의 세금 등을 피하기 위해 관련 정부당
국의 감시로부터 고의적으로 숨겨진 모든 시장기반의 재화와 서비스의 법적 생
산을 포함하는 것으로 정의합니다. 그는 현금수요함수를 사용하여 지하경제에
서 생산되는 재화와 서비스가 현금으로 지급되는 양을 계산하여 지하경제의 규
모를 추정하였습니다.

데 비해, 아프리카 국가들은 평균 37.6%, 다른 유럽 국가들과 중앙아시아
는 36.4%로 지하경제 비율은 더 심각한 것으로 나타났습니다. 한국은 이
조사에서 생략되었습니다. 심각하지 않기를 기대해봅니다.

미국의 경우 상대적으로 법이 존경의 가치가 있다고 신뢰되고 있다는
것인데, 이 말은 미국시민들 누구나 법 앞에서 동등하게 취급받고, 그들
이 주장할 때 자신의 이야기가 청취되어 요구한 내용이나 관련 문제의 해
결을 받을 수 있으며, 세금체계 및 그것의 변화는 예측될 수 있다는 것을
의미합니다. 한마디로 국민에 의한 법의 준수, 나아가 '법의 지배'의 원리
가 작동된다고 볼 수 있습니다. 반면에 그리스의 경우처럼 합법성의 원리
가 지켜지지 않을 경우, 관료에 의한 사악한 재량행위가 발생되며, 더불
어 국민의 사악한 재량행위도 같이 발생될 수 있습니다. 물론 이러한 실
제는 모두 상대적인 것이며, 절대적인 법의 지배는 여전히 요원(遙遠;
faraway)합니다.

이렇듯 '법의 지배'라는 민주주의 원리는 완벽하게 확립될 수도 가동될
수도 없는 것입니다. 그래서 그 사이를 틈타 재량이 발생되고 발휘될 수
있는 여지가 있게 되고, 재량의 파워는 법의 지배처럼 강합니다. 그렇다
면 잘못된 재량과 불충분한 법의 지배는 어떻게 해야 하는 것일까요? 이
에 대한 해결 방향을 다음의 두 학자들의 논거에서 모색할 수 있습니다.
분명 실현될 수 있는 것으로 필자는 믿고 있습니다.

먼저, 미국의 '행정법의 아버지(the father of administrative law)'로 기억
되는 법학자 케네스 데이비스(Kenneth Culp Davis, 1908-2003)는 그의 저
서 『Discretionary Justice: A Preliminary Inquiry』[재량적 정의: 전제

적 탐구](1969)에서, "재량적 정의(Discretionary Justice)"라는 개념을 새롭게 제시합니다.[15) 계층제의 고위 관료들이 국민과 사회 전반에 영향을 미치는 공공정책에서 발휘하는 재량행위와는 다른 재량행위가 있습니다. 그는 행정관료들 중에서 '일선현장 관료들(street-corner bureaucrats)'에 주목합니다. 이런 일선 관료들은 중앙무대에서 공공정책을 설계하고 관리하는 관료가 아니고, 모든 정책의 말단 현장에서 시민들과 만나 실제 행정사무를 집행하는 관료들입니다. 경찰, 소방공무원, 119대원, 사회복지사, 고속도로 통행관리자, 정부콜센터 직원, 구청 민원담당자, 공립학교 교사 등 이들이 매일 매일의 현장에서 행하는 행정행위들은 개별 당사자인 시민들에게 구체적 영향을 직접 미치며, 그러한 행정행위의 현장에서 재량행위는 발생됩니다. 그런데 데이비스는 이러한 일선현장의 관료들이 그들의 재량을 사용하는 방식에 따라서 '사회적 정의(social justice)'라는 것을 이끌 수 있다는 논거를 채택합니다. 그는 구체적 현장들에서 행해지는 관료들의 재량에 의해 나타나는 정의적 행태는 국가 전반의 정의를 구현할 수 있다고 믿습니다. 그것이 그가 말하는 "재량적 정의(載量的 正義; Discretionary Justice)"입니다.

우리는 공적 업무의 현장에서 그러한 모습들을 종종 봅니다. 제가 만난 현장 관료는 다음과 같은 행위와 사고를 차례로 합니다. 먼저, 법적 테두리를 확인합니다. 둘째, 법적 틀 내에서 하나의 개별 시민인 저에게 이익을 부여해야 하는가 또는 벌칙을 부가해야 하는지에 대한 판단을 시도합니다. 셋째, 재량적 판단을 하는 데 있어서 고려할 수 있는 많은 요소들을 확인합니다. 넷째, 현장 관료는 자신이 맡은 업무의 본성 및 특성을 확인합니다. 다섯째, 현장 관료는 자신이 만난 시민인 저의 특성과 상황

15) Davis, Kenneth C. 1969. *Discretionary Justice: A Preliminary Inquiry*. Baton Rouge: Louisiana State University Press.

도 봅니다. 여섯째, 관련 법규의 세부내용과 정책의 내용을 꼼꼼히 해석합니다. 마지막으로 제게 벌칙을 내리거나 훈방하는 결정을 내립니다. 쉽지 않습니다. 상황에 따라 이 과정은 순식간에 지나갈 수도 있고, 상대적으로 긴 과정이 될 수도 있을 겁니다.

데이비스는 현장 관료에 대해 더 깊은 이야기를 합니다. 그는 대표적인 현장 관료인 경찰공무원들을 예로 들면서, 경찰공직자는 자신의 잘못된 재량행위에서 발생한 실수로 인해 개별적인 시민에게 재앙적인 결과를 가져올 수 있다는 가능성에 대해 매우 깊은 우려와 주의를 하게 된다고 합니다. 그렇습니다. 사실상 알려지지 않은 대부분의 현장에서 관료들은 개별시민의 이해 및 이익을 고려하면서 자신의 재량적 권한을 주의 깊게 적용하고 있습니다. 이러한 현장 관료의 인식과 태도가 사회전체적으로 가동될 때 '사회적 정의'는 가능할 수 있습니다. 데이비스는 이것을 믿고 있습니다. 필자도 같은 생각입니다.

다음으로, 캐나다 정치학자이자 법률가인 밥 래(Bob Rae)의 저서 『What's Happened to Politics?』[무슨 일이 정치에 일어났는가?](2015)에 따르면,16) 우리는 '입헌민주주의(constitutional democracy)'라는 체제에 살고 있습니다. 그에 의하면, 입헌민주주의란 권력의 재량적 행사가 제한되며, 국민에 의해 통제되는 정부의 형태를 의미합니다. 그는 이러한 입헌민주주의는 통상적인 '법의 지배'가 아니라, "정의의 지배(Rule of Justice)"가 이루어지는 세상이어야 한다고 주장합니다. 그 이유에 대해 우선 그는 나치(Nazi) 정권을 지적합니다. 독일의 나치 정권도 (법의 지배가 말하는 것처럼) 정교한 법적 구조를 가지고 있었으며, 나치의 잔인한 결정들도 일련의

---

16) Rae, Bob. 2015. *What's Happened to Politics?* Toronto, Ontario: Simon & Schuster.

체계적인 규칙에 의해 이루어져 있었습니다. 그런데 그것들의 결과는 무엇입니까? 인류의 재앙이었습니다. '법의 지배'는 사악한 정권 및 독재 정부도 겉으로 떠들어대고 있는 방식입니다. 따라서 법의 지배라는 원리만으로는 부족합니다.

그는 "정의의 지배"가 자리 잡기 위해서는 단순한 정치논리를 넘어서 확장된 기본적 원칙들(basic principles)이 있어야 한다고 주장합니다. 그것은 다음의 2가지 요소입니다. 첫째, 한 나라의 사람들 모두가 일정하게 유지되는 사회적 가치들(social values)을 공유하고 있어야 합니다. 둘째, 권력의 행사를 제한하고, 개인의 자유를 보장하여 실제로 그 자유를 구현되도록 하는 헌법적 문서가 있어야 합니다. 이와 같은 요소들이 실제 가능할 때 "정의의 지배"는 가능하다고 합니다.

어렵습니다. 공공정책의 영역에서든 과학공동체의 세계에서든 우리가 일반적으로 원하고 있는 것은 아마도 '재량의 축소'이며 동시에 더욱 '정교화된 규칙'의 확산입니다. 그러나 앞에서도 말씀드렸듯이, 모든 재량을 제거할 수 없으며, 축소시킬 수 없는 영역 및 경우가 허다합니다. 또한 재량을 법으로 대치하려는 시도들은 실제 가능하지도 않으며, 바람직하지 않은 경우도 많습니다. 그러나 시작부터 완벽하지 않은 '법의 지배'가 태생적으로 낳은 '재량'이 사악할 경우 우리 사회의 정의는 멀리 있게 됩니다.

이에 대해 우리 선조들은 이미 근본적 답을 제시해놓았음을 저는 놓치고 있었습니다. 유교의 가르침을 준 맹자(孟子)는 인간의 선(善)을 싹틔우는 4개의 단서, 즉 사단(四端)이 있다고 하였습니다.[17] 그중 하나가 "수오

---

17) 한국학중앙연구원. 2022. 한국민족문화대백과사전.
　　사단(四端)이란 선(善)을 싹틔우는 4개의 단(端: 선이 발생할 가능성을 가진

지심(羞惡之心)"으로, 이는 수치심(羞)과 증오심(惡)이 결합된 마음입니다. 우리 선조들은 그러한 수치심과 증오심을 본질적인 인간본성의 마음으로 보았습니다. 그러면 먼저, 무엇이 수치스러운 것(羞)인가요? 나라의 공적인 일을 행하는 자는 오늘 저녁 집에 돌아와 잠자리에 들기 전에 하루 일과를 돌이켜봅니다. 그리고 성찰해봅니다. 오늘 내가 한 행위 중에 사악한 사적 행위는 없었는가? 잠시 있었던 사적 행위를 나의 재량으로 앞세우지는 않았는가? 우리 선조들은 혹여나 공적인 일을 게을리한 것을 발견하면 새벽녘까지 잠을 이루지 못한 채, "목덜미에서 타오르는 뜨거운 부끄러움"이 있어야 한다고 했습니다. 맹자는 이런 부끄러움이야말로 사람(human-being)과 짐승(beast)을 명확히 구별 짓는 경계선이라고 했습니다. 그럼 이제 무엇을 증오해야 하는 것(惡)일까요? 우리는 나라의 주인입니다. 종종 공적 개인 및 공적 조직이 공적인 일을 게을리하는 경우를 보게 됩니다. 이렇게 공적 실체가 공적인 일을 하지 않는 것에 대해서 주인인 우리들은 한없이 증오해야 한다는 것입니다.

　수오지심(羞惡之心)! 그것이 바로 정의(justice)입니다. 공직자 개인의 덕목인 수치심(羞)과 국민의 공적 목소리인 증오심(惡)이 국가의 자리들(seats)과 사회 도처에 정말이고 가득하다면, 사악한 재량으로 인한 공공

시초 및 실마리)를 말하는데, 그것들은 측은지심(惻隱之心), 수오지심(羞惡之心), 사양지심(辭讓之心), 시비지심(是非之心)의 4가지 감정(마음)이며, 각각 인(仁)·의(義)·예(禮)·지(智)의 착한 본성(德)에서 발로되어 나오는 감정입니다. 이것은 인간이 본래부터 선한 마음을 가지고 있다는 성선설을 주장한 맹자의 용어로서, 『맹자(孟子)』의 공손추편(公孫丑篇)에 나옵니다. 각각의 일반적인 의미는 다음과 같습니다.
　·측은지심(惻隱之心): 어려움에 처한 사람을 애처롭게 여기는 마음.
　·수오지심(羞惡之心): 의롭지 못함을 부끄러워하고, 또한 미워하는 마음.
　·사양지심(辭讓之心): 겸손하여 남에게 사양할 줄 아는 마음.
　·시비지심(是非之心): 옳고 그름을 판단할 줄 아는 마음.

성(publicness)의 상실과 역사적 재앙(disaster)은 피할 수 있을 것입니다. '법의 지배'의 원리는 문서와 형식으로 완성되는 것이 아님을 우리 선조는 이미 알고 있었습니다.

자유는 누구에게나 주어져 있습니다. 재량을 어떻게 쓰느냐는 태어날 때 자유를 선사받은 인간의 선택입니다. 그러나 누구나 그 자유와 재량을 쓸 수 있는 자격(qualification)이 있는 것은 아닙니다. 이 자격은 세상과 시간을 관통하여 흐르는 도덕률(moral law)을 인식한 자에게만 있는 것이며, 왕(King)이건 지식인(intellect)이건 가진 자(the haves)이건 그들 중에서 그 윤리적 원칙을 인식하지 못하는 자가 재량을 잘 못 쓸 경우 재앙이 됨을 잊지 말아야 합니다.

> "마을의 살림이 전보다 점점 더 어려워 허덕이게 된 것은 사실이다. 그 원인은 물론 조준구의 과도한 수곡(收穀) 강요에 있었고 희망을 잃은 마을 사람들의 무기력해진 심리상태에도 있었다. 마을 사람들의 기색을 살피며 제법 온정을 베풀고 너그러이 행세했던 왕시 그 무렵은 조준구의 지반이 다져지기 이전이요 … (중략) … 요즈음은 그의 지반이 그만큼 탄탄해진 것을 의미한다. 그러니까 조준구의 처사가 가혹해지면 그럴수록 그의 자리는 공공해져 대항하기 어렵다는 얘기가 된다 … (중략) … 조준구는 …"채찍을 들어야 일을 하게 되는 소와 같아서 심히 다루어야. 그래야 질서가 잡히는 법이니라" … 너털웃음을 웃곤 했던 것이다."

- 박경리, 『토지』(1969-1994)
1부 제5편(떠나는 자, 남는 자) (337쪽) 중에서[18] -

---

18) 박경리. 2012. 토지(土地). 파주: 마로니에북스.
앞 <5강>과 <8강>에서 만나 뵌 박경리 선생님(본명 박금이, 1926-2008)을 본 <10강>에서 마지막으로 다시 만났습니다. 그녀는 일생 동안 집필한 많은 시, 수필, 소설들에서 한국의 문화, 사회, 정치에 대해서 의미 있는 묘사와

기술은 물론 깊은 논평을 담았습니다. 그런데 1969년부터 25년 동안 집필한 대하소설(大河小說) 『토지(土地)』(총 5부 25편)에는 '최참판가'를 둘러싼 일제 전후의 한국인의 삶, 사회문제 및 국내외 정치 현실에 대한 기술 및 논평들만 있는 것이 아닙니다. 그보다도 토지의 이곳저곳에 선생님이 그리신 "늦가을 타작마당의 참새와 조무래기들", "방물장수 노인", "탈놀음과 굿마당", "뭉게뭉게 피는 하늘과 송아지와 개짖는 소리", "해돋이 풍경", "소나기가 내리는 농촌 길가의 모습", "절의 목탁소리와 기도의 묘사", "짚으로 이엉을 엮는 모습", "술은 익고 엿을 만드는 등 설을 앞둔 분주한 풍경" 등등 삶의 모습들이 상당히 많은 곳에 묘사되어 있는 것을 볼 수 있습니다. 사용하신 단어의 선택과 절제, 문장의 구성과 연결들을 보고 있노라면 신들린 듯 써 내려가신 그분의 모습이 보입니다. 제가 보기엔, 『토지(土地)』는 인간 이성(reason)에 의한 최고의 표현적 상징체입니다. 그리고 선생님은 이 『토지(土地)』와 『일본산고(日本散考)』 등에서 조선의 '위대함'을 알지 못했던 일본 군국주의의 잘못된 망상(delusion)을 비판하셨는데, 이 또한 일본의 사악한 재량으로 인한 인간의 말살을 이미 경계하고 계셨던 것입니다. 앞으로 하동 최참판댁과 통영의 박경리 선생님 댁을 방문할 계획이 있으면 『토지(土地)』를 다시 읽은 후에야 들러야겠다는 생각을 하게 됩니다.

10강과 관련된 글을 더 읽어보기
(FOR FURTHER READING)

독일 사회학자 한스프리드 켈너(Hansfried Kellner, 1934-2017)는 20년 넘게 미국의 사회학자 피터 버거(Peter L. Berger, 1929-2017)와 인간과 사회에 대한 공동연구들을 수행하여 영어와 독일어로 발간하였습니다. 그들의 공동연구들로는 본 <10강>에서 인용한 1965년의 연구(ARNOLD GEHLEN AND THE THEORY OF INSTITUTIONS) 이외에 다음과 같은 것들이 있습니다: ●Berger, Peter L., and Hansfried Kellner. 1964 "Marriage and the Construction of Reality: An Exercise in the Microsociology of Knowledge." *Diogenes* 12(46): 1-24. ●Berger, Peter L., and Hansfried Kellner. 1973. *The Homeless Mind: Modernization and Consciousness*. New York: Random House. ●Berger, Peter L., and Hansfried Kellner. 1981. *Sociology Reinterpreted. An Essay on Method and Vocation*. New York: Random House.

찰스 린드블롬(Charles Lindblom, 1917-2018)은 미국 예일대학교(Yale University)의 동료 교수였던 로버트 달(Robert Alan Dahl, 1915- 2014)과 함께, 정치엘리트 및 거버넌스에 있어서 '다원주의(pluralism)' 또는 '다두정치(polyarchy)'의 견해를 주창하였습니다. 즉, ●Lindblom, Charles E., and Robert A. Dahl, 1976. *Politics, Economics, and Welfare: Planning and Politico-Economic Systems Resolved into Basic Social Processes*. Chicago: University of Chicago Press.에서, 어떠한 단일한 구조의 통일된 엘리트가 정부와 사회를 통제할 수 없으며, 일단의 전문화된 엘리트들이 통제권을 확보하기 위하여 경쟁과 협상을 한다고 보았습니다. 그리고 이러한 정치와 시장영역에서 엘리트들 간의 경쟁과 협상은 평화로운 것

으로 이는 자유시장 중심의 민주주의를 촉진하고 영속화한다고 주장합니다.

그러나 후에 린드블롬(Lindblom)은 이 견해를 수정하게 됩니다. 그는 민주주의 거버넌스에서 다두정치의 결점이 있다고 하였습니다. 그는 ● Lindblom, Charles E. 1977. *Politics and Markets: The World's Political- Economic Systems*. New York: Basic Books.에서, 엘리트의 어떤 집단들, 즉 농업, 노동, 군사, 기업, 과학 등의 분야에서 공통이익에 기반을 둔 '기업 집단들(corporate groups)'이 결정적 이점을 얻고 성공하게 되고, 이들 간에 협상 대신에 충돌하게 되면서 다두정치는 쉽게 '조합주의(corporatism)'로 전환될 수 있다고 비판하였습니다. 물론 달(Dahl)은 원래의 다원주의 견해를 고수하면서 이러한 조합주의 견해를 반대합니다.

한편, 린드블롬과 같은 맥락에서 앞 <5강>에서 만난 미국 콜롬비아대학교 사회학과 교수 라이트 밀즈(C. Wright Mills, 1916-1962)는 ●Mills, C. Wright. 1956. *The Power Elite*. London & New York: Oxford University Press.에서, 미국의 정부들은 통일되고 인구학적으로 좁은 '파워 엘리트(power elite)'의 수중에 있다고 주장한 바 있습니다.

제임스 뷰캐넌(James M. Buchanan) 교수가 1975년에 제시한 '사마리아인의 딜레마(The Samaritan's Dilemma)'의 논거는 미국 브랜다이스대학교(Brandeis University)의 사회정책 및 관리 분야 명예교수인 데보라 스톤(Deborah A. Stone)에 의해 다시 확인되고 있는데, 그녀는 ●Stone, Deborah A. 2008. *The Samaritan's Dilemma: Should Government Help Your Neighbor?* New York: Nation Books.에서, 한 나라의 정부가 과연 이웃나라에게 도움을 주는 것이 옳은 일인지에 대한 딜레마적 논의를 전개하고 있습니다.

프리드리히 슈나이더(Friedrich G. Schneider) 교수는 ●2010년의 연구논문 "New Estimates for the Shadow Economies all over the World." *International Economic Journal* 24(4): 443-461.에서, 'Multiple Indicators

Multiple Causes (MIMIC)' 방법을 개발하여 지하경제에서 작동하고 있는 원인들을 계량적으로 수치화하여 추정함으로써 '증가된 세금부담'이 지하경제를 발생시키는 주요 요인이며, 이는 '노동시장에 대한 규제', '공공재 및 공공서비스의 품질', '국가의 공식 경제의 상태' 등의 요인들과 결합하여 지하경제의 발생에 영향을 준다는 것을 확인했습니다. 그의 글에서 지하경제의 추정 방식과 지하경제에 영향을 미치는 구체적이고 과학적인 연구내용을 확인하실 수 있습니다.

에필로그

이제야 제출한 숙제

중학교 2학년 시절 국어선생님이 어느 날 계단을 올라가는 저를 따로 불러 한 권의 책을 건네주시면서 '너의 독후감을 받아보고 싶다'고 하셨습니다. 저는 독후감이란 것을 어떻게 써야 할지, 글이란 것을 도대체 어떻게 전개하는 것인지 전혀 몰랐기에 하루 이틀 지나는 시간은 두려움으로 다가와 일생 내내 빚으로 남았습니다. 시작을 하지도 못했기에 책을 돌려드리지도 못한 채 중학교를 졸업하고 시간은 이렇게 흘러왔습니다. 어린 마음에 돌려드리지 못한 그 책을 가지고 있던 저는 절도죄에 버금가는 마음의 조아림을 아직도 안고 있습니다. 심훈의 『상록수』(1935)! 아마도 저는 그 책을 보면 강박관념이 발로할까봐 깊숙이 숨겨두었고 그 뒤 어데로 갔는지 그 책은 자취를 감춰버렸습니다. 언제가 들른 책방에서 그 책을 다시 사서 책꽂이 한쪽 보이는 구석에 두었습니다. 선생님이 원하시던 독후감은 아닙니다. 그러나 이제서야 『진고자금』이라는 정책에세이로 글을 써서 선생님께 숙제를 제출합니다. 어디에선가 접하시게 되면 제가 드린 독후감 숙제로 받아주시기 바랍니다. 그 예전의 책은 다시 드릴 때까지 간직하고 있겠습니다. 선생님.

그리고 저는 이와 같은 빚을 우리 국민에게 짓지 않게 하기 위해 정부가 하는 정책의 본질에 대한 에세이를 쓰고자 했습니다. 국가는 국민에 대해 해주지 못했던 것들을 만들고 떠나면 안 됩니다. 그것은 국민에 대한 빚(debt)입니다.

그리고 진고자금에 대한 평가

수필(隨筆)이란 한자대로 보면, "붓이 흐르는 대로 따른다/맡긴다"의 의미입니다. 피천득 선생님(1910-2007)은 59세에 쓰신 『수필(隨筆)』(1969)에서 이미 제가 어떻게 이 글을 쓸 것인지를 알고 계셨던 것 같습니다. 마음의 산책인 수필 속에는 인생의 향기와 여운이 숨어 있다고 하시면서, 수필은 번쩍거리지 않은 비단 바탕에 있는 약간의 무늬라 할 수 있는데, 그 무늬는 읽는 사람의 얼굴에 미소를 띠게 한다고 하셨습니다. 그리고 수필은 그 재료가 무엇이든지 간에 쓰는 이의 독특한 개성과 그때의 심정에 따라 써지는 것인데, 반드시 클라이맥스를 필요로 하지는 않는다고 하셨습니다. 그러나 수필은 차를 마시는 것과 같은 것으로, 만약에 그 차가 '방향(芳香: 좋은 향기)'을 가지지 않을 경우에는 수돗물과 같이 무미한 것이 되어버린다고 일침을 놓으십니다. 덕수궁 박물관에 있는 청자연적은 똑같이 생긴 꽃잎들이 정연히 달려있는 모양인데, 그중 하나의 꽃잎만이 약간 옆으로 꼬부라져 있다고 하시면서, 균형 속에서 눈에 거슬리지 않는 바로 그 꼬부라진 '파격(破格)'이 수필이라 했습니다. 그런데 그 파격을 만들기 위해 필요한 마음의 여유를 우리는 놓치고 있다고 한탄하십니다. 저는 그 파격을 만드는 것 자체는 둘째 치고, 그 파격을 찾아보기 위한 마음의 여유조차도 없어지고 있는 것은 아닌가 돌아보게 됩니다.

"남에게 보여주기 위해 글을 쓰지 말라." 미국을 떠나기 전 마지막으로 만난 지도교수 라우리 박사(Dr. Robert Lowry)가 제게 건네준 말입니다. 마음의 여유가 없었다면, 남을 보여주기 위해 이 글을 썼을 것이며, 그 꽃잎을 꼬부라지게 하지도 못했을 것입니다.

진고자금을
떠나며

한 번에 쓰지 못하고 머릿속과 노트북에 파편처럼 남겨두고,

매번 시간에 밀려 묶었다 풀었다를 반복하면서,

여의도 카페와 학교 도서관을 이리저리 헤매이다,

지난 많은 공부가 거짓의 시간 속에 있었음을 확인하게 되었고,

금융맨들과 커피를 내리는 왁자지껄한 한쪽 구석 자리를

4천 5백 원에 빌려 쓰면서,

죽어가는 노트북의 전기코드를 간신히 찾아 살리고,

혼자 있지만 많은 선지자들이 책에 계시니

북극에 홀로 서도 외롭지 않았고,

그 잘난 공부의 위선으로 만들어진 한 치 혀로

아이들을 속이고 또 속이고,

고치고 덧칠하여 얻은 빈약한 간판으로 전문성을 치장하면서,

거짓과 위선의 물건과 상품들로 길거리 행상을 하고,

택시에 몸을 실어 itx새마을호와 KTX를 번갈아 갈아타면서,

그 쪽방 같은 기차의 의자에 웅크리고 앉아

한 자 한 자 긁적거리며,

무슨 혜택으로 잠시 가서 공부하는 시늉을 했던지
그 미시간과 장자크 루소가 살던 유럽의 그곳들을
마음의 기억 속에서 왔다 갔다 하면서,
맞바람의 따갑던 가을 서리에 몸이 고달팠던
달빛 어린 샛강다리 위에서도,
생텍쥐페리, 이효석, 데이비드 흄, 장 폴 사르트르, 피터 버거
그리고 박경리 선생님!
시공간에서 같이 존재했던 그분들 덕분에,
나의 비천한 생각을 아주 조금이나마 글자에 정리하게 되었고,
그 잘난 사고의 조각들을 모아 간신히 내놓은 것에,
실소를 금치 못하며 김시습 선생님이 뛰어나와
미친놈이라 고함치실 것이 뻔한 것임에,
박영사의 천금 같은 배려로 자리를 잠시 빌려주심에
깊은 인사를 올리며,
죽을 때 글을 읽을 수 있는 자만이 행복하게 죽는다는 것을
확인하게 됨을 잠시 위안으로 삼고,
호밀밭의 아이들을 지키려 했던 홀든 콜필드처럼
우리 사회의 특권이 부여되지 못한
사람들(the unprivileged)을 위한 작가로서,
이 작은 반성문을 남깁니다.

– 의린(誼燐) 글을 마치다. –

2024.01.30.

참고문헌(References)

외국문헌

A.

Abbott, Andrew. 2001. *Time Matters: On Theory and Method.* Chicago: University of Chicago Press.

Abbott, Thomas Kingsmill (trans.). 2009. *Immanuel Kant, Critique of Practical Reason.* Seven Treasures Publications.

Alexander, Lloyd. 1949. *The Diary of Antoine Roquentin.* London: John Lehmann.

Alkin, Marvin C. (ed.). 1990. *Debates on Evaluation.* Newbury Park, CA: Sage Publications.

Alkin, Marvin C. 2004. *Evaluation Roots: Tracing Theorists' Views and Influences.* Thousands Oaks, CA: Sage Publications.

Alkin, Marvin C., and Lewis C. Solomon (eds.). 1983. *The Cost of Evaluation.* Beverly Hills, CA: Sage Publications, Inc.

"Alfred Nobel's will." Nobel Prize Outreach.
　<https://www.nobelprize.org/alfred-nobel/alfred-nobels-will/>Retr ieved 8 August 2023.

Annas, Julia. 1981. *An Introduction to Plato's Republic.* Oxford, UK: Oxford University Press.

Aristotle. 4C B.C. *Politiká.* [Politics; 정치학].
　<http://www.iep.utm.edu/aris-pol/> Retrieved 1 August 2023.

Arthur, W. Brian. 1994. *Increasing Returns and Path Dependence in the Economy*. Ann Arbor, MI: University of Michigan Press.

Atkins, Stuart, and David E. Wellbery. (trans.). 2014. *Johann Wolf-gang von Goethe, Faust I & II, Volume 2: Goethe's Collected Works*. Princeton, NJ: Princeton University Press.

B.

Bagby, Laurie M. 2007. *Hobbes's Leviathan: Reader's Guide*. New York: Continuum.

Baird, Forrest E.. 2002. *Philosophic Classics, Volume V: Twentieth-Century Philosophy* (3rd ed.). Oxfordshire, England: Routledge.

Baird, Forrest E., and Walter Kaufmann. 2002. *Philosophic Classics, Volume VI: Nineteenth-Century Philosophy* (3rd ed.). Hoboken, NJ: Prentice Hall.

Baldick, Robert. 1963. *Nausea*. London: Penguin Books.

Baldick, Robert, and James Wood. 2000. *Nausea*. London: Penguin Books.

Balzac, Honoré de. 1848. *La Comédie humaine*. [The Human Comedy; 인간희극]. Paris: Jean de Bonnot.

Balzac, Honoré de. 1835. *Le Père Goriot*. [Father Goriot; 고리오 영감]. Paris: Revue de Paris.

Barker, Sir Ernest (trans.). 1955. *The Politics of Aristotle*. Oxford, UK: Oxford University Press.

Barker, Sir Ernest (trans.). 1906. *The Political Thought of Plato and Aristotle*. New York: G. P. Putnam's Sons.

Barker, Sir Ernest (trans.). 1962. *The Politics of Aristotle*. Oxford, UK: Oxford University Press.

Barnes, Hazel E. (trans.). 1984. *Being and Nothingness*. New York: Washington Square Press.

Baumgartner, Frank R., and Bryan D. Jones (eds.). 2002. *Policy Dynamics*. Chicago/London: University of Chicago Press.

Baumrin, Bernard Herbert (ed.). 1969. *Hobbes's Leviathan: Interpretation and Criticism*. Belmont, CA: Wadsworth.

Beauvoir, Simone de. 1943. *L'Invitée* (She Came to Stay). Paris: Gallimard.

Belkin, Douglas. 2019. "The Legitimate World of High-End College Admissions." *The Wall Street Journal* (March 13, 2019).

Bentham, Jeremy. 1780. *An Introduction to the Principles of Morals and Legislation*. London: T. Payne and Sons.

Berger, Peter L. 1963. *Invitation to Sociology: A Humanistic Perspective*. New York: Anchor Books.

Berger, Peter L., and Hansfried Kellner. 1964 "Marriage and the Construction of Reality: An Exercise in the Microsociology of Knowledge." *Diogenes* 12(46): 1-24.

Berger, Peter L., and Hansfried Kellner. 1965. "ARNOLD GEHLEN AND THE THEORY OF INSTITUTIONS." *Social Research* 32(1): 110-115.

Berger, Peter L., and Hansfried Kellner. 1973. *The Homeless Mind: Modernization and Consciousness*. New York: Random House.

Berger, Peter L., and Hansfried Kellner. 1981. *Sociology Reinterpreted. An Essay on Method and Vocation*. New York: Random House.

Bernard, J. H. (trans.). 2019. *Critique of Judgment by Immanuel Kant*. Digireads.com Publishing.

Biblica. 2011. *The Holy Bible, New International Version*. Grand Rapids, MI: Zondervan.

Bingham, Tom. 2010. *The Rule of Law*. London: Penguin Books.

Bozeman, Barry. 1993. "A Theory of Government Red Tape." *Journal of Public Administration Research and Theory* 3(3): 273-304.

Brod, Max. 1995. *Franz Kafka: A Biography.* Cambridge, Massachusetts: Da Capo Press.

Brown, David. 2007. *Tchaikovsky: The Man and His Music.* New York: Faber & Faber.

Brown, David. 2010. *Mussorgsky: His Life and Works.* Oxford: Oxford University Press.

Brown, David, Gerald E. Abraham, David Lloyd-Jones, and Edward Garden. 1997. *The New Grove Russian Masters 1: Glinka, Borodin, Balakirev, Musorgsky, Tchaikovsky.* New York: W. W. Norton & Company.

Buchanan, James M. 1975. "The Samaritan's Dilemma." In Edmund S. Phelps (ed.). *Altruism, Morality and Economic Theory.* New York: Russell Sage Foundation.

Buchanan, James M., and Gordon Tullock. 1962. *The Calculus of Consent: Logical Foundations of Constitutional Democracy.* [동의/합의의 계산: 입헌민주주의 논리적 기반]. Ann Arbor: The University of Michigan Press.

Burges, George (trans.). 1854. *Plato, The Republic.* London: H. G. Bohn.

C.

Campbell, Jesse W., Sanjay K. Pandey, and Lars Arnesen. 2022. "The Ontology, Origin, and Impact of Divisive Public Sector Rules: A Meta-Narrative Review of the Red Tape and Administrative Burden Literatures." *Public Administration Review* 83(2): 296–315.

Camus, Albert. 1942. *L'Étranger.* [The Outsider; The Stranger; 이방

인]. Paris: Gallimard.

Camus, Albert. 1942. *Le Mythe de Sisyphe*. [The Myth of Sisyphus; 시지프 신화]. Paris: Gallimard.

Camus, Albert. 1947. *La Peste*. [The Plague; 페스트]. Paris: Gallimard.

Carnevale, Anthony P., and Stephen J. Rose. 2004. "Socioeconomic Status, Race/Ethnicity, and Selective College Admissions." In Richard B. Kahlenberg (ed.). *America's Untapped Resource: Low-Income Students in Higher Education*. New York: Century Foundation.

Carroll, Lewis. 1865. *Alice's Adventures in Wonderland*. London: Macmillan.

Carroll, Lewis. 1871. *Through the Looking-Glass, and What Alice Found There*. London: Macmillan.

Charmers, Allan F. 1999. *What is This Thing Called Science?* (3rd ed.). Indianapolis, IN: Hackett Publishing Co.

Chetty, Raj, John N. Friedman, Emmanuel Saez, Nicholas Turner, and Danny Yagan. 2017. "Mobility Report Cards: The Role of Colleges in Intergenerational Mobility." *NBER Working Paper* No. 23618.

Clemens, Elisabeth S., and James M. Cook. 1999. "Politics and Institutionalism: Explaining Durability and Change." *Annual Review of Sociology* 25: 441–466.

Cohen, Gerald A. 2008. *Rescuing Justice and Equality*. Cambridge, MA: Harvard University Press.

Cohen, Michael, James March, and John Olsen. 1972. "A Garbage Can Model of Organizational Choice." *Administrative Science Quarterly* 17: 1–25.

Conant, James Bryant. 1940. "Education for a Classless Society: The Jeffersonian Tradition." *The Atlantic*. New York: Henry Holt and Co.

Cooper, James Fenimore. 1826. *The Last of the Mohicans: A Narrative of 1757.* [모히칸족의 최후]. Philadelphia: H.C. Carey & I. Lea.

Corngold, Stanley (trans.). 1972. *Franz Kafka, The Metamorphosis.* New York: Bantam Books.

Crumb, R., David Zane Mairowitz, and Richard Appignanesi. 2007. *Kafka.* Seattle, Washington: Fantagraphics.

Cunning, David. 2014. *The Cambridge Companion to Descartes' Meditations.* Cambridge, UK: Cambridge University Press.

Curran, Thomas, and Andrew P. Hill. 2019. "Perfectionism Is Increasing Over Time: A Meta-Analysis of Birth Cohort Differences from 1989 to 2016." *Psychological Bulletin* 145(4): 410-429.

Curtin, Sally C., and Melonie Heron. 2019. "Death Rates Due to Suicide and Homicide Among Persons Aged 10-24: United States, 2000-2017. *NCHS Data Brief* 352: 1-8.

D.

Davidson, E. Jane. 2004. *Evaluation Methodology Basics: The Nuts and Bolts of Sound Evaluation.* Thousand Oak, CA: Sage Publications.

Davis, Kenneth C. 1969. *Discretionary Justice: A Preliminary Inquiry.* Baton Rouge: Louisiana State University Press.

Dawkins, Richard. 2015. *Brief Candle in the Dark: My Life in Science.* London: Bantam Press.

Desmond, Matthew. 2016. *Evicted: Poverty and Profit in the American City.* New York: Crown.

Doepke, Matthias, and Fabrizio Zilibotti. 2019. *Love, Money & Parenting: How Economics Explains the Way We Raise Our Kids.* Princeton, NJ: Princeton University Press.

Dostoevsky, Fyodor. 1866. *Crime and Punishment*. St. Petersburg, Russia: The Russian Messenger.

Dostoevsky, Fyodor. 1880. *The Brothers Karamazov*. St. Petersburg, Russia: The Russian Messenger.

E.

Elias, Norbert. 1939. *Über den Prozeß der Zivilisation*. [문명화 과정에 대하여]. Basel, Switzerland: Haus zum Falken.

Elias, Norbert. 1984. "Über die Zeit." [시간이 지남에 따라]. In Michael Schröter (ed.). *Arbeiten zur Wissenssoziologie II*. Frankfurt am Main: Suhrkamp.

Elias, Norbert. 1992. *Time: An Essay*. Oxford, UK: Blackwell.

Elias, Norbert. 1994. *The Civilizing Process*. Oxford, UK: Blackwell.

Emad, Parvis, and Kenneth Maly (trans.). 1999a. *Contributions to Philosophy (From Enowning)*. Bloomington: Indiana University Press.

Emad, Parvis, and Kenneth Maly (trans.). 1999b. *Martin Heidegger, Contributions to Philosophy (From Enowning)*. Bloomington: Indiana University Press.

Encyclopædia Britannica. 2023. *Arab−Israeli Wars*. Palala Press. <https://www.britannica.com/event/Arab-Israeli-wars> Retrieved 8 August 2023.

Ende, Michael. 1973. *Momo oder Die seltsame Geschichte von den Zeit-Dieben und von dem Kind, das den Menschen die gestohlene Zeit zurückbrachte*. [Momo or the strange story of the time-thieves and the child who brought the stolen time back to the people; 모모 또는 빼앗긴 시간을 사람들에게 돌려준 아이와 시간 도둑의 기묘한 이야기]. Germany: Thienemann Verlag.

Engster, Daniel. 2007. *The Heart of Justice: Care Ethics and Political*

Theory. Oxford, UK: Oxford University Press.

Engster, Daniel. 2020a. "A Public Ethics of Care for Policy Implementation." *American Journal of Political Science* 64(3): 621-633.

Engster, Daniel. 2020b. *Rethinking Care Theory: The Practice of Caring and the Obligation to Care*. Cambridge, UK: Cambridge University Press.

F.

Fijalkowski, Krzysztof, and Michael Richardson (eds.). 2016. *Surrealism: Key Concepts*. Oxfordshire, England: Routledge.

Fraser, G. S. (trans.). 2001. *Gabriel Marcel, The Mystery of Being, Volume I: Reflection and Mystery (Gifford Lectures, 1949-1950)*. South Bend, IN : St. Augustine's Press.

Frechtman, Bernard (trans.). 1964. *The Words: The Autobiography of Jean-Paul Sartre*. New York: George Braziller.

Frederickson, H. George. 1976. "Public Administration in the 1970s: Developments and Directions." *Public Administration Review* 36(5): 564-576.

Frederickson, H. George. 1996. *The Spirit of Public Administration*. San Francisco: Jossey-Bass.

Frederickson, H. George, and Richard K. Ghere. 2013. "Ethics in Public Management." *Political Science Faculty Publications* 43. Ohio: Department of Political Science, University of Dayton.

Freud, Sigmund. 1923a. *Das Ich und das Es*. Vienna, Austria: Intermatinaler Psycho-analytischer.

Freud, Sigmund. 1923b. *The Ego and the Id*. New York: W. W. Norton & Company.

Fitzpatrick, Jody L, James R. Sanders, and Blaine R. Worthen. 2011. *Program Evaluation: Alternative Approaches and Practical Guidelines* (4th ed.). Boston, MA: Pearson Education.

G.

Gabriel, Norman, and Stephen Mennell. 2011. *Norbert Elias and Figurational Research: Processual Thinking in Sociology.* Hoboken, NJ: Wiley-Blackwell.

Gajduschek, Gyorgy, and Katarina Staronova. 2023. "Politicization beyond the Merit-system Façade. The Intricate Relationship between Formal and Informal Institutions of the Senior Civil Service Systems in Central and Eastern Europe." *International Journal of Public Administration* 46(9): 647-658.

Gans, Herbert J. 1968. *People and Plans: Essays on Urban Problems and Solutions.* New York: Basic Books.

Gans, Herbert J. 1972. "The Positive Functions of Poverty." *The American Journal of Sociology* 78(2): 275-289.

Gans, Herbert J. 1994. *People, Plans, and Policies: Essays on Poverty, Racism, and Other National Urban Problems.* New York: Columbia University Press.

Gans, Herbert J. 1995. *The War against the Poor: The Underclass and Antipoverty Policy.* New York: BasicBooks.

Gans, Herbert J. 2008. *Imagining America in 2033: How the Country Put Itself Together after Bush.* Ann Arbor, MI: University of Michigan Press.

Gans, Herbert J. 2011a. "The Age of the Superfluous Worker." *Talk In New York* (November 24, 2011).

Gans, Herbert J. 2011b. "The Age of the Superfluous Worker." *The*

New York Times (November 25, 2011).

Gans, Herbert J. 2012. "(The Frustrated Worker) Superfluous Workers: The Labor Marker's Invisible Discards." *Challenge* 55(4): 94-103.

Gardner, Martin (ed.). 1964. *Lewis Carroll, The Annotated Alice: Alice's Adventures in Wonderland and Through the Looking-Glass and What Alice Found There.* London: Penguin.

Gardner, Sebastian. 1999. *Kant and the Critique of Pure Reason.* London: Routledge.

George, Bert, Sanjay K. Pandey, Bram Steijn, Adelien Decramer, and Mieke Audenaert. 2021. "Red Tape, Organizational Performance and Employee Outcomes: Meta-Analysis, Meta- Regression and Research Agenda." *Public Administration Review* 81(4): 638–651.

Gerth, Hans H., and C. Wright Mills. 1946. *From Max Weber: Essays in Sociology.* New York: Oxford University Press.

Gerth, Hans H., and C. Wright Mills. 1953. *Character and Social Structure: The Psychology of Social Institutions.* New York: Harcourt Brace Jovanovich.

Giddens, Anthony, Mitchell Duneier, Richard P. Appelbaum, and Deborah Carr. 2021. *Introduction to Sociology.* New York: W. W. Norton & Company.

Gilbert, Stuart (trans.). 1991. *Albert Camus: The Plague.* New York: Knopf Doubleday Publishing Group.

Gilligan, Carol. 1982. *In A Different Voice: Psychological Voice: Psychological Theory and Women's Development.* Cambridge, MA: Harvard University Press.

Gladwell, Malcolm Timothy. 2000. *The Tipping Point: How Little Things Can Make a Big Difference.* Boston, MA: Little, Brown and Company.

Gladwell, Malcolm Timothy. 2005. *Blink: The Power of Thinking Without Thinking*. Boston, MA: Little, Brown and Company.

Gladwell, Malcolm Timothy. 2008. *Outliers: The Story of Success*. Boston, MA: Little, Brown and Company.

Gladwell, Malcolm Timothy. 2009. *What the Dog Saw: And Other Adventures*. Boston, MA: Little, Brown and Company. Boston, MA: Little, Brown and Company.

Gladwell, Malcom Timothy. 2013. *David and Goliath: Underdogs, Misfits, and the Art of Battling Giants*. Boston: Little, Brown and Company.

Gladwell, Malcolm Timothy. 2019. *Talking To Strangers: What We Should Know about the People We Don't Know*. Boston, MA: Little, Brown and Company.

Gladwell, Malcom Timothy. 2021. *The Bomber Mafia: A Dream, A Temptation, and The Longest Night of The Second World War*. Boston, MA: Little, Brown and Company.

Gobert, R. D. 2013. *The Mind-Body Stage: Passion and Interaction in the Cartesian Theater*. Redwood City, CA: Stanford University Press.

Goethe, Johann Wolfgang von. 1790. *Versuch die Metamorphose der Pflanzen zu erklären*. [The Metamorphosis of Plants; 식물의 변태를 설명하려는 시도]. Gotha, Germany: Ettingersche Buchhandlung.

Goethe, Johann Wolfgang von. 1808. *Faust. Eine Tragödie (Faust I)*. [Faust: A Tragedy]. Leipzig, Germany: Digitalisat und Volltext.

Goethe, Johann Wolfgang von. 1832. *Faust. Der Tragödie zweiter Teil (Faust II)*. [Faust: The Second Part of the Tragedy]. Leipzig, Germany: Digitalisat und Volltext.

Goffman, Erving. 1956. *The Presentation of Self in Everyday Life.* New York: Doubleday.

Goffman, Erving. 1961. *Asylums: Essays on the Social Situation of Mental Patients and Other Inmates.* New York: Doubleday.

Goffman, Erving. 1963. *Stigma: Notes on the Management of Spoiled Identity.* Englewood Cliffs, NJ: Prentice-Hall.

Goffman, Erving. 2022. *Stigma: Notes on the Management of Spoiled Identity.* London: Penguin Books.

Goldfarb, Zachary A. 2014. "These Four Charts Show How the SAT Favors Rich, Educated Families." *The Washington Post* (March 5, 2014).

Goldstein, Dana, and Jack Healy. 2019. "Inside the Pricey, Totally Legal World of College Consultants." *The New York Times* (March 13, 2019).

Goodin, Robert E., and Charles Tilly (eds.). 2006. *The Oxford Handbook of Contextual Political Analysis.* Oxford, UK: Oxford University Press.

Goodman, Lenn E., and Robert B. Talisse. 2007. *Aristotle's Politics Today.* Albany: State University of New York Press.

Grabau, Richard F. 1971. *Karl Jaspers, Philosophy of Existence.* Philadelphia, PA: University of Pennsylvania Press.

Gray, Richard T., Ruth V. Gross, Rolf J. Goebel, and Clayton Koeleb. 2005. *A Franz Kafka Encyclopedia.* Westport, Connecticut: Greenwood Press.

Greenberg, Martin, and W. Daniel Wilson (trans.). 2014. *Johann Wolfgang von Goethe, Faust: A Tragedy, Parts One and Two.* New Haven, CT: Yale University Press.

Gregor, Mary J. (trans.). 1996. *Immanuel Kant: The Metaphysics of*

Morals. New York: Cambridge University Press.

Griffith, Tom (trans.). 2000. *Plato, The Republic.* Cambridge, UK: Cambridge University Press.

Guyer, Paul, and Allen W. Wood (trans.). 1999. "Kant, Immanuel. Critique of Pure Reason." In *The Cambridge Edition of the Works of Immanuel Kant.* Cambridge, UK: Cambridge University Press.

Gyllensten, Lars. 1949. *Moderna myter* [Modenm Myths]. Stockholm, Sweden: Albdert Bonniers Förlag.

Gyllensten, Lars. 1952. *Barnabok* [Children's Book]. Stockholm, Sweden: Albdert Bonniers Förlag.

Gyllensten, Lars. 1956. *Senilia: mimisk essay.* Stockholm, Sweden: Albdert Bonniers Förlag.

Gyllensten, Lars. 1978. *Senilia: Mimisk essay (Albatross).* Uxbridge, UK: Alba Publishing.

Gyllensten, Lars. 2000. *Minnen, bara minnen.* [Memories, Only Memories; 기억(추억)들, 단지 기억들]. Stockholm, Sweden: Albert Bonniers Förlag.

H.

Habermas, Jürgen. 1968. *Technik und Wissenschaft als "Ideologie".* [Technology and Science as "Ideology"]. Frankfurt am Main, Germany: Suhrkamp Verlag.

Hague, Rene (trans.). 2001. *Gabriel Marcel, The Mystery Of Being, Volume 2: Faith & Reality (Gifford Lectures, 1949－1950).* South Bend, IN : St. Augustine's Press.

Hannay, Alastair (trans.). 1989. *Soren Kierkegaard, The Sickness unto Death.* London: Penguin Books.

Hannay, Alastair (trans.). 1992. *Soren Kierkegaard, Either/Or: A*

Fragment of Life. London: Penguin Books.

Haston, Bruce M. 1974. "Book Reviews: Congressmen's Voting Decisions By John W. Kingdon (New York: Harper and Row, 1973)." *Political Research Quarterly* 27(4): 749-750.

Hatry, Harry P., Richard E. Winnie, and Donald M. Fisk. 1981. *Practical Program Evaluation for State and Local Government* (2nd ed.). Washington, D.C.: The Urban Institute Press.

Hays, Steven W. 1983. *Public Personnel Administration: Problems and Prospects*. Hoboken, NJ: Prentice Hall.

Heidegger, Martin. 1927. *Sein Und Zeit*. [Being and Time; 존재와 시간]. Frankfurt am Main, Germany: Vittorio Klostermann.

Heidegger, Martin. 1936-1938. *Beiträge zur Philosophie (Vom Ereignis)*. [Contributions to Philosophy; 철학에의 기여]. Frankfurt am Main, Germany: Vittorio Klostermann.

Heimer, Karen, and Ross L. Matsueda. 1994. "Role-taking, Role Commitment, and Delinquency: A Theory of Differential Social Control." *American Sociological Review* 59(3): 365-390.

Held, Virginia. 2005. *The Ethics of Care: Personal, Politcal, and Global*. Oxford, UK: Oxford University Press.

Hobbes, Thomas. 1651. *Leviathan, or The Matter, Forme and Power of a Commonwealth Ecclesiasticall and Civil*. London: Andrew Crooke.

Hofstede, Gerard Hendrik. 1980. *Culture's Consequences: International Differences in Work-Related Values*. Thousand Oaks, CA: Sage Publications.

Horowitz, Irving Louis (ed.). 1967. *Politics & People: The Collected Essays of C. Wright Mills*. London, Oxford & New York: Oxford University Press.

House, Ernest R. 1993. *Professional Evaluation: Social Impact and Political Consequences.* Thousand Oaks, CA: Sage Publications.

House, Ernest R. 2001. "Unfinished Business: Causes and Values." *American Journal of Evaluation* 22(3): 309-315.

Hulse, Michael (trans.). 2022. *Friedrich Nietzsche, Thus Spake Zarathustra: A Book for All and None.* Kendal, UK: Notting Hill Editions.

Hume, David. 1739-1740. *A Treatise of Human Nature: Being An Attempt to Introduce the Experimental Method of Reasoning into Moral Subjects.* London: John Noon.

J.

Jaspers, Karl. 1938. *Existenzphilosophie.* [Philosophy of Existence; 존재의 철학]. Berlin, Germany: De Gruyter.

Johnston, Ian (trans.). 2009. *Franz Kafka, The Judgment.* Nanaimo, British Columbia, Canada: Vancouver Island University.

Jones, Ernest. 1953. *The Life and Work of Sigmund Freud Volume One: The Formative Years and the Great Discoveries 1856-1900.* London: The Hogarth Press.

Jones, Ernest. 1963. *The Life and Work of Sigmund Freud: Volume 1 The Formative Years and the Great Discoveries 1856-1900, Volume 2 Years of Maturity 1901–1919, Volume 3 The Last Phase 1919-1939.* London: The Hogarth Press.

Jung, Carl Gustav, and Aniela Jaffé. 1962. *Erinnerungen, Träume, Gedanken.* [기억, 꿈, 생각]. Berlin, Germany: Exlibris.

Jung, Carl Gustav, and Aniela Jaffé. 1963. *Memories, Dreams, Reflections: Autobiography.* [기억, 꿈, 성찰: 자서전]. New York: Pantheon Books.

K.

Kafka, Franz. 1913. *Das Urteil.* [The Judgment or The Verdict; 판결 또는 평결]. Eine Geschichte von Franz Kafka. In Brod, Max, and Kurt Wolff (eds.). *Arkadia. Ein Jahrbuch für Dichtkunst.* Leipzig, Germany: Kurt Wolff Verag.

Kafka, Franz. 1915. *Die Verwandlung.* [The Metamorphosis; 변신]. Leipzig, Germany: Kurt Wolff Verag.

Kafka, Franz. 1925. *Der Prozess.* [The Trial; 재판 또는 심판]. Berlin, Germany: Verlag Die Schmiede.

Kafka, Franz. 1926. *Das Schloss.* [The Castle; 城; 성]. Leipzig, Germany: Kurt Wolff Verag.

Kant, Immanuel. 1781. *Kritik der reinen Vernunft.* [Critique of Pure Reason; 순수이성비판]. Berlin & Libau: Verlag Lagarde und Friedrich.

Kant, Immanuel 1784a. "An answer to the question: What is enlightenment?" In Mary J. Gregor (ed.). 1999. *Practical Philosophy. The Cambridge Edition of the Works of Immanuel Kant.* Cambridge, UK: Cambridge University Press.

Kant, Immanuel. 1784b. "Beantwortung der Frage: Was ist Aufklärung?" *Berlinische Monatsschrift* 12.

Kant, Immanuel. 1788. *Kritik der praktischen Vernunft.* [Critique of Practical Reason; 실천이성비판]. Berlin & Libau: Verlag Lagarde und Friedrich.

Kant, Immanuel. 1790. *Kritik der Urteilskraft.* [Critique of Judgment; 판단력비판]. Berlin & Libau: Verlag Lagarde und Friedrich.

Kant, Immanuel. 1797. *Die Metaphysik der Sitten.* [Metaphysics of Morals; 도덕의 형이상학]. Augsburg, Germany: Jazzybee Verlag.

Kant, Immanuel. 2010. *An Answer to the Question: What is*

Enlightenment? London: Penguin Books.

Kaufmann, Walter. 1975. *Existentialism From Dostoevsky To Sartre*. New York: New American Library.

Kempf-Leonard, Kimberly. 2004. *Encyclopedia of Social Measurement*. Amsterdam, Netherlands: Elsevier.

Kierkegaard, Søren. 1843. *Enten-Eller*. [Either/Or; 이것이냐 저것이냐]. Copenhagen, Denmark: University bookshop Reitzel.

Kierkegaard, Søren. 1849. *Sygdommen til Døden*. [The Sickness unto Death; 죽음에 이르는 병]. Copenhagen, Denmark: Lindhardt Og Ringhof.

Kingdon, John W. 1984. *Agendas, Alternatives, and Public Policies*. TBS The Book Service Ltd.

Kingdon, John W. 1995. *Agendas, Alternatives, and Public Policies* (2nd ed.). New York: HarperCollins College Publishers.

Klaes, Matthias, and Esther-Mirjam Sent. 2005. "A Conceptual History of the Emergence of Bounded Rationality." *History of Political Economy* 37(1): 27–59.

Klinger, Leslie S. (ed.). 2004a. *The New Annotated Sherlock Holmes: The Complete Short Stories*. New York: W. W. Norton & Company.

Klinger, Leslie S. (ed.). 2004b. *The New Annotated Sherlock Holmes Vol. 1 & 2*. New York: W. W. Norton.

Klinger, Leslie S. (ed.). 2005. *The New Annotated Sherlock Holmes Vol. 3*. New York: W. W. Norton.

Knott, Jack H., and Gary J. Miller. 1987. *Reforming Bureaucracy: The Politics of Institutional Choice*. Englewood Cliffs, NJ: Prentice-Hall.

Krause, Elliott A. 1968. "Functions of a Bureaucratic Ideology: 'Citizen Participation'." *Social Problems* 16(2): 129-143.

Krueger, Anne. 1974. "The Political Economy of the Rent-Seeking Society." *American Economic Review* 64(3): 291-303.

L.

Landes, Donald (trans.). 2013. *Maurice Merleau-Ponty, Phenomenology of Perception.* Oxfordshire, England: Routledge.

Lapin, Lawrence L. 1993. *Statistics for Modern Business Decisions* (6th ed.). Orland, FL: Harcourt Brace Jovanovich Publishers.

Laslett, Peter (trans.). 1988. *John Locke: Two Treatise of Government.* Cambridge, UK: Cambridge University Press.

Leak, Andrew N. 2006. *Jean-Paul Sartre.* London: Reaktion Books.

Lee, Desmond (ed.). 2007. *Plato, The Republic.* London: Penguin Classics.

Levine, Madeline. 2006. *The Price of Privilege: How Parental Pressure and Material Advantage Are Creating a Generation of Disconnected and Unhappy Kids.* New York: HarperCollins.

Lindblom, Charles E. 1959. "The Science of "Muddling Through"." *Public Administration Review* 19(2): 79-88.

Lindblom, Charles E. 1968. *The Policy-Making Process.* Englewood Cliffs, NJ: Prentice-Hall.

Lindblom, Charles E. 1977. *Politics and Markets: The World's Political-Economic Systems.* New York: Basic Books.

Lindblom, Charles E. 1979. "Still Muddling, not yet through." *Public Administration Review* 39: 517-526.

Lindblom, Charles E., and Robert A. Dahl. 1976. *Politics, Economics, and Welfare: Planning and Politico-Economic Systems Resolved into Basic Social Processes.* Chicago: University of Chicago Press.

Liu, Cindy H., Courtney Stevens, Sylva H. M. Wong, Miwa Yasui, and Justin A Chen. 2018. "The Prevalence and Predictors of Mental Health Diagnoses and Suicide Among U.S. College Students: Implications for Addressing Disparities in Service Use." *Depression & Anxiety* 36(1): 8-17.

Locke, John. 1689. *Two Treatise of Government*. London: Awnsham Churchill.

Lord, Carnes. 2013. *Aristotle's Politics* (2nd ed.). Chicago & London: The University of Chicago Press.

Loyal, Steven, and Stephen Mennell (eds.). 2007. An Essay on Time. Hoboken, NJ: Wiley-Blackwell.

Luchte, James. 2007. *Kant's 'Critique of Pure Reason': A Reader's Guide*. London: Bloomsbury Publishing.

Luthar, Suniya S., Samuel H. Barkin, and Elizabeth J. Crossman. 2013. "'I Can, Therefore I Must': Fragility in the Upper Middle Class." *Development and Pscychopathology* 25: 1529-1549.

Lycett, Andrew. 2008. *The Man Who Created Sherlock Holmes: The Life and Times of Sir Arthur Conan Doyle*. Florence, MA: Free Press.

M.

Macquarrie, John. 1972. *Existentialism*. Philadelphia: The Westminister Press.

Macquarrie, John, and Edward Robinson (trans.). 1962. *Martin Heidegger, Being and Time*. London: SCM Press.

Manheim, Jarol B., Richard C. Rich, and Lars Willnut. 2001. *Empirical Political Analysis: Research Methods in Political Science* (5th ed.). New York: Longman.

Mannheim, Karl. 1929. *Ideologie und Utopie*. [Ideology and

Utopia; 이데올로기와 유토피아]. Bonn, Germany: Cohen.

Mannheim, Karl. 1952. Essays on the Sociology of Knowledge. London: Routledge & K. Paul.

Marcel, Gabriel. 1951. *Le Mystère de l'être*. [The Mystery of Being; 존재의 신비]. Paris: Aubier.

Markovits, Daniel. 2019. *The Meritocracy Trap: How America's Foundational Myth Feeds Inequality, Dismantles the Middle Class, and Devours the Elite*. New York: Penguin Press.

McBain, Sophie. 2018. "The New Cult of Perfectionism." *New Statesmen* 147(5417): 34-37.

McGaw, Dickinson., and George Watson. 1976. *Political and Social Inquiry*. New York: Wiley.

McIlhenny, John A. 1917. "The Merit System and the Higher Offices." *American Political Science Review* 11(3): 461-472.

McLaughlin, Milbrey W., and R. Scott Pfeifer. 1988. *Teacher Evaluation: Improvement, Accountability, and Effective Learning*. New York: Teachers College Press.

Meja, Volker, and Nico Stehr. 1988. "Social Science, Epistemology, and the Problem of Relativism." *Social Epistemology* 2(3): 263-271.

Merleau-Ponty, Maurice. 1945. *Phénoménologie De La Perception*. [Phenomenology of Perception; 인식의 현상학]. Paris: Gallimard.

Merton, Robert K. 1957. *Social Theory and Social Structure*. Glencoe, Illinois: The Free Press.

Merton, Robert K. 1972. "Insiders and Outsiders: A Chapter in the Sociology of Knowledge." *American Journal of Sociology* 78(1): 9-47.

Miller, Fred D. 1995. *Nature, Justice, and Rights in Aristotle's Politics*. Oxford, UK: Oxford University Press.

Miller, Robin Lin, Jean A. King, Melvin M. Mark, and Valerie Caracelli. 2016. "The Oral History of Evaluation: The Professional Development of Robert Stake." *American Journal of Evaluation* 37(2): 287-294.

Mills, C. Wright. 1951. *White Collar: The American Middle Classes.* New York: Oxford University Press.

Mills, C. Wright. 1956. *The Power Elite.* London & New York: Oxford University Press.

Mills, C. Wright. 1958. "Structure of Power in American Society." *British Journal of Sociology* 9(1): 29-41.

Mills, C. Wright. 1959. *The Sociological Imagination.* New York: Oxford University Press.

Mills, C. Wright. 2000. *The Sociological Imagination* (40th anniversary ed.). New York: Oxford University Press.

Mills, C. Wright. 2002. *White Collar: The American Middle Classes* (50th anniversary ed.). New York: Oxford University Press

Mills, C. Wright, and Alan Wolfe. 2000. *The Power Elite.* New York: Oxford University Press.

Mills, C. Wright, and Todd Gitlin. 2000. *The Sociological Imagination (40th anniversary ed.).* New York: Oxford University Press.

Montaigne, Michael de. 1580. *Essais.* Kingdom of France.

Muir, Willa (trans.). 1930. *Franz Kafka, The Castle.* London: Martin Secker.

Muir, Willa (trans.). 1957. *Franz Kafka, The Trial.* London: Martin Secker.

Muir, Willa, and Edwin Muir (trans.). 1961. *Franz Kafka, Metamorphosis and Other Stories.* Harmondsworth, UK: Penguin Books.

Murray, Charles. 2012. *Coming Apart: The State of White America, 1960-2010.* New York: Crown Forum.

N.

Neider, Charles. 1948. *The Frozen Sea: A Study of Franz Kafka.* New York: Oxford University Press.

Nelson, Thomas. 2014. *The Holy Bible, New King James Version.* Nashville, Tennessee: Thomas Nelson Bibles.

Neumann, Franz Leopold. 1942. *Behemoth: The Structure and Practice of National Socialism.* Oxford, UK: Oxford University Press.

Nietzsche, Friedrich. 1883. *Also sprach Zarathustra: Ein Buch für Alle und Keinen.* [Thus Spoke Zarathustra: A Book for All and None; 짜라투스트라(또는 짜라두짜)는 이렇게 말했다]. Leipzig, Germany: E. W. Fritzsch.

Nigro, Lloyd G., Felix A. Nigro, and J. Edward Kellough. 2013. *The New Public Personnel Administration* (7th ed.). Boston, MA: Cengage Learning.

Noddings, Nel. 2005. *Educating Citizens for Global Awareness.* New York: Teacher College Press.

Nolan, Patrick, and Gerhard Lenski. 2014. *Human Societies: An Introduction to Macrosociology.* New York: Oxford University Press.

North, Douglass. 1991. "Institutions." *Journal of Economic Perspectives* 5(1): 97-112.

Norton, David Fate, and Mary J. Norton. 2011. *David Hume: A Treatise of Human Nature, Volume 1.* Oxford, England: Clarendon Press.

O.

O'Brien, Justin (trans.). 1955. *Albert Camus, The Myth of Sisyphus and Other Essays.* New York: Alfred A. Knopf.

O'Brien, Justin (trans.). 2013. *Albert Camus, The Myth of Sisyphus.* London: Penguin Books.

O'Sullivan, Elizabethann, Gary Rassel, Maureen Berner, and Jocelyn D. Taliaferro. 2017. *Research Methods for Public Administrators.* (6th ed.). New York: Routledge.

P.

Perry, Andre M. 2019. "Students Need More Than an SAT Adversity Score, They Need a Boost in Wealth." *The Hechinger Report* (May 17, 2019).

Pew Research Center. 2010. *The Impact of Long-term Unemployment: Lost Income, Lost Friends - and Loss of Self-respect.*

Pew Research Center. 2021. *U.S. labor market inches back from the COVID-19 shock, but recovery is far from complete.*

Piechowiak, Marek. 2021. *Plato's Conception of Justice and the Question of Human Dignity.* Berlin: Peter Lang.

Pierson, Paul. 2004. *Politics in Time: History, Institutions and Social Analysis.* Princeton, NJ: Princeton University Press.

Plato. 375 B.C. *De Republica.* [The Republic; 국가]. Paris: Bibliothèque Nationale.

Pluhar, Werber S. (trans.). 1996. *Immanuel Kant, Critique of Pure Reason* (unified edition). Indianapolis, IN: Hackett Publishing.

Pogge, Thomas W., and Michelle Kosch. 2007. *John Rawls: His Life and Theory of Justice.* London: Oxford University Press.

Pollitt, Christopher. 1995. *Quality Improvements in European Public*

Services. New York: Sage Publications.

Pollitt, Christopher. 1999. *Performance or Compliance?: Performance Audit and Public Management in Five Countries*. Oxford, UK: Oxford University Press.

Pollitt, Christopher. 2003. *The Essential Public Manager*. New York: McGraw-Hill Education.

Pollitt, Christopher. 2008. *Time, Policy, Management: Governing with the Past*. Oxford, UK: Oxford University Press.

Pollitt, Christopher. 2016. *Advanced Introduction to Public Management and Administration*. Cheltenham, England: Edward Elgar Publishing.

Pollitt, Christopher. 2017. *Public Management Reforms*. Oxford, UK: Oxford University Press.

Pollitt, Christopher. Colin Talbot, Janice Caulfield, and Amanda Smullen. 2004. *Agencies: How Governments Do Things Through Semi-Autonomous Organizations*. Basinstoke, UK: Palgrave Macmillan.

Pollitt, Christopher (ed.). 2013. *Context in Public Policy and Management: The Missing Link?* Cheltenham, UK: Edward Elgar Publishing.

R.

Rae, Bob. 2015. *What's Happened to Politics?* Toronto, Ontario: Simon & Schuster.

Ragin, Charles C. 1987. *The Comparative Method: Moving Beyond Qualitative and Quantitative Strategies*. CA: University of California Press.

Rawat, Pragati, and John Charles Morris. 2016. "Kingdon's "Streams" Model at Thirty: Still Relevant in the 21st Century?" *Politics &*

Policy 44(4): 608-638.

Rawls, John. 1950. *A Study in the Grounds of Ethical Knowledge: Considered with Reference to Judgments on the Moral Worth of Character.* Doctoral Dissertation. US: Princeton University.

Rawls, John. 1971. *A Theory of Justice.* Cambridge, MA: Belknap Press of Harvard University Press.

Rawls, John. 1993a. *Political Liberalism.* New York: Columbia University Press.

Rawls, John. 1993b. "The Law of Peoples." *Critical Inquiry* 20(1): 36-68.

Rawls, John. 1999. *A Theory of Justice* (rev. ed.). Cambridge, MA: Belknap Press of Harvard University Press.

Rickman, John. 1957. *A General Selection from the Works of Sigmund Freud.* New York: Liveright Publishing Co.

Roberts, John Morris.. 1996. *A History of Europe.* Milton, UK: Helicon Publishing.

Rogers, G. A. J., and Karl Schuhmann. 2005. *Thomas Hobbes Leviathan: A Critical Edition.* London: Bloomsbury Publishing.

Rohlf, Michael. 2020. "Immanuel Kant." In Edward N. Zalta (ed.). *The Stanford Encyclopedia of Philosophy.* Stanford, CA: Metaphysics Research Lab, Stanford University.

Rosen, Stanley. 2005. *Plato's Republic: A Study.* New Haven, CT: Yale University Press.

Rourke, Francis E. 1961. *Secrecy and Publicity: Dilemmas of Democracy.* Baltitmore, Maryland: The Johns Hopkins Press.

Rourke, Francis E. 1969. *Bureaucracy, Politics, and Public Policy.* Boston, MA: Little, Brown and Company.

Rourke, Francis E. 1978. *Bureaucratic Power in National Politics*

(3rd ed.). Boston, MA: Little Brown and Company.

Rourke, Francis E. 1984. *Bureaucracy, Politics, and Public Policy* (3rd ed.). Boston, MA: Little, Brown and Company.

Rousseau, Jean-Jacques. 1762. *Du contrat social ou Principes du droit politique.* [The Social Contract or Principles of Political Right]. Amsterdam, Netherlands: Marc Michel Rey.

Rowe, Christopher (trans.). 2012. *Plato, The Republic.* London: Penguin Books.

Rowley, Charles K. (ed.). 2005. "The Rent-Seeking Society." *The Selected Works of Gordon Tullock* Vol. 5. Carmel, Indiana: Liberty Fund.

Rowling, Joanne K. 2012. *The Casual Vacancy.* London: Little, Brown Book Group.

Royse, David. 1992. *Program Evaluation.* Chicago: Nelson-Hall Publishers.

S.

Sager, Fritz. 2018. "Policy Evaluation and Democracy: Do They Fit?" *Evaluation and Program Planning* 69: 125-129.

Sageser, Adelbert Bower. 2013. *The First Two Decades Of The Pendleton Act: A Study Of Civil Service Reform.* Whitefish, Montana: Literary Licensing, LLC.

Saint-Exupéry, Antoine de. 1943a. *Le Petit Prince.* New York: Reynal & Hitchcock.

Saint-Exupéry, Antoine de. 1943b. *The Little Prince.* New York: Reynal & Hitchcock.

Saint-Exupéry, Antoine de. 1943c. *The Little Prince.* New York: Harcourt, Brace & World, Inc.

Saint-Exupéry, Antoine de. 1945. *Le Petit Prince*. Paris: Gallimard.

Salinger, Jerome David. 1951. *The Catcher in the Rye*. Boston: Little, Brown and Company.

Sandel, Michael J. 1998. *Liberalism and the Limits of Justice* (2nd ed.). Cambridge, UK: Cambridge University Press.

Sandel, Michael J. 2010. *Justice: What's the Right Thing to Do?* New York: Farrar, Straus and Giroux.

Sandel, Michael J. 2020. *The Tyranny of Merit: What's Become of the Common Good?* New York: Farrar, Straus and Giroux.

Santas, Gerasimos. 2010. *Understanding Plato's Republic*. Hoboken, NJ: Wiley-Blackwell.

Sartre, Jean-Paul. 1938. *La Nausée*. [Nausea; 구토]. Paris: Gallimard.

Sartre, Jean-Paul. 1943. *L'être et le néant L'Être et le néant : Essai d'ontologie phénoménologique*. [Being and Nothingness: An Essay on Phenomenological Ontology; 존재와 무: 현상학적 존재론에 관한 에세이]. Paris: Gallimard.

Sartre, Jean-Paul. 1963. *Les Mots*. [The Words; 말]. Paris: Gallimard.

Sartwell, Crispin. 2017. *Entanglement: A System of Philosophy*. Albany, NY: State University of New York Press.

Saunders, Trevor J., and T. A. Sinclair (trans.). 1981. *Aristotle, The Politics*. London: Penguin Books.

Sayers, Sean. 1999. *Plato's Republic: An Introduction*. Edinburgh, Scotland: Edinburgh University Press.

Schiff, Stacy. 2006. *Saint-Exupéry: a biography*. New York: Henry Holt.

Schneider, Friedrich. 2010a. "New Estimates for the Shadow Economies all over the World." *International Economic Journal* 24(4): 443-461.

Schneider, Friedrich. 2010b. *The Influence of the Economic Crisis on the Underground Economy in Germany and the other OECD−countries in 2010: a (further) increase.* Cambridge, UK: Cambridge University Press.

Scriven, Michael. 1991. *Evaluation Thesaurus* (4th ed.). Newbury Park, CA: Sage Publications.

Scruton, Roger (trans.). 2009. *Rousseau, Jean-Jacques, The Social Contract: Or Principles of Political Right.* Southlake, Texas: Gateway Editions.

Shapiro, Ian (ed.). 2010. *Thomas Hobbes, Leviathan: Or The Matter, Forme, & Power of a Common-Wealth Ecclesiasticall and Civill (Rethinking the Western Tradition).* New Haven, CT: Yale University Press.

Sharone, Ofer. 2014. *Flawed System/Flawed Self: Job Searching and Unemployment Experiences.* Chicago: University of Chicago Press.

Sim, Kwang-ho. 1999. *The Dynamics of Institutional Control over U.S. Federal Telecommunications Policy Decisions: The Case of "Adjudicative Rule-Making Decisions" Regarding AT&T Activities in the Arena of Long-Distance Service Regulation.* Doctoral Dissertation. Department of Political Science. US: Michigan State University.

Simon, Herbert A. 1947. *Administrative Behavior: a Study of Decision-Making Processes in Administrative Organization.* New York: Macmillan.

Simon, Herbert A. 1957. *Models of Man.* New York: John Wiley.

Simon, Paul, and Art Garfunkel. 1964. *The Sound(s) of Silence.* New York: Columbia Records.

Simpson, Peter L. P. 1997. *The Politics of Aristotle: Translation, Analysis, and Notes.* Chapel Hill: University of North Carolina Press.

Smith, Sandra (trans.). 2013. *Albert Camus, The Outsider.* London: Penguin Books.

Spens, Harry. 1763. *The Republic of Plato in Ten Books.* Glasgow, Scotland: Robert and Andrew Foulis.

Stambaugh, Joan (trans.). 2010. *Martin Heidegger, Being and Time.* Albany, New York: SUNY Press.

Stancetic, Veran. 2020. "Spoils System Is Not Dead: The Development and Effectiveness of the Merit System in Western Balkans." *Croatian and Comparative Public Administration* 20(3): 415-438.

Stevenson, Leslie, David L. Haberman, and Peter Matthews Wright. 2013. *Twelve Theories of Human Nature* (6th ed.). Oxford, UK: Oxford University Press.

Stone, Deborah A. 2008. *The Samaritan's Dilemma: Should Government Help Your Neighbor?* New York: Nation Books.

Strachey, James. 1999. *The Standard Edition of the Complete Psychological Works of Sigmund Freud.* London: Hogarth Press.

T.

Talcott Parsons. 1930. *The Protestant Ethic and the Spirit of Capitalism.* [프로테스탄트 윤리와 자본주의 정신]. London: George Allen & Unwin.

Taylor, Thomas. 1804. *The Republic.* London: R. Wilks.

The Encyclopedia Britannica. Edinburgh, UK: Encyclopædia Britannica, Inc.
   <https://www.britannica.com/> Retrieved 8 August 2023.

The Nobel Prize awarding institutions. <https://www.nobelprize.org/the-nobel-prize-organisation/prize-awarding-institutions/> Retrieved 8 August 2023.

Tille, Alexander (trans.). 1896. *Friedrich Nietzsche, Thus Spake Zarathustra*. New York: Macmillan.

Tillich, Paul. 1952. *The Courage to Be*. New Haven, CT: Yale University Press.

Tillich, Paul. 1957. *Dynamics of Faith*. New York: Harper & Row.

Todd, Oliver. 1998. *Albert Camus: A Life*. New York: Vintage Books.

Tough, Paul. 2019. *The Years That Matter Most: How College Makes or Breaks Us*. Boston: Houghton Mifflin Harcourt.

Trechman, E. J. (trans.). 1927. *The Essays of Montaigne*. London: Oxford University Press.

Trollope, Anthony. 1867. *Chronicles of Barsetshire*. [바셋셔의 연대기]]. London: Smith, Elder & Co.

Tullock, Gordon. 1967. "The Welfare Costs of Tariffs, Monopolies, and Theft." *Western Economic Journal* 5(3): 224-232.

Tullock, Gordon. 1970. *Private Wants, Public Means: An Economic Analysis of the Desirable Scope of Government*. New York: Basic Books.

Tullock, Gordon. 1971. *The Logic of the Law*. New York: Basic Books.

Tullock, Gordon. 1974. *The Social Dilemma: The Economics of War and Revolution*. Blacksburg, Virginia: University Publications.

Tullock, Gordon. 1976. *The Vote Motive: An Essay in the Economics of Politics, with Applications to the British Economy*. London: Institute of Economic Affairs.

Tullock, Gordon. 1980. "Efficient Rent Seeking." In Buchanan, James, Robert Tollison, and Gordon Tullock (eds.). *Toward a Theory of Rent-Seeking Society*. College Station, Texas: Texas A&M University Press: 97-112.

Tullock, Gordon. 1986. *The Economics of Wealth and Poverty*. New York: New York University Press.

Tullock, Gordon. 1987. *Autocracy*. New York: Springer.

Tullock, Gordon. 1993. *Rent Seeking*. Cheltenham, UK: Edward Elgar Pub.

Tullock, Gordon. 1994. *The Economics of Non-Human Societies*. London: Pallas Athene Publishers.

Tullock, Gordon. 1998. *On Voting: A Public Choice Approach*. Cheltenham, UK: Edward Elgar Pub.

Tullock, Gordon. 2005. *The Rent-Seeking Society (The Selected Works of Gordon Tullock, Vol. 5)*. Carnel, Indiana: Liberty Fund.

Tyler, Tom R. 1990. *Why People Obey the Law*. New Heaven, CT: Yale University Press.

Tyler, Tom R. 2003. "Procedural Justice, Legitimacy, and the Effective Rule of Law." *Crime and Justice* 30: 283-357.

V.

van de Vall, Mark. 1991. "The Clinical Approach: Triangulated Program Evaluation and Adjustment." *Knowledge and Policy* 4(3): 41-57.

W.

Ward, Matthew (trans.). 1989. *Albert Camus, The Stranger*. New York: Vintage.

Watson, Richard A. 1982. "What Moves the Mind: An Excursion in Cartesian Dualism." *American Philosophical Quarterly* 19(1): 73–81.

Waugh, William L. Jr. 2006. "The Political Costs of Failure in the Responses to Hurricanes Katrina and Rita." *Annals of the American Academy of Political and Social Science*, Special Issue on Shelter from the Storm: Repairing the National Emergency Management System after Hurricanes Katrina and Rita 604: 10-25.

Weber, Max. 1904-1905. *Die protestantische Ethik und der Geist des Kapitalismus.* [The Protestant Ethic and the Spirit of Capitalism; 프로테스탄트 윤리와 자본주의 정신]. Archiv für Sozialwissenschaften und Sozialpolitik, 20 & 21.

Weber, Max. 1946. "Bureaucracy." In H. H. Gerth and C. Wright Mills. From *Max Weber: Essays in Sociology.* New York: Oxford University Press.

Weimer, David L., and Aidan R. Vining. 1992. *Policy Analysis: Concepts and Practice* (2nd ed.). Englewood Cliffs, NJ: Prentice-Hall.

Weiss, Carol H. 1998. "Have we learned anything new about the use of evaluation?" *American Journal of Evaluation* 19(1): 21-33.

Weithman, Paul J. 2011. *Why Political Liberalism?: On John Rawls's Political Turn.* New York & Oxford: Oxford University Press.

Welch, Susan, and John C. Comer. 1983. *Quantitative Methods for Public Administration: Techniques and Applications.* Homewood, IL: The Dorsey Press.

Wellemeyer, James. 2019. "Wealthy Parents Spend Up to $10,000 on SAT Prep for Their Kids." *MarketWatch* (July 7, 2019).

Werner, Stark F. 1958. *The Sociology of Knowledge: An Essay in Aid of a Deeper Understanding of the History of Ideas.* New

York: Routledge.

Wholey, Joseph S., Harry P. Hatry, and Kathryn E. Newcomer (eds.). 2010. *Handbook of Practical Program Evaluation* (3rd ed.). San Francisco, CA: Jossey-Bass.

Wildavsky, Aaron B. 1979. *Speaking Truth to Power: The Art and Craft of Policy Analysis.* Boston, MA: Little Brown & Company.

Winston, Richard, and Clara Winston (trans.). 2019. *Carl G. Jung, Memories, Dreams, Reflections: An Autobiography.* London: William Collins.

Wirth, Louis, and Edward Shils (trans.). 2015. *Karl Mannheim, Ideology And Utopia: An Introduction to the Sociology of Knowledge.* Eastford, Connecticut: Martino Fine Books.

Woelfel, Joseph, and Archibals O. Haller. 1971. "Significant Others: The Self-Reflexive Act and the Attitude Formation Process." *American Sociological Review* 36(1): 74-87.

Wyllie, David (trans.). 2015. *Franz Kafka, The Trial.* South Carolina: CreateSpace.

Z.

Zagorin, Perez. 2009. *Hobbes and the Law of Nature.* Princeton, NJ: Princeton University Press.

Zalta, Edward N. (ed.). 2020. *The Stanford Encyclopedia of Philosophy.* Stanford, CA: Metaphysics Research Lab, Stanford University.

Zaretsky, Robert D. 2013. *A Life Worth Living: Albert Camus and the Quest for Meaning.* Cambridge, MA: Harvard University Press.

국내문헌

강만길 외. *한국사*. 파주: 한길사.

강석경. 1985. "숲속의 방." *세계의 문학* 73호(가을호). 서울: 민음사.

교육기본법, 법률 제18456호 (개정 후 시행 2022. 3. 25.).

국사편찬위원회. "세조실록(世祖實錄)." *조선왕조실록*.

국사편찬위원회. "예종실록(睿宗實錄)." *조선왕조실록*.

국사편찬위원회. "명종대왕실록(明宗大王實錄)." *조선왕조실록*.

김시습(金時習). (시기미상). *금오신화(金鰲新話)*.

김종구. 2001. "金時習의 方外的 삶과 現實主義 詩 世界[김시습의 방외적 삶과 현실주의 시세계]." *開新語文研究*[개신어문연구] 18: 73-90.

김주영(金周榮). 1979-1982. *객주(客主)*. 서울신문.

김화. 2003, *새로쓴 학국영화전사*. 서울: 다인미디어.

류종호. 1985. *이효석*. 서울: 지학사.

박경리. 2008. "사람의 됨됨이." *버리고 갈 것만 남아서 참 홀가분하다*. 파주: 마로니에북스.

박경리. 2012. *토지(土地)*. 파주: 마로니에북스.

박영주. 2000. "매월당 김시습의 문학세계." *泮橋語文研究*[반교어문연구] 12: 59-85.

박지원(朴趾源). 1780. *열하일기(熱河日記)*.

변종헌. 2008. "金時習 漢詩 研究[김시습 한시 연구]." *漢文學報*[한문학보] 18: 177-217.

배종호. 1974. *한국유학사*. 서울: 연세대학교출판부.

소순규. 2018. "조선 세조대 공물 대납 公認[공인]의 정책적 맥락." *歷史 學研究*[역사학연구] 72: 33-66.

서울특별시. *2023년도 예산서.*

심경호. 2000. *매월당 김시습 금오신화.* 서울: 홍익출판사.

심경호. 2003. *김시습 평전.* 파주: 돌베개.

안동준. 2004. "김시습 문학사상에 대한 연구사적 검토." *남명학연구* 18: 255-280.

안병학. 1983. "김시습시에 있어서의 역사의식." *민족문화연구* 17: 189-211.

오기수. 2012. "『조선경국전』의 조세개념과 조세제도에 관한 연구." *세무 학연구* 29(1): 167-198.

유영희. 2011. "人物性同異論[인물성동이론] 研究[연구] 成果[성과]를 통 해 본 '같음'과 '다름'의 의미." *한국사상과 문화* 58: 333-351.

윤동주. 1941a. "길." *하늘과 바람과 별과 시* (1948). 정음사.

윤동주. 1941b. "별 헤는 밤." *하늘과 바람과 별과 시* (1948). 정음사.

윤동주. 1941c. "서시(序詩)." *하늘과 바람과 별과 시* (1948). 정음사.

윤사순. 2007. "人間과 他物에 대한 洪大容의 脫程朱學的 哲學[인간과 타 물에 대한 홍대용의 탈정주학적 철학]." *한국사상과 문화* 39: 191-224.

이간(李柬). (시기미상). *외암유고(巍巖遺稿).*

이남영. 1980. "호락논쟁(湖洛論爭)의 철학사적(哲學史的) 의의(意義)." 동양문화국제학술회의논집. 성균관대학교 대동문화연구원.

이산해(李山海). 1583a. *매월당집(梅月堂集)* 권9 탕유관서록(宕遊關西錄).

이산해(李山海). 1583b. *매월당집(梅月堂集)* 권13 관동일록(關東日錄).

이산해(李山海). 1583c. "동봉육가(東峯六歌)." *매월당집(梅月堂集)* 권14 명주일록(溟州日錄).

이석윤(역). 2020. *칸트, 판단력비판.* 서울: 박영사.

이애희. 1990. *朝鮮後期의 人性과 物性에 대한 論爭의 研究[조선후기의 인성과 물성에 대한 논쟁의 연구].* 박사학위논문. 일반대학원 철학과. 고려대학교.

이영일. 1969. *한국영화전사*. 서울: 삼애사.

이영일. 2004. *한국영화전사*. 서울: 소도출판사.

이율곡(李栗谷). 1582. "김시습전(金時習傳)." *율곡집(栗谷集) 권 14 – 16*.

이자(李秄). 1521. *매월당집서(梅月堂集序)*.

이재선. 1979. *한국현대소설사*. 서울: 홍성사.

장정수. 2022. "정묘호란시 조선과 후금의 교전 및 교섭에 대한 단계별 검토[Analysis on Combat and Negotiation Phases during the First Manchu Invasion of Chosun in 1627]." *지역과 역사[Journal of Korean History]* 50: 77-135.

정도원. 1997. "매월당 김시습 철학의 특징과 의의." *한국철학논집* 6: 95-131.

정병헌. 2008. "김시습의 영재적 삶과 문학." *開新語文研究*[개신어문연구] 28: 135-168.

정한모. 1959. *현대작가연구*. 서울: 범조사.

조세희. 1976. *난장이가 쏘아올린 작은 공*. 문학과 지성 겨울호.

조세희. 1978. *난장이가 쏘아올린 작은 공*. 서울: 문학과지성사.

조정래(趙廷來). 1989. *태백산맥(太白山脈)*. 파주: 한길사.

초 · 중등교육법, 법률 제19096호 (개정 후 시행 2023. 6. 28.).

최재희(역). 2003. *칸트, 순수이성비판*. 서울: 박영사.

최재희(역). 2018. *칸트, 실천이성비판*. 서울: 박영사.

한국교육과정평가원. 2023. 교과성검정 사이트 <https://tbh.kice.re.kr/main/main_tbh.do>.

한국은행. 2020-2021. *금융안정보고서*.

한국학중앙연구원. 2022. *한국민족문화대백과사전*.

한원진. 1765. *남당집(南塘集)*. 서울: 한국고전번역원.

황석영(黃晳永). 1984. *장길산(張吉山)*. 서울: 현암사.

현상윤. 1949. *조선유학사(朝鮮儒學史)*. 서울: 민중서관.

찾아보기(Index)

♣ 작가는 의견을 기다립니다 ♣

본 『정책에세이: 진고자금』의 곳곳에서 혹시 발견되는 각종 잘못은 필자의 절대적 책임입니다. 아주 미세한 것이라도 잘못된 것을 발견하시는 독자께서는 아래 이메일로 알려주시면 바로잡고 답장을 드리도록 하겠습니다.

— 심의린(沈誼潾)(simuirin@gmail.com) 드림 —

작가소개

작가는 1963년생(토끼띠·염소자리)이며, 「의린(誼潾)」은 필명으로 "글을 통해서만이 옳으며, 맑지 않으면 가지를 말라."는 뜻으로 그의 인생을 한마디로 표현하고 있습니다. 그는 언젠가 사회적 수단체(means)로 살아가고 있음을 확인하던 순간부터, 인간의 역사에서 예의(courtesy)가 사라지는 이유가 무엇인지, 반복되는 부조리(absurdity)의 삶에서도 인간은 왜 살아가야 하는지, 민주주의(democracy)와 기술(technology)은 양립할 수 있는 것인지, 그리고 국가는 어떤 이유로 국민을 위한 의사결정의 합리성 모델(rationality model of decision making)을 상실하게 되는지에 대한 탐구(quest)의 목적들이 형성되었습니다. 그는 탐구의 방법론으로 과학적 일반화의 허구를 벗어나 시공간적 맥락(contexts)의 분석에 초점을 두고 있으며, 공공정책(public policy)에 사회학(sociology)과 철학(philosophy)을 결합하는 것에 관심을 두고 있습니다. 그는 대학의 상아탑과 공직의 영역을 떠나면서 이성(reason)의 '절대적 회의(absolute skepticism)'가 지배를 하는 것이지, 야만(barbarism)의 요란함(noisiness)이 지배하는 것이 아니며, 특권이 부여되지 못한 사람들("the unprivileged")을 위해 사회는 끊임없이 노력해야 한다는 신념을 갖고 있습니다.

정책에세이: 진고자금(陳古刺今)

초판발행	2024년 1월 31일
지은이	심의린(沈誼潾)
펴낸이	안종만·안상준
편 집	사윤지
기획/마케팅	정연환
표지디자인	이은지
제 작	고철민·조영환
펴낸곳	(주)박영사
	서울특별시 금천구 가산디지털2로 53, 210호(가산동, 한라시그마밸리)
	등록 1959. 3. 11. 제300-1959-1호(倫)
전 화	02)733-6771
f a x	02)736-4818
e-mail	pys@pybook.co.kr
homepage	www.pybook.co.kr
ISBN	979-11-303-1865-3 93350

정 가   19,000원